全国高等职业教育计算机专业"十三五"规划教材
校本理实一体化教材

物联网感知技术
——ZigBee 篇

主　编　杨文铂
副主编　田　磊　董珍珍
　　　　马　茵　杜　垒

河南大学出版社
·郑州·

图书在版编目(CIP)数据

物联网感知技术. ZigBee 篇/杨文铂主编. —郑州:河南大学出版社,2017.1 (2019.7 重印)

ISBN 978-7-5649-2671-7

Ⅰ.① 物… Ⅱ.① 杨… Ⅲ.① 互联网络－应用－视频系统－监视控制－研究 ② 智能技术－应用－视频系统－监视控制－研究 Ⅳ.① TN94 ② TP277

中国版本图书馆 CIP 数据核字(2017)第 018571 号

责任编辑:陈　巧
责任校对:任三多
封面设计:郭　灿

出　版	河南大学出版社		
	地址:郑州市郑东新区商务外环中华大厦 2401 号	邮编:450046	
	电话:0371－86059701(营销部)	网址:www.hupress.com	
排　版	郑州市今日文教印制有限公司		
印　刷	北京虎彩文化传播有限公司		
版　次	2017 年 12 月第 1 版	印　次	2019 年 7 月第 2 次印刷
开　本	787mm×1092mm　1/16	印　张	18.75
字　数	445 千字	定　价	46.00 元

(本书如有印装质量问题,请与河南大学出版社营销部联系调换)

前　言

作为物联网(IOT)技术中的重要感知技术,无线传感器网络(WSN)是当前在国际上备受关注的、涉及多学科高度交叉、知识高度集成的前沿热点研究领域。它综合了传感器、嵌入式计算、无线通信、网络和分布式信息处理等技术,能够通过各类集成化的微型传感器协同完成对各种环境或监测对象的信息的实时监测、感知和数据采集,大量的传感器节点将采集到的数据,通过自组织的网络,经过智能路径搜索和多跳传输发送给特定的节点地址,最终被用户获取。这个过程实现了物理世界、计算世界以及人类社会三元世界的连通。无线传感器网络以其低成本、极低功耗、组网灵活等特点,在工农业生产、物流、家居自动化等领域得到了日益广泛的应用,已成为新兴物联网产业的核心技术。

作为 WSN 典型代表之一的 ZigBee 技术,是一种近距离、低复杂度、低功耗、低速率、低成本的双向无线通信技术,主要用于距离短、功耗低且传输速率不高的各种电子设备之间的数据传输以及典型的有周期性数据、间歇性数据和低反应时间数据传输的应用。由于其极低的系统成本、灵活的自组织网络结构和超大的网络容量,它在环境监测、工业传感、家居自动化等领域取得了广泛的应用。

利用 ZigBee 技术进行无线传感器网络产品开发和应用的关键在于:
① 熟悉其协议规范及通信流程;
② 掌握节点硬件的设计;
③ 掌握其协议栈软件的架构及应用;
④ 掌握工程软件架构及应用层软件的开发方法;
⑤ 掌握系统软硬件安装及调试方法。

本书为了使读者更好地掌握 ZigBee 系统开发应用的关键知识和方法,借鉴了基于工作过程的思想,并按照普遍认知规律,由浅入深地设计了一系列的知识模块和工程案例。本书在内容的选取上遵循应用导向、理论够用、重点突出、注重能力培养的原则,意在使学生在学完每个章节后,能较好地获取相应工作过程的知识和能力。

本书共设计有理论篇、准备篇、入门篇、进阶篇和提高篇等五个单元模块。

理论篇(一、二章):第一章主要介绍了无线传感器网络的基础知识;第二章主要介绍了 ZigBee 协议规范的理论知识,使读者对 ZigBee 技术有一个整体上的把握。

准备篇(三、四章):这两章主要介绍了 ZigBee 设备的硬件知识和开发环境的基本知识,为 ZigBee 技术的开发应用实践做好必要的准备。其中,第三章讲的是 ZigBee 开发平台介绍,包含必要的实验平台的硬件介绍和必备软件的使用介绍;第四章是收发器芯片(CC2430)基础实验,详细介绍了 ZigBee 核心芯片的结构、特性及重要模块的编程应用方法。

入门篇（五、六章）：通过介绍 Z-Stack 协议栈软件和几个典型的 ZigBee 的应用案例（包括基本的通信模块编程和 Sample 实例），读者可以理解基本的工程架构和 ZigBee 模块和系统软件包的应用及编程方法。其中，第五章介绍了 Z-Stack 架构及开发基础，第六章介绍了 ZigBee 基础实验。

进阶篇（第七章）：在掌握前面单元知识和能力的基础上，本章通过对一些较复杂的工程实例的分析和讲解，使读者更深刻理解一般 ZigBee 工程程序的架构、协议栈系统消息事件循环、事务处理方法、绑定、组数据通信方法等重要知识，进而获得一定的代码分析及编程应用能力。

提高篇（第八章）：本章通过引入有代表性的综合工程案例，使读者获得初步的工程需求分析、工程架构组织和编程实现能力。

参与本书编写的主要人员有杨文铂、田磊、董珍珍、马茵和杜垒等。其中，第一章由马茵编写，第四章由田磊编写，第二、五章由董珍珍编写，第三章及附录部分由杜垒编写，第六、七、八章由杨文铂编写。由于作者水平有限，书中难免存在疏漏之处，敬请读者批评指正。

编　者

2016 年 12 月

目 录

前言 ··· (1)

第一章 课程导论 ··· (1)
1.1 学什么 ·· (1)
1.2 为什么学 ··· (2)
1.3 怎么学 ·· (18)

第二章 IEEE 802.15.4/ZigBee 无线传感器网络通信标准 ······················· (20)
2.1 IEEE 802.15.4 标准及 ZigBee 技术概述 ······································ (20)
2.2 物理层(PHY)规范 ·· (24)
2.3 媒体介质访问层(MAC) ··· (29)
2.4 分层协议标准的关键术语介绍 ·· (38)
2.5 网络层(NWK) ··· (39)
2.6 应用层(APL)规范 ·· (49)
2.7 ZigBee 协议栈各层帧结构之间的关系 ·· (51)
2.8 ZigBee 协议基本术语简介 ··· (52)

第三章 ZigBee 开发平台介绍 ·· (55)
3.1 ZigBee 硬件平台介绍 ··· (56)
3.2 ZigBee 开发软件介绍 ··· (66)

第四章 收发器芯片(CC2430)基础实验 ·· (84)
4.1 CC2430 芯片概述 ··· (84)
4.2 LED 自动闪烁实验 ··· (94)
4.3 按键控制闪烁实验 ·· (98)
4.4 定时器模块 T1 的使用 ·· (103)
4.5 定时器模块 T3 的使用 ·· (109)
4.6 外部中断实验 ·· (117)
4.7 单片机串口发送数据实验 ·· (120)

4.8　片内温度检测实验 …………………………………………………………（128）

第五章　Z-Stack 架构及开发基础 ………………………………………………（138）
　　5.1　Z-Stack 简介 …………………………………………………………………（138）
　　5.2　Z-Stack 软件架构 ……………………………………………………………（139）

第六章　ZigBee 基础实验 ………………………………………………………（172）
　　6.1　与 Z-Stack 相关的 IAR 工程选项设置 ……………………………………（172）
　　6.2　GenericApp 工程 ……………………………………………………………（173）
　　6.3　在 GenericApp 工程实现无线温度采集 …………………………………（182）

第七章　ZigBee 高级实验 ………………………………………………………（191）
　　7.1　基础知识 ………………………………………………………………………（191）
　　7.2　GenericApp 中的描述符匹配请求绑定方式 ………………………………（198）
　　7.3　GenericApp 工程——ZDO 终端设备绑定方式 ……………………………（213）
　　7.4　在 GenericApp 中通过匹配描述符绑定方式传输温度传感数据 …………（226）
　　7.5　在 GenericApp 工程中添加串口功能 ………………………………………（232）
　　7.6　在 GenericApp 基础上实现一个简单的温度无线传感网络 ………………（237）
　　7.7　灯开关实验（SimpleApp 工程）………………………………………………（240）

第八章　ZigBee 工程案例——无线液位监控系统 ………………………………（268）
　　8.1　系统简介 ………………………………………………………………………（268）
　　8.2　系统整体设计 …………………………………………………………………（268）
　　8.3　液位检测原理 …………………………………………………………………（269）
　　8.4　单片机控制模块 ………………………………………………………………（270）
　　8.5　ZigBee 通信模块 ……………………………………………………………（272）

附录 A　ZigBee 协议栈中常用的 API380 ………………………………………（287）
　　1. ZDO API …………………………………………………………………………（287）
　　2. AF API ……………………………………………………………………………（288）
　　3. APS API …………………………………………………………………………（289）
　　4. NWK API …………………………………………………………………………（289）

附录 B　网络层信息库属性 ………………………………………………………（291）

参考文献 …………………………………………………………………………（292）

第一章 课程导论

1.1 学什么

说到无线传感器网络技术,大家立马会想到无线通信技术和有线通信技术,如常见的光纤通信技术、移动通信技术、卫星通信技术等,本书主要讲的是 ZigBee 技术。它是一种新兴的短距离、低速率、低功耗的无线通信技术,中文译为"紫蜂""智蜂",在工业监控、传感器网络、家庭监控、安全系统等领域应用广泛,如图1.1、图1.2所示。

图 1.1 基于 ZigBee 技术的工业监控系统

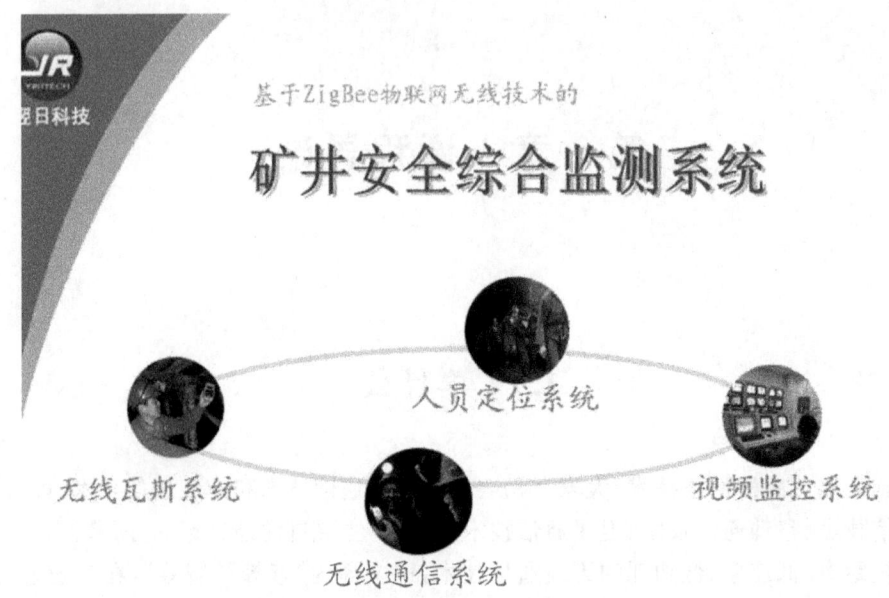

图 1.2 基于 ZigBee 技术的矿井安全综合监测系统

1.2 为什么学

ZigBee 技术是一种短距离无线通信技术,我们为什么要学这门技术呢?讲到这里,我们不得不提一下无线传感器网络。

1.2.1 无线传感器网络

无线通信技术发展到今天,已经成为人们日常生活中不可或缺的沟通和交流手段,从简单的寻呼机到现在的手机,都是无线通信的代表产品。随着沟通的深入,人与人之间的沟通已经满足不了对信息的巨大需求,人们对物理世界的感知越来越多,也希望现代通信技术架起人类感官与物理世界的桥梁,从而实现机器与机器、人与机器之间更为丰富的业务体验;另一方面,越来越多的机器设备之间需要自动进行通信,这种通信通常无须人的参与,在预先设定好的机制下自动运行,传统的移动通信网络已经不能满足在成本、功耗、灵活性等方面的要求,无线传感器网络应运而生。无线传感器网络(Wireless Sensor Network,WSN)是由大量传感器节点通过无线通信技术自组织构成的网络,它融合了传感器技术、信息处理技术和网络通信技术,其目的是协作感知、采集、处理和传输网络覆盖地理区域内感知对象的监测信息,并报告给用户。

1.2.1.1 无线传感器网络的发展历程

传统的传感器系统采用单点或或少数几个节点采集数据,然后通过有限的数据接口

(RS-232、RS-486……)等传输给上位机,节点之间无法对数据进行中继、缓存、共享,这造成了传感器系统容纳的节点数较少,分布范围不大,拓扑结构简单且无法进行灵活拓展。因此,随着传感器系统应用需求的增加和应用范围的扩大,会产生难以克服的瓶颈。

20 世纪 70 年代以来,随着半导体、计算机、网络和无线通信等技术的飞速发展,传感器系统越来越集成化、微型化、智能化、网络化。在此基础上,融合了传感器技术、信息处理和网络通信技术的无线传感器网络技术出现了。这种新型的传感器技术克服了传统技术的瓶颈,构成传感器系统的每个节点均有一定的计算和存储能力,并具备通过无线收发器进行双向通信的能力。节点之间可以相互通信,可以对数据进行采集、分析、存储和转发,这些使大量节点构成自组织网络,对数据进行中继和转发成为可能。无线传感器网络大大提升了传感器系统的节点容量、分布范围、动态可重构性、鲁棒性(Robust)和智能性,在工农业生产和日常生活中获得了广阔的应用前景。

对无线传感器网络的研究与开发是目前信息领域的一个热点,学术界和产业界对它的学术价值和应用前景非常看好。国际上许多著名的大学和公司纷纷从不同层次、不同角度对传感器网络进行了研究和开发。近年来,我国一些著名高校也展开了这一领域的研究工作,进行了一些前沿性的探索研究,内容包括无线传感器节点的硬件设计、操作系统设计以及无线传感器网络的路由技术、节能技术和覆盖控制技术等。

第一代传感器网络出现在 20 世纪 70 年代,它使用具有简单信息信号获取能力的传统传感器,采用点对点传输、连接传感控制器构成传感器网络。这可以追溯到 20 世纪 70 年代越战时期使用的传统的传感器系统。当年美越双方在密林覆盖的"胡志明小道"进行了一场血腥较量,这条道路是胡志明部队向南方游击队源源不断输送物资的秘密通道,美军曾经绞尽脑汁动用航空兵狂轰滥炸,但效果不大。后来,美军投放了两万多个"热带树"传感器。所谓"热带树"传感器,实际上是由震动和声响传感器组成的系统,它由飞机投放,落地后插入泥土中,只露出伪装成树枝的无线电天线,因而被称为"热带树"。只要对方车队经过,传感器探测出目标产生的震动和声响信息,就会自动发送到指挥中心,美机立即展开轰炸,据此总共炸毁或炸坏了 4.6 万辆卡车。

第二代传感器网络具有获取多种信息信号的综合能力,采用串/并接口(如 RS-232、RS-485)与传感控制器相连,构成有综合多种信息的传感器网络。

第三代传感器网络出现在 20 世纪 90 年代后期和 21 世纪初,用具有智能获取多种信息信号的传感器,采用现场总线连接传感控制器,构成局域网络,成为智能化传感器网络。

第四代传感器网络正在研究开发中,用大量的具有多功能、多信息信号获取能力的传感器,采用自组织无线接入网络,与传感器网络控制器连接,构成无线传感器网络。

无线传感器网络是新兴的下一代传感器网络,关于它的最早的代表性论述出现在 1999 年,题为"传感器走向无线时代"。随后,在美国的移动计算和网络国际会议上,有人提出了无线传感器网络是下一个世纪面临的发展机遇。由于无线传感器网络在国际上被认为是继互联网之后的第二大网络,2003 年,美国《技术评论》杂志论述未来新兴十大技术时,无线传感器网络被列为第一项未来新兴技术。同年,美国《商业周刊》未来技术专版论述四大新技术时,无线传感器网络也被列入其中。

1.2.1.2 无线传感器网络的现状

无线传感器网络技术是典型的具有交叉学科性质的军民两用高科技技术,它可以广泛应用于军事、国家安全、交通管理、灾害预测、医疗卫生、制造业和城市信息化建设等领域。

无线传感器网络由许许多多功能相同或不同的无线传感器节点组成,每一个传感器节点又由数据采集模块(传感器、A/D 转换器)、数据处理和控制模块(微处理器、存储器)、通信模块(无线收发器)和供电模块(电池、DC/AC 能量转换器)等组成。传统的传感器正逐步实现微型化、智能化、信息化和网络化,正经历着一个从传统传感器(dumb [dʌm]sensor)到智能传感器(smart sensor)再到嵌入式 web 传感器(embedded web sensor)的内涵不断丰富的发展过程。

无线传感器网络是新一代的传感器网络,它具有非常广泛的应用前景,其发展和应用将会给人们的生活和生产的各个领域带来深远的影响。各国都非常重视无线传感器网络的发展。IEEE(Institute of Electrical and Electronics Engineers,电子和电气工程师协会)正在努力推进无线传感器网络的应用和发展,波士顿大学创办了传感器网络协会(Sensor Network Association),期望能够促进传感器联网技术的开发。除了波士顿大学,该协会还包括 BP、霍尼韦尔(Honeywell)、Inetco Systems、Invensys、L3Communications 及 Textron Systems。2006 年初发布的《国家中长期科学与技术发展规划纲要》为信息技术确定了三个前沿方向,其中两个与无线传感器网络的研究直接相关,即智能感知技术和自组织网络技术。可以预计,无线传感器网络的广泛应用是一种必然趋势,它的出现将会给人类社会带来极大的变革。

我国现代意义上的无线传感器网络及其应用研究几乎与发达国家同步启动。1999年,无线传感器网络首次正式出现于中国科学院《知识创新工程试点领域方向研究》的信息与自动化领域研究报告中,作为该领域提出的五个重大项目之一。国内许多高校也掀起了无线传感器网络的研究热潮,清华大学、中国科技大学、浙江大学、西安交通大学、华中科技大学、西北工业大学、天津大学、南开大学、北京邮电大学、东北大学等高校纷纷开展了有关无线传感器网络方面的基础研究工作。一些企业也加入了无线传感器网络研究的行列。

1.2.1.3 无线传感器网络技术的展望

微电子技术、计算机技术和无线通信技术的进步,推动了低功耗多功能传感器的快速发展,使其在微小体积内能够集成信息采集、数据处理和无线通信等多种功能。无线传感器网络由部署在监测区域内大量的廉价微型传感器节点组成,通过无线通信方式形成一个多跳的自组织的网络系统,其目的是协作和感知、采集和处理网络覆盖区域中感知对象的信息,并发送给观察者。传感器、感知对象和观察者构成了传感器网络的三个要素。如果说 Internet 构成了逻辑上的信息世界,改变了人与人之间的沟通方式,那么,无线传感器网络就是将逻辑上的信息世界与客观上的物理世界融合在一起,改变人类与自然界的交互方式。人们可以通过无线传感器网络直接感知客观世界,从而极大地扩展现有网络的功能和人类认知世界的能力。

未来移动通信网络除了以低成本实现数据的高速传输外,还要求在无专用通信基础设施的场景下,网络具有适应性和生存能力,因此,无线传感器网络和自组织网络将因其灵活性而在未来移动通信网络中起到重要作用。无线传感器网络是由分布在给定局部区域内足够多的无线传感器节点构成的一种新型信息获取系统,每一个传感器节点都具有一种或多种感知器(如声感应器、红外线感应器、磁感应器等),并且具有一定的计算能力,各节点之间通过专用网络协议实现信息的交流、汇集和处理,从而实现给定局部区域内目标的探测、识别、定位与跟踪。随着通信技术、嵌入式计算技术和传感器技术的飞速发展和日益成熟,具有感知能力、计算能力和通信能力的微型传感器构成的传感器网络将引起人们的极大关注。

1.2.1.4　无线传感器网络的应用领域

(1) 环境监测

随着人们对于环境问题的关注程度越来越高,需要采集的环境数据也越来越多,无线传感器网络的出现为随机性研究数据的获取提供了便利,还可以避免传统数据收集方式给环境带来的侵入式破坏。

英特尔公司与加利福尼亚州大学伯克利分校正领导着"微尘"技术的研究工作。他们成功创建了瓶盖大小的全能传感器,可以执行计算、检测与通信等功能。2002年,英特尔研究实验室人员将处方药瓶大小的32个传感器连进互联网,以读出缅因州"大鸭岛"上的气候,评价一种海燕巢的条件。2003年第二季度,他们换用150个安有D型微型电池的第二代传感器来评估这些鸟巢的条件,目的是让世界各国研究员实现无入侵式及无破坏式的、对敏感野生动物及其栖居地的监测。

图1.3　环境监测系统及其温度、湿度传感器节点

(2) 医疗护理

无线传感器网络在医疗研究、护理领域也可以大显身手。目前,已有公司开发出了用于家庭护理的无线传感器网络系统,根据演示,该系统通过在鞋、家具以及家用电器中嵌入半导体传感器,可以帮助老年人、老年痴呆症病患者以及残障人士的家庭生活。

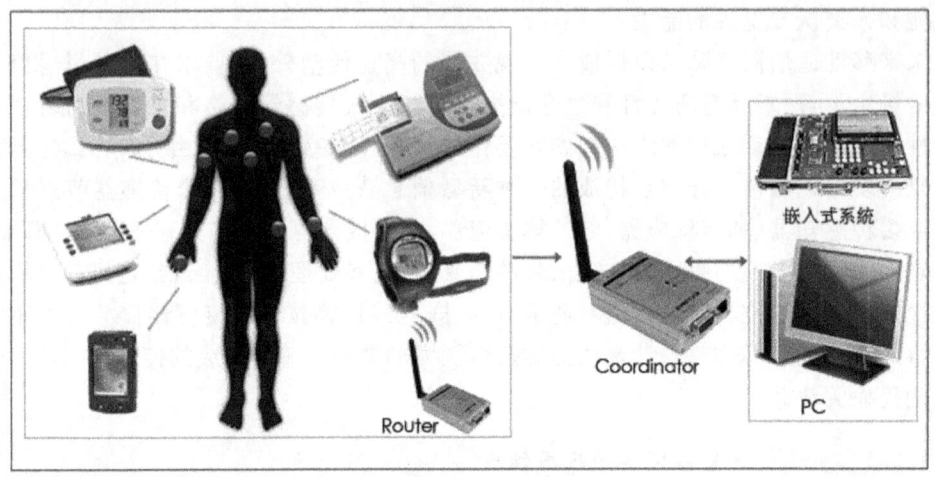

图1.4 个人健康护理系统

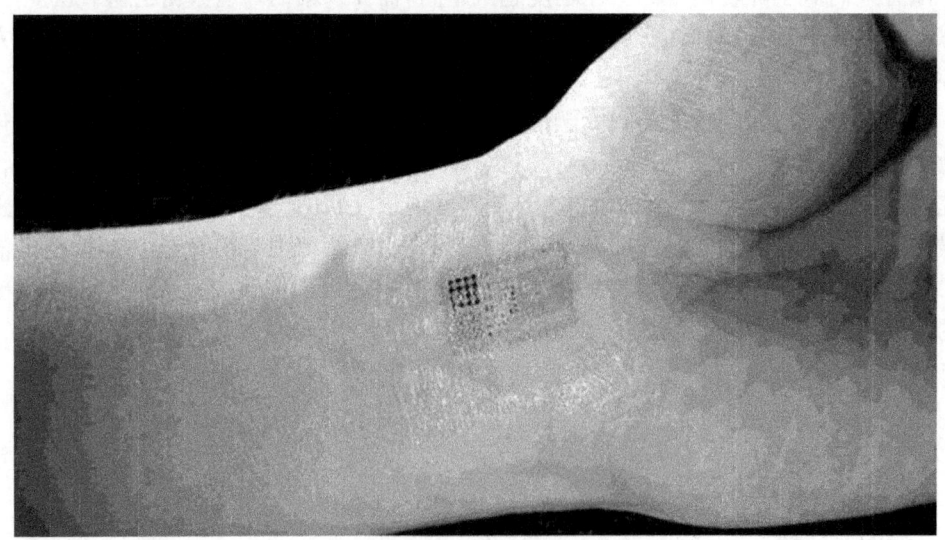

图1.5 人体健康监测节点

（3）军事应用

无线传感器网络具有密集型、随机分布的特点，非常适合应用于恶劣的战场环境中，包括侦察敌情，监控兵力、装备和物资，判断生物化学攻击等多方面用途。国际上比较有代表性和影响力的无线传感器网络实用和研发项目有遥控战场传感器系统、网络中心战及灵巧传感器网络、智能尘埃（Smart dust）、Intel&reg、Mote、Smart-Its 项目、SnlsIT、Seaweb、行为习性监控（habitat monitoring）项目和英国皇家网络等。尤其是最新试验成功的低成本美军"狼群"地面无线传感器网络，标志着电子战领域技术的最新突破。俄亥俄州正在开发"沙地直线"（a line in the sand）无线传感器网络系统，这个系统能够散射电子绊网（tripwires）到任何地方，以侦测运动的高金属含量目标。

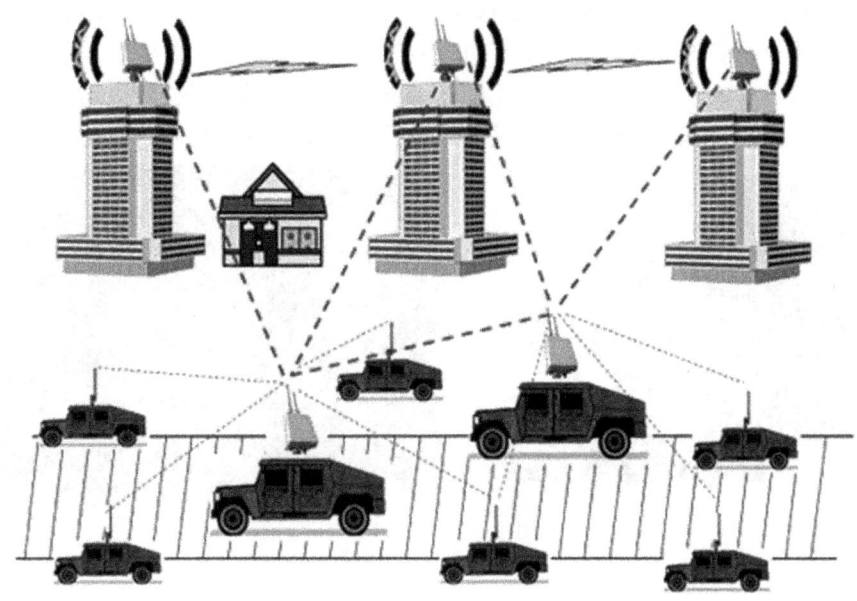

图 1.6 无线传感网络在军事上的应用

（4）智能家居（Home Automation）

智能家居是一个新兴市场，非常适合无线传感器网络技术的应用。智能家居利用先进的计算机技术、网络通讯技术、综合布线技术和医疗电子技术，依照人体工程学原理，融合个性需求，将与家居生活有关的各个子系统如安防、灯光控制、窗帘控制、煤气阀控制、信息家电、场景联动、地板采暖、健康保健、卫生防疫、安防保安等有机地结合在一起，通过网络化综合智能控制和管理，实现"以人为本"的全新家居生活体验。

图 1.7 智能家居系统

（5）其他领域

无线传感器网络应用领域非常广泛，特别是在汽车电子、目标定位领域等。在一些危险的工业环境如井矿、核电厂中，工作人员可以通过它来实施安全监测。此外，它还可以应用于工业自动化生产线等领域。英特尔正在对工厂中的一个无线网络进行测试，该网络由 40 台机器上的 210 个传感器组成,这样组成的监控系统可以大大改善工厂的运作条件,大幅降低检查设备的成本;同时,由于可以提前发现问题,因此能够缩短停机时间,提高效率,并延长设备的使用时间。尽管无线传感器技术目前仍处于初步应用阶段,但已经展示出了非凡的应用价值,相信随着相关技术的发展和推进,一定会得到更大的应用。

图 1.8　胎压监测

1.2.2　近距离无线通信技术

在无线传感器网络中,两个节点之间怎么通信呢?这就需要近距离无线通信技术了。

近距离无线通信技术的主要特征有:无线发射功率为几 μW 到 $100\mu W$,通信距离范围为几厘米到几百米,不需要申请频道,有无线发射器和无线接收器。常见的近距离无线通信技术有以下几种。

(1) Wi-Fi

Wi-Fi 是一种可以将个人电脑、手持设备(如 pad、手机)等终端以无线方式互相连接的技术,通信速率为 11Mbit/s(2.4GHZ),通信距离为 50~100 米,适合于多媒体的应用,但其本身实现成本高,功耗大,安全性能低,从而在 WSN 中应用较少。

图 1.9　Wi-Fi 在个人消费领域的应用

(2) NFC(近场通信)

NFC 是一种短距高频的无线电技术,在 13.56MHz 频率运行于 20 厘米距离内,其传输速度有 106 Kbit/秒、212 Kbit/秒或者 424 Kbit/秒三种。手机用户拿着配置了支付功能的手机可以行遍全国,用作机场登机验证、大厦的门禁钥匙、交通一卡通、信用卡、支付卡等。

图 1.10　支持 NFC 技术的手机

图 1.11　NFC 技术在支付领域的应用

（3）Bluetooth（蓝牙）

蓝牙是一种支持设备短距离通信（一般 10 米内）的无线电技术，可以在包括移动电话、PDA、无线耳机、笔记本电脑、相关外部设备等之间进行无线信息交换。蓝牙技术能够有效地简化移动通信终端设备之间的通信，简化设备与因特网之间的通信，从而使数据传输变得更加迅速高效。但由于其协议本身较复杂、开发成本高、节点功耗大等缺点，从而限制了其在工农业方面的进一步推广。

图 1.12　蓝牙耳机

（4）IrDA（红外线数据通信）

IrDA 是红外数据组织（Infrared Data Association）的简称，目前广泛采用的 IrDA 红外连接技术就是由该组织提出的。其优点是实现和操作相对简单，成本低廉；缺点是红外光线易受遮挡，可移动性差，只支持点对点视距连接，无法灵活地构建网络。

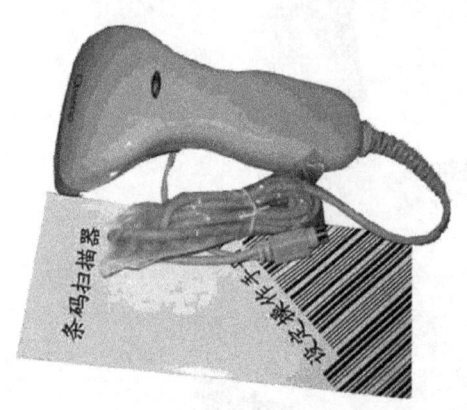 

图 1.13　IrDA 的应用

（5）ZigBee（紫蜂、智蜂）

ZigBee 技术的命名主要来自人们对蜜蜂采蜜过程的观察，蜜蜂在采蜜的过程中，跳着优美的舞蹈，形成 ZigZag 的形状，以此来相互交流信息，获取共享食物源的方向、距离和位置等。又因蜜蜂自身体积小，所需的能量少，又能传送所采集的花粉，因此，人们用 ZigBee 技术来代表具有成本低、体积小、能量消耗小和传输速率低的无线通信技术。简而言之，ZigBee 就是短距离、低速率、低功耗的无线通信技术。

图 1.14　ZigBee 的商标

1.2.3 ZigBee 技术特点

(1) 低速率

ZigBee 工作在 20～250kb/s 的较低速率,分别提供 250kb/s(2.4GHz)、40kb/s(915MHz)和 20kb/s(868MHz)的原始数据吞吐率,满足低速率传输数据的应用需求,专注于低传输应用。

(2) 低功耗

在低耗电待机模式下,两节 5 号干电池可支持一个节点工作 6～24 个月,甚至更长,免去了充电或者频繁更换电池的麻烦,这也是 ZigBee 的支持者一直引以为豪的独特优势。而在同等条件下,蓝牙能工作数周,WiFi 可工作数小时。

(3) 低成本

通过大幅简化协议(不到蓝牙的 1/10),降低了对通信控制器的要求。按预测分析,以 8051 的 8 位微控制器测算,全功能的主节点需要 32KB 代码,子功能节点少至 4KB 代码。而且 ZigBee 免协议专利费,每块芯片的价格大约为 2 美元。

(4) 短时延

ZigBee 的响应速度较快,通常时延都在 15 毫秒至 30 毫秒之间,一般从睡眠转入工作状态只需要 15ms,节点连接进入网络只需要 30ms,进一步节省了电能。而在同等条件下,蓝牙需要 3～10s,WiFi 需要 3s。

(5) 高安全

ZigBee 提供了三级安全模式,包括无安全设定、使用接入控制清单(ACL)防止非法获取数据以及采用高级加密标准(AES-128)的对称密码,以灵活确定其安全属性。

(6) 高容量

每个 ZigBee 子网络最多可以支持 255 个设备,也就是说,每个 ZigBee 设备可以与另外 254 台设备相连接。ZigBee 可采用星状、片状和网状网络结构,由一个主节点管理若干子节点,最多一个主节点可以管理 254 个子节点,同时主节点还可由上一层网络节点管理,最多可组成 65536 个节点的大网。

(7) 免执照频段

采用直接序列扩频在工业科学医疗(ISM)频段、2.4GHz(全球)、915MHz(美国)和 868MHz(欧洲),均为免执照频段。

(8) 有效范围小

有效覆盖范围在 10～100 米之间,具体依据实际发射功率的大小和各种不同的应用模式而定,基本上能够覆盖普通的家庭或办公室环境。

1.2.4 为什么选择 ZigBee 技术

长期以来,低价、低传输率、短距离、低功率的无线通信市场一直存在着。蓝牙出现以后,曾让工业控制、家用自动控制、玩具制造商等雀跃不已。但是在蓝牙技术的使用过中,人们发现尽管它有许多优点,但也存在许多缺陷。对工业家庭自动化控制和工业遥测遥控领域而言,蓝牙技术显得太复杂,功耗大,距离近,高成本,组网规模太小。而工业自动化对无线数据通信的需求越来越强烈,而且,对工业现场来说,这种无线数据传输必须是高可靠的,并能抵抗工业现场的各种电磁干扰。

因此,经过人们长期努力,ZigBee 协议在 2003 年正式问世。也就是说,ZigBee 是专门针对工业、家庭自动化等领域而开发的网络通信协议。

种类	ZigBee	Bluetooth	WiFi
单点覆盖距离	50-300m	10m	50m
网络扩展性	自动扩展	无	无
电池寿命	数月	数天	数小时
复杂性	简单	复杂	非常复杂
传输速率	250Kbps	1Mbps	1-11Mbps
频段	868MHz-2.4GHz	2.4GHz	2.4GHz
网络节点数	65000	8	50
使用成本	低	低	一般
安全性	128 bit AES	64bit 128bit	SSID
联网所需时间	30毫秒	10秒	3秒
安装使用难易	非常简单	一般	难

图 1.15 ZigBee、Bluetooth、WiFi 三种技术特点比较

1.2.5 ZigBee 技术应用领域

ZigBee 并不是用来与蓝牙或者其他已经存在的标准竞争的,它的目标定位于现存的系统还不能满足需求的特定的市场,因此有着广阔的应用前景。ZigBee 技术目前可应用于诸多领域,如安防监控、智能家居、智能楼宇、工业监测、环境监测、医疗监护、消费类电子产品、智能交通、各类公共场合等。

(1) 安防监控

基于 ZigBee 技术的安防系统适用于许多场所,如家庭、楼宇、工厂、库房、店铺、办公室等。ZigBee 芯片可嵌入安防传感器设备中,采集安防传感器的实时信息,如门磁设备、红外探测设备、紧急按钮设备等。

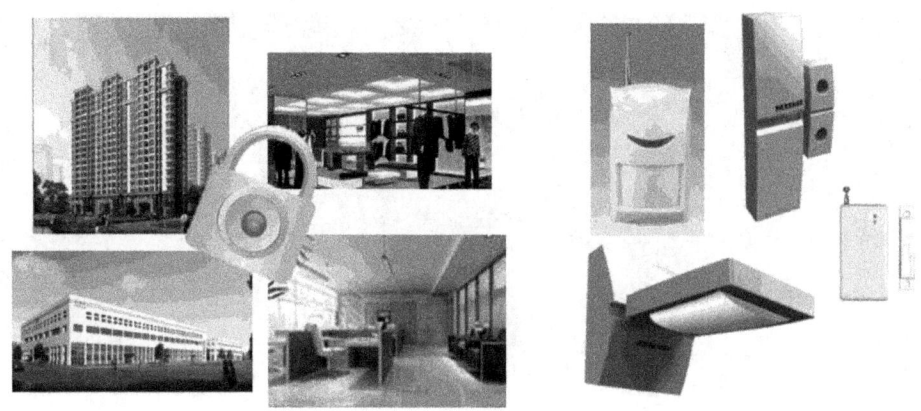

图 1.16 ZigBee 在安防监控中的应用

（2）智能家居

ZigBee 技术可应用于智能家电的无线控制，如对空调、热水器、电视机等普通家电的控制，以及对智能灯光、电动窗帘、电动窗等特殊家电的控制。它与因特网相连，可实现远程家电控制。

例如，海尔 U-HOME 智能家居解决方案：

智能灯光窗帘：家中窗帘智能控制，无须手动；多路灯光集中管控，能够形成各种灯光场景。

智能家电：可实现电视、冰箱等智能家电的互联互通，形成家庭小网，管控便利节能。

暖通设备：可实现中央空调、中央地暖、中央新风等系统的集中控制和管理，操控更便捷。

环境感知：自动感知温度、湿度、空气质量，并自动调整环境舒适度，让生活更惬意。

智能影院：家庭影院、高清投影幕等设备可实现智慧物联，一键启动智能影院设备，畅想视听盛宴。

背景音乐：无论在家中的哪里，根据个人的喜好可以设置不同的背景音乐，享受美妙生活。

图 1.17 ZigBee 在智能家居中的应用

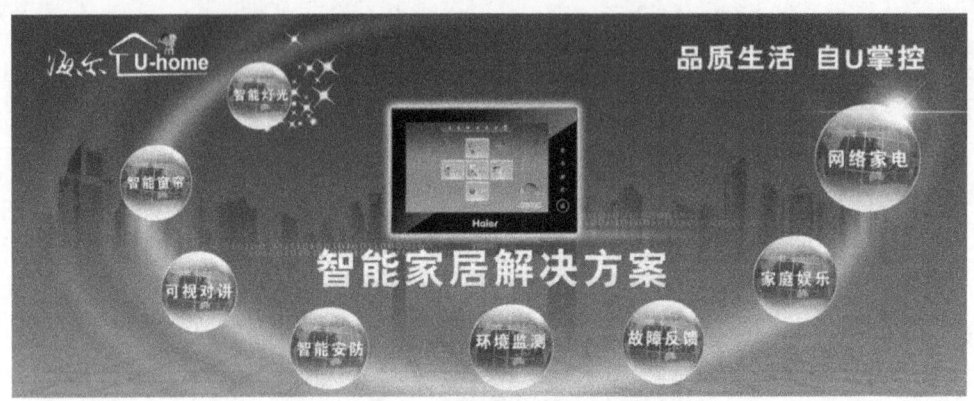

图 1.18　海尔 U-HOME 智能家居解决方案

（3）环境监测

ZigBee 技术广泛应用于环境监测领域，如森林防火监测、水位监测、厂房温度监测、病房温湿度监测、光照强度监测、落雨监测等。

图 1.19　ZigBee 在环境监测方面的应用

（4）智能交通

目前定位应用比较广泛的是 GPS 技术，它能够提供较准确的地理位置信息。但是对于隧道等场所，GPS 信号无法送达，ZigBee 技术则可以解决此问题。将 GPS 技术与 ZigBee 技术配合使用，可以实现全面的定位支持。另外，ZigBee 除了地理位置信息外，还可以传输其他多种信息，如路段限速、地标名称等。

图 1.20　ZigBee 在智能交通方面的应用

（5）ZigBee 在各类公共场所的应用

ZigBee 技术可广泛应用于各种公共场合,如超市、书店、医院等的室内导航定位、智能停车场应用、餐厅无线点餐系统等。

图 1.21　ZigBee 在各类公共场所的应用

1.2.6　ZigBee 联盟

ZigBee 联盟成立于 2002 年 8 月,由英国 Inversys 公司、日本三菱电气公司、美国摩托罗拉公司以及荷兰飞利浦半导体公司组成,是一个高速成长的非营利性业界组织,成员包括国际著名半导体生产商、技术提供者、技术集成商以及最终使用者,如今已经吸引了上百家芯片公司、无线设备公司和开发商的加入。

ZigBee 联盟制定了基于 IEEE802.15.4,具有高可靠性、高性价比、低功耗的网络应用规格。ZigBee 联盟的主要目标是通过加入无线网络功能,为消费者提供更富有弹性、更容易使用的电子产品。ZigBee 技术能融入各类电子产品,应用范围横跨全球的民用、商用、公共事业以及工业等市场,这使联盟会员可以利用 ZigBee 这个标准化无线网络平台,设计出简单、可靠、便宜又节省电力的各种产品来。

正式的 IEEE 802.15.4 标准在 2003 年上半年发布,芯片和产品已经面世。ZigBee 联盟在 IEEE 802.15.4-2003 标准的基础上,于 2005 年 6 月 27 日公布了第一份 ZigBee 协议规范"ZigBee Specification V1.0",并于 2006 年 12 月 1 日公布了改进的 ZigBee specification 2006 版本,再次掀起了全球范围内研究 ZigBee 技术的热潮。据市场研究机构预测,低功耗、低成本的 ZigBee 技术将在未来两年内得到快速增长,2005 年全球

ZigBee 器件的出货量已达到 100 万件，2006 年底超过 8000 万，2008 年将超过 1.5 亿，2009～2010 年将达到 10 亿件。这一预言正在从 ZigBee 联盟及其成员近期的一系列活动和进展中得到验证。在标准林立的短距离无线通信领域，ZigBee 的快速发展可以说是始料不及的，从 2004 年底标准确立到 2005 年底相关芯片及终端设备卖出 1500 亿美元，应该说比被业界"炒"了多年的蓝牙、Wi-Fi 进展要快。基于 ZigBee 技术的无线传感器网络应用在 ZigBee 联盟和 IEEE 802.15.4 组织的推动下，结合其他无线技术，不仅在工业、农业、军事、环境、医疗等传统领域具有极高的应用价值，而且未来将扩展到涉及人类日常生活和社会生产活动的所有领域。

图 1.22　ZigBee 联盟的标志

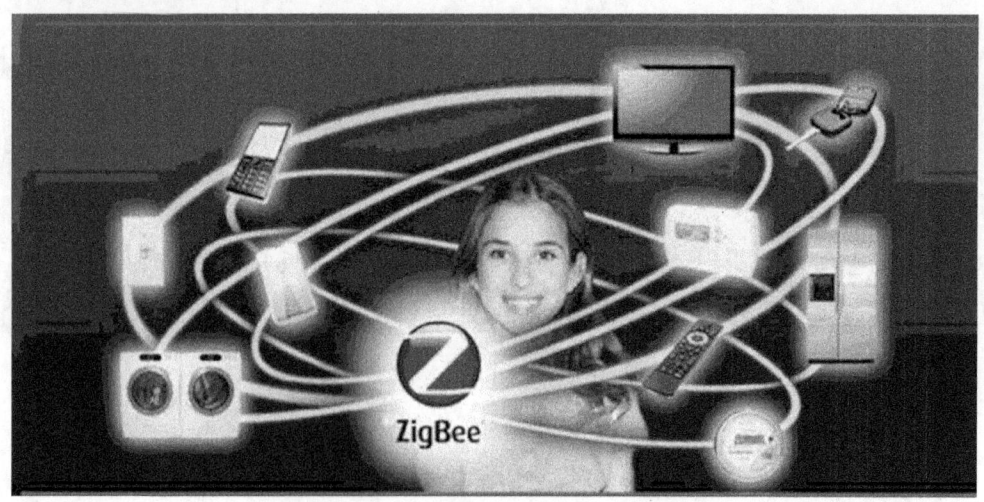

图 1.23　ZigBee 让您掌控您的世界

1.2.7　ZigBee 的认证

ZigBee 技术的标准是为了使遵循标准的设备之间能够通信，但这只是理论上的，因为不同的人对标准的理解可能存在偏差，这可能导致不同厂家都号称遵循标准实现的设备，却不能互相通信。比如会出现一个厂家生产出来的基于 ZigBee 技术的开关，不能控制另外一个厂家生产的基于 ZigBee 技术的灯这种情况。所以，为了证明设备真的遵循标准实现，需要对设备进行互操作性的测试。通过测试证明设备是遵循标准设计的，设备就通过了认证。互操作性测试和认证是由 ZigBee 联盟组织的，由联盟委托的认证公司来进行。通过认证的产品才可以贴上 ZigBee 的商标。

通过认证的产品有三种类型：第一种是遵循 ZigBee 协议设计的平台，称为兼容性平台，其他所有要通过认证的产品都必须基于兼容性平台。第二种是厂商私有应用子集产品，即协议栈是采用遵循 ZigBee 标准的平台，但应用是非标准的由厂商自己定义的，这种类型的产品并不满足互操作性,只能满足共存特性,因此不能贴上 ZigBee 公共应用子集的商标。第三种是公共应用子集产品,这种认证产品不仅协议栈遵循标准,连应用也遵从联盟定义的公共应用子集规范,因此能满足互操作性和共存特性,可以贴上 ZigBee 公共应用子集的商标。ZigBee 公共应用子集的商标如图 1.24 所示。

图 1.24 ZigBee 标准

① ZBA(ZigBee Building Automation)楼宇自动化:可以对空调与通风监控系统、给排水监控系统、照明系统、电力供应、综合安保等提供通信支持。

② ZRC(ZigBee Remote Control)遥控器:为所有需要遥控的消费电子提供统一的无线通信接口。

③ ZSE(ZigBee Smart Energy)智慧能源:可以对家庭的能源消耗进行统一管理,以节约能源消耗和生活开销。

④ ZHC(ZigBee Health Care)健康护理:采集反映身体状况的体征,可靠而且保密地传输给医生或护士,以利于疾病的诊断。

⑤ ZHA(ZigBee Home Automation)家庭自动化:在家里的任何地方均可以有效控制灯光、空调等家用电器,同时将家用电器组织为网络,进行自动控制。

⑥ ZID(ZigBee Input Device)输入设备:为计算机外设提供一个低功耗无线连接的统一标准,可用于键盘、鼠标、控制演讲笔等消费电子。

⑦ ZLL(ZigBee Light Link)照明控制:让人们可以使用手机、平板电脑、遥控控制家里的光源,并提供良好的互操作性。

⑧ ZRS(ZigBee Retail Service)零售服务:为零售商的货物管理及消费者的货物挑选及支付提供更好的体验。

⑨ ZTS(ZigBee Telecom Service)通信服务:电信运营商提供的增值服务,比如使用

电信网络进行家电控制、手机支持等。

⑩ ZND(ZigBee Network Device)网络设备：ZigBee 网络与其他网络进行桥接的标准。

1.3 怎么学

1.3.1 课程目标

通过本课程的学习，同学们应熟悉无线传感器网络(ZigBee)协议标准，熟悉无线传感器网络(ZigBee)的软硬件开发环境；掌握无线传感器网络(ZigBee)常用芯片的配置、应用方法，掌握无线通信(ZigBee)协议栈的架构和应用方法，掌握无线传感器网络(ZigBee)应用程序的设计方法。

1.3.2 讲什么

无线通信协议规范及通信流程；
通信节点硬件的原理及设计；
无线协议栈软件的架构及应用；
工程软件架构及应用层软件的开发；
系统软硬件安装及调试方法。

1.3.3 怎么学

对于理论，牢记知识点；
实践任务，勤于动手；
开发工具，熟练使用；
程序开发，乐于思考。

1.3.4 有关本课程学习的几点建议

本课程的前期基础课程是数字电路、模拟电路、C 语言、单片机，这方面知识掌握得不够好的请自行补上，学会利用图书馆和网络资源学习；

本课程是一门实践性、应用性很强的学科，仅仅听懂还不够，重在培养动手能力；

预习、听课、复习、作业、实验环环都重要，用科学的方法学习，但必须牢记知识点。

本章思考题

1. 无线传感器网络的定义是什么？它由哪些技术融合而成？
2. 无线传感器网络的发展经历了哪些阶段？每个阶段的特点是什么？
3. 什么是 ZigBee 技术？
4. 简述 ZigBee 的技术特点。
5. 简述 ZigBee 的公共应用子集。
6. 请简要叙述 ZigBee 技术适合的应用。

第二章 IEEE 802.15.4/ZigBee 无线传感器网络通信标准

在现在的几种无线通信技术中(ZigBee、蓝牙、WiFi 和红外等),ZigBee 技术以其经济、可靠、高效等优点在 WSN 中有着广泛的应用前景。

ZigBee 技术是一种低成本、低功耗、低速率、低复杂度、短距离的双向无线通信技术或无线网络技术,是一组基于 IEEE 802.15.4 无线标准研制开发的有关组网、安全和应用软件方面的通信技术。ZigBee 联盟已于 2005 年 6 月 27 日公布了第一份 ZigBee 规范"ZigBee-Specifieation V1.0"。ZigBee 协议规范使用了 IEEE 802.15.4 定义的物理层(PHY)和媒体介质访问层(MAC),并在此基础上定义了网络层(NWK)和应用层(APL)架构,其各层之间的分布如图 2.1 所示。

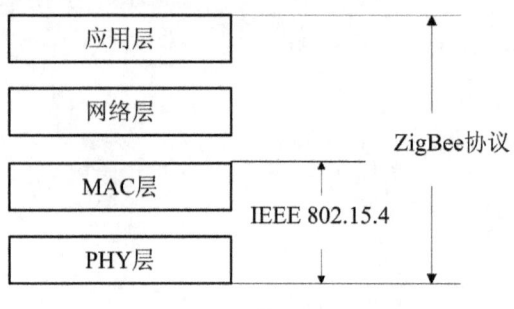

图 2.1 ZigBee 体系结构

2.1 IEEE 802.15.4 标准及 ZigBee 技术概述

2.1.1 IEEE 802.15.4 标准简介

随着通信技术的迅速发展,人们提出了在自身附近几米范围内通信的要求,因此出现了个人区域网络(personal area network,PAN)和无线个人区域网络(wireless personal area network,WPAN)的概念。WPAN 网络为近距离范围内的设备建立无线连接,把几米到几十米范围内的多个设备通过无线方式连接在一起,使它们可以相互通信甚至接入 LAN 或者 Internet。

IEEE 802.15.4 是 IEEE 针对低速率无线个人区域网(Low-rate wireless personal areanetworks,LR-WPAN)制定的无线通信标准。该标准定义了物理层(PHY)和介质访问控制层(MAC)。这种低速率无线个人局域网的网络结构简单、能量消耗低、成本低廉、具有有限的功率和灵活的吞吐量。低速率无线个人局域网的主要目标是实现安装容易、数据传输可靠、短距离通信、极低的成本、合理的电池寿命,并且拥有一个简单而且灵活的通信网络协议,旨在为个人或者家庭内不同设备之间低速率无线互连提供统一标准。该标准定义的 LR-WPAN 网络的特征与无线传感器网络有很多相似之处,很多研究机构把它作为无线传感器网络的通信标准。

IEEE 802.15.4 包括用于低速无线个域网(LR-WPAN)的物理层和媒体接入控制层两个规范。它能支持消耗功率最少,一般在个人活动空间(10m 直径或更小)工作的简单器件。IEEE 802.15.4 支持两种网络拓扑,即单跳星形或当通信线路超过 10m 时的多跳对等拓扑。但是对等拓扑的逻辑结构由网络层定义。LR-WPAN 中的器件既可以使用 64 位 IEEE 地址,也可以使用在关联过程中指配的 16 位短地址。IEEE 802.15.4 主要具有以下特点。

(1) 工作频段和数据速率

IEEE 802.15.4 工作在工业科学医疗(ISM)频段,它定义了两种物理层,即 2.4 GHz 频段和 868/915 MHz 频段物理层。两种物理层都基于直接序列扩频(direct sequence spread spectrum,DSSS),使用相同的物理层数据包格式,区别在于工作频率、调制技术、扩频码片长度和传输速率。免许可证的 2.4 GHz ISM 频段全世界都有,而 868 MHz 和 915 MHz 的 ISM 频段分别只在欧洲和北美有。各个具体频段的范围如表 2.1 所示。

表 2.1 不同国家和地区的 ZigBee 频率范围

工作频率范围/MHz	频段类型	国家和地区
868~868.6	ISM	欧洲
902~928	ISM	北美
2400~2483.4	ISM	全球

在 IEEE 802.15.4 中,总共分配了 27 个具有三种速率的信道:在 2.4 GHz 频段有 16 个速率为 250 kbit/s(或 62.5 ksymbol/s)的信道,在 915 MHz 频段有 10 个 40kbit/s(或 40 ksymbol/s)的信道,在 868 MHz 频段有 1 个 20 kbit/s(或 20 ksymbol/s)的信道。2.4GHz 的物理层通过采用高阶调制技术有助于获得更高的吞吐量、更小的通信时延和更短的工作周期,从而更加省电。由于 868 MHz 和 915 MHz 这两个频段上无线信号传播损耗较小,因此可以降低对接收机灵敏度的要求,获得较远的有效通信距离,从而可以用较少的设备覆盖给定的区域。现在市场上应用的大多数是 2.4 GHz 频段。

ISM 频段全球都有的特点不仅免除了 IEEE 802.15.4 器件的频率许可要求,而且给许多公司提供了开发可以工作在世界任何地方的标准化产品的难得机会。这减少了投资者的风险,与专门解决方案相比可以明显降低产品成本。在保持简单性的同时,IEEE 802.15.4 还试图提供设计上的灵活性。一个 IEEE 802.15.4 网可以根据可用性、拥挤状况和数据速率在 27 个信道中选择一个工作信道。从能量和成本效率来看,不同的数据速率能为不同的应用提供较好的选择。例如,对于有些计算机外围设备与互动式玩具,可能需要250 kbit/s,而对于其他许多应用,如各种传感器、智能标记和家用电器等,20kbit/s的低速率就能满足要求。

表 2.2 ZigBee 主要工作频段和基准传输率

频率/MHz		扩频参数		数据参数		
		码片速率 kchip/s	调制方式	比特速率 kbit/s	符号速率 Ksymbol/s	符号阶数
868/915	868~868.8	300	BPSK	20	20	二进制
	902~928	600	BPSK	40	40	二进制
2450	2400~2483.5	2000	O-QPSK	250	62.5	十六进制

(2) 支持简单器件

IEEE 802.15.4 低速率、低功耗和短距离传输的特点使它非常适宜支持简单器件。IEEE 802.15.4 中定义了14个物理层基本参数和35个媒体接入控制层基本参数,总共为49个,仅为蓝牙的1/3。这使它非常适用于存储能力和计算能力有限的简单器件。IEEE802.15.4 中定义了两种器件:全功能器件(FFD)和简化功能器件(RFD)。对全功能器件,要求它支持所有的49个基本参数;而对简化功能器件,在最小配置时只要求它支持38个基本参数。一个全功能器件可以与简化功能器件和其他全功能器件通话,可以按三种方式工作,即用作个人域网协调器、路由器或终端器件;而简化功能器件只能与全功能器件通话,仅用于非常简单的应用。

(3) 信标方式和超帧结构

IEEE 802.15.4 网可以工作于信标使能方式或非信标使能方式。在信标使能方式中,协调器定期广播信标,以达到相关器件同步及其他目的。在非信标使能方式中,协调器不定期地广播信标,在器件请求信标时向它单播信标。在信标使能方式中使用超帧结构,超帧结构的格式由协调器来定义,一般包括工作部分和任选的不工作部分。

(4) 数据传输和低功耗

在 IEEE 802.15.4 中,按收发方的不同,可以将数据传输分为三种方式:

① 从器件到协调器;

② 从协调器到器件;

③ 在对等网络中从一方到另一方。

为了突出低功耗的特点,数据传输可以分为以下三种方式:

① 直接数据传输。直接传输数据适用于以上所有三种数据转移。采用无槽载波检测多址与碰撞避免 CSMA-CA 或开槽 CSMA-CA 的数据传输方法,视使用非信标使能方式还是信标使能方式而定。

② 间接数据传输。间接传输数据仅适用于从协调器到器件的数据转移。在这种方式中,数据帧由协调器保存在事务处理列表中,等待相应的器件来提取。通过检查来自协调器的信标帧,器件就能发现在事务处理列表中是否挂有一个属于它的数据分组。有时,在非信标使能方式中也可能发生间接数据传输,在数据提取过程中也使用无槽 CSMA-CA 或开槽 CSMA-CA。

③ 有保证时隙(GTS)数据传输。GTS 数据传输仅适用于器件与其协调器之间的数据转移，既可以从器件到协调器，也可以从协调器到器件。在 GTS 数据传输中不需要 CSMA-CA。

低功耗是 IEEE 802.15.4 最重要的特点。因为对电池供电的简单器件而言，更换电池的花费往往比器件本身的成本还要高。在有些应用如嵌在汽车轮胎中的气压传感器或高密度布设的大规模传感器网中，更换电池不仅麻烦，而且实际上是不可行的。所以，在 IEEE 802.15.4 的数据传输过程中引入了几种延长器件电池寿命或节省功率的机制，多数是基于信标使能的方式，主要是限制器件或协调器之收发信机的开通时间，或者在无数据传输时使它们处于休眠状态。

(5) 安全性

安全性是 IEEE 802.15.4 的另一个重要问题。为了提供灵活性和支持简单器件，IEEE802.15.4 在数据传输中提供了三级安全性。第一级是无安全性方式，对于某种应用，如果安全性并不重要或者上层已经提供足够的安全保护，器件就可以选择这种方式来转移数据。对于第二级安全性，器件可以使用接入控制清单(ACL)来防止非法器件获取数据，在这一级不采取加密措施。第三级安全性在数据转移中采用属于高级加密标准(AES)的对称密码，AES 可以用来保护数据净荷和防止攻击者冒充合法器件，但它不能防止攻击者在通信双方交换密钥时通过窃听来截取对称密钥。为了防止这种攻击，可以采用公钥加密。

(6) 自配置

IEEE 802.15.4 在媒体接入控制层中加入了关联和分离功能，以达到支持自配置的目的。自配置不仅能自动建立起一个星形网，而且允许创建自配置的对等网。在关联过程中可以实现各种配置，例如，为个人域网选择信道和识别符(ID)，为器件指配 16 位短地址，设定电池寿命延长选项等。

2.1.2 ZigBee 技术概述

2001 年 8 月成立的 ZigBee 联盟就是针对 LR－WPAN 网络成立的产业联盟，它已于 2005 年 6 月 27 日公布了第一份 ZigBee 规范"ZigBee Specification V1.0"，该标准定义了在 IEEE 802.15.4-2003 物理层(PHY)和标准媒体访问控制层(MAC)上的网络层及支持的应用服务。

ZigBee 技术是一组基于 IEEE 802.15.4 无线标准研制开发的有关组网、安全和应用软件方面的通信技术。ZigBee 协议标准采用分层结构，每一层为上层提供一系列特殊的服务，如数据实体提供数据传输服务，管理实体则提供所有其他的服务。所有的服务实体都通过服务接入点 SAP 为上层提供接口，每个 SAP 都支持一定数量的服务原语来实现所需的功能。ZigBee 标准的分层架构是在 OSI 七层模型的基础上，根据市场和应用的实际需要定义的。其中，IEEE 802.15.4-2003 标准定义了底层协议，如物理层(physicallayer, PHY)和媒体访问控制层(medium acces control sub-layer, MAC)，ZigBee 联盟在此基础上定义了网络层(network Iayer, NWK)和应用层(application layer, APL)

架构,在应用层内提供了应用支持子层(application supportsub-layer,APS)和 ZigBee 设备对象(ZigBee device object,ZDO),应用框架中则加入了用户自定义的应用对象。ZigBee 协议的体系结构如图 2.2 所示。

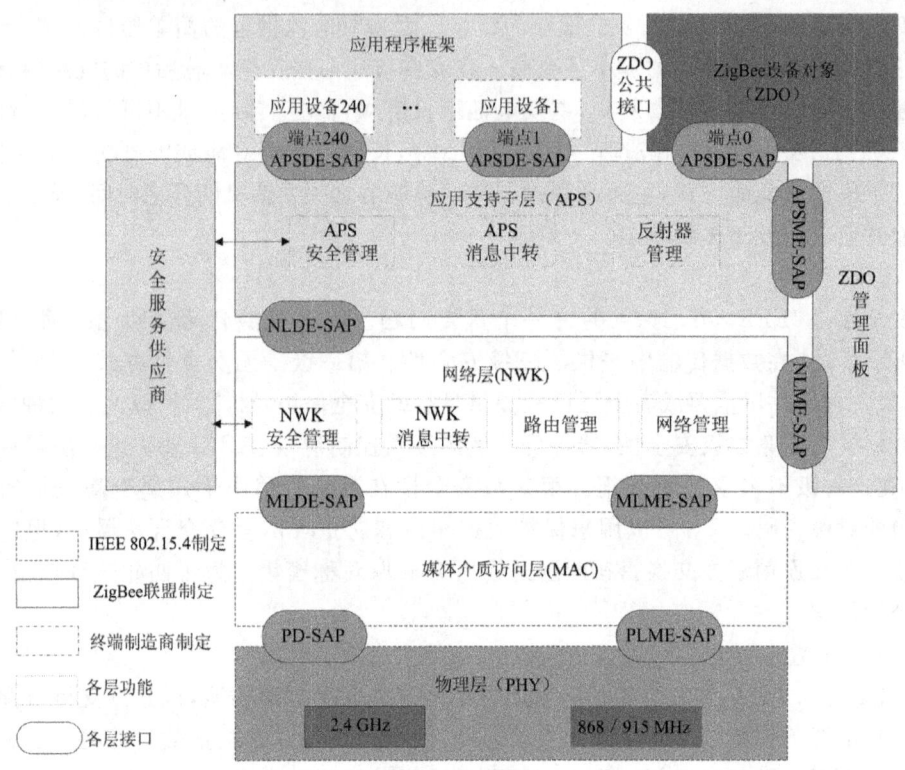

图 2.2 ZigBee 协议的体系结构

2.2 物理层(PHY)规范

物理层(PHY)定义了物理无线信道和与 MAC 层之间的接口,提供物理层数据服务和物理层管理服务。物理层数据服务是从无线物理信道上收发数据,物理层管理服务维护一个由物理层相关数据组成的数据库。

2.2.1 无线信道的分配

ZigBee 使用了三种工作频率,每一频段宽度不同,其分配信道的个数也不相同。IEEE 802.15.4 规范标准定义了 27 个物理信道,信道编号从 0 至 26,在不同的频段其带宽不同,每个具体的信道对应着一个中心频率,这 27 个物理信道覆盖了以上三种不同的频段。标准规定 868 MHz 频段定义了 1 个信道(0 号信道),915 MHz 频段定义了 10 个信道(1~10 号信道),2400 MHz 频段定义了 16 个信道(11~26 号信道)。这些信道的中心频率定义如下：

$$f_c = 868.3 \text{MHz}, \qquad k=0$$
$$f_c = 906 + 2(k-1) \text{MHz} \qquad k=1,2,\cdots,10$$
$$f_c = 2405 + 5(k-1) \text{MHz} \qquad k=11,12,\cdots,26$$

式中，k 为信道编号，f_c 为信道对应的中心频率。其频率和信道分布状况如图 2.3 所示。

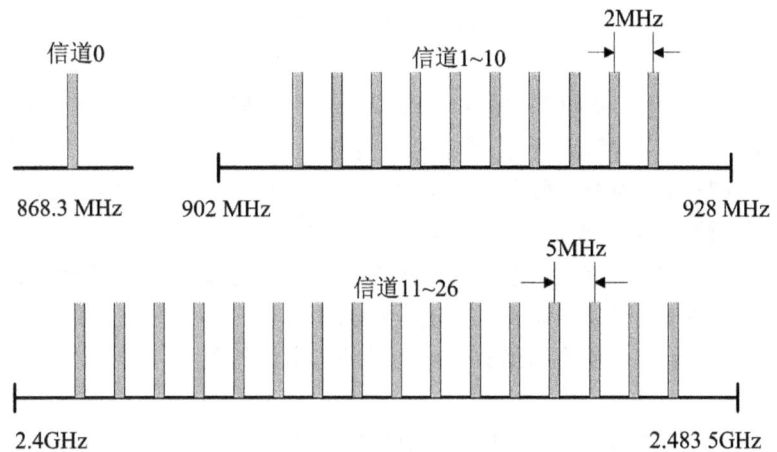

图 2.3 频率和信道分布

通常，ZigBee 硬件设备不能同时兼容两个工作频段，在选择 ZigBee 硬件设备时，应符合当地无线电管理委员会的规定，购买符合当地所允许使用频段条件的设备。由于 868~868.6 频段主要用于欧洲，902~928 MHz 频段用于北美，而 2400~2483.5 MHz 频段可以用于全球，因此，中国采用的都是 2400 MHz 的工作频段。

2.2.2 物理层主要功能与参数

物理层定义了物理无线信道和 MAC 子层之间的接口，物理层功能相对简单，主要是在硬件驱动程序的基础上，提供物理层数据服务和物理层管理服务。物理层功能包括：

① 激活/休眠无线收发器；
② 当前信道的能量检测；
③ 接收链路服务质量指示；
④ 空闲信道评估；
⑤ 信道频率选择；
⑥ 数据发送和接收；
⑦ 物理层属性参数的获取与设置。

ZigBee 物理层通过射频固件和射频硬件提供了一个从 MAC 层到物理层无线信道的接口，物理层模型如图 2.4 所示。其中，RF-SAP 是由驱动程序提供的接口，而 PD-SAP 是 PHY 层提供给 MAC 层的数据服务接口，PLME-SAP 是 PHY 层给 MAC 层提供的管理服务接口。

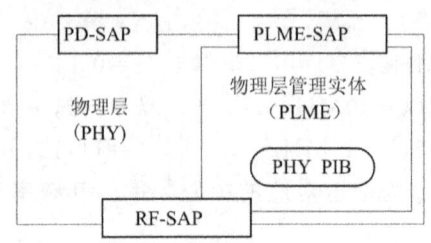

图 2.4 物理层模型

信道能量检测为上层提供信道选择的依据,主要是测量目标信道中接收信号的功率强度。该检测本身不进行解码操作,检测结果为有效信号功率和噪声信号功率之和。

链路服务质量指示为上层服务提供接收数据时无线信号的强度和质量信息,它要对检测信号进行解码,生成一个信噪比指标。

空闲信道评估判断信道是否空闲。IEEE 802.15.4 定义了三种空闲信道评估模式:能量门限检测、载波侦听、载波侦听联合能量检测。

① 能量门限检测。如果检测到的信号能量超过设定的 ED 门限,则表示信道忙(被占用)。

② 载波侦听(CSMA-CA)。如果检测到符合 IEEE802.15.4 调制和扩频特征的信号,则表示信道忙,信号的强度可能高于或低于 ED 门限。

③ 载波侦听联合能量检测。如果检测到符合 IEEE802.15.4 调制和扩频特征的信号强度超过 ED 门限,则表示信道忙。

在 PHY 层的有关参数中,有以下四个重要的参数:

① 传输能量(power):约 1mW 的能量;

② 传输中心频率的兼容性,即频率稳定度(标识了无线解码器工作频率的稳定程度):约±40 ppm(part per million,百万分比);

③ 接收器之感度:-85 dBm(2450 MHz),-92 dBm(868/915 MHz),1‰分组差错率(PSDU=20B);

④ 接收信号强度指示的测量(RSSI)。

2.2.3 调制及扩频

2.2.3.1 2.4GHz 物理层调制及扩频

图 2.5 描述了 2.4 GHz 物理层调制及扩频功能模块。

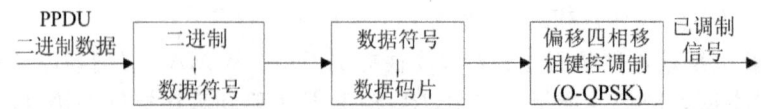

图 2.5 2.4G 物理层调制及扩频功能模块

(1) 比特—符号转换

从图 2.5 可以看出，在对物理层协议数据单元进行调制前，必须对其所有的二进制数进行转换处理。首先，必须将二进制数据转换成符号数据，其转换过程为：将每个字节按 4 比特位进行分解，将低 4 位转换成一个符号数据，高四位转换成一个符号数据。物理层协议数据单元的每个字节都要逐步进行处理，即从它的前同步码字段开始到它的最后一个字节。在每个字节处理过程中，优先处理低 4 位，随后处理高 4 位。

(2) 符号—码片的映射

根据处理得到的符号数据，将其进行扩展，即每个符号数据映射成一个 32 位的伪随机序列（PN 序列），扩频因子为 8。根据比特速率＝码片速率/扩频因子，对应的比特速率和码片速率分别为 250kb/s 和 2000kchip/s。如表 2.3 所示，这些 PN 序列通过循环移位或者相互结合（如奇数位取反）等相互关联。

表 2.3 数据符号—数据码片映射表

数据符号（十进制）	数据符号（二进制）	数据码片
0	0000	11011001110000110101001000101110
1	0001	11101101100111000011010100100010
2	0010	00101110110110011100001101010010
3	0011	00100010111011011001110000110101
4	0100	01010010001011101101100111000011
5	0101	00110101001000101110110110011100
6	0110	11000110101001000101110110111001
7	0111	10011100001101010010001011101101
8	1000	10001100100101100000011101111011
9	1001	10111000110010010110000001110111
10	1010	01111011100011001001011000000111
11	1011	01110111101110001100100101100000
12	1100	00000111011101110001100100101100
13	1101	01100000011101111011100011001001
14	1110	10010110000001110111101110001100
15	1111	11001001011000000111011110111000

数据码片序列采用半正弦脉冲波形的偏移四相移相键控技术（O－QPSK）调制。对偶数序列码片进行同相调制，而对奇数序列码片进行正交调制。

2.2.3.2 868/915 MHz 物理层调制及扩频

图 2.6 描述了 868/915 MHz 物理层调制与扩频功能模块。868/915 MHz 物理层先将 PPDU 二进制数据进行差分编码，差分编码是将当前数据位与前一编码位以模为 2 异

或而成,具体见式(2.1)、(2.2)。经编码的数据位又被映射成 15 位伪随机噪声数据码片(chip),如表 2.4 所列。数据码片序列采用二相的相移键控技术(BPSK)调制。

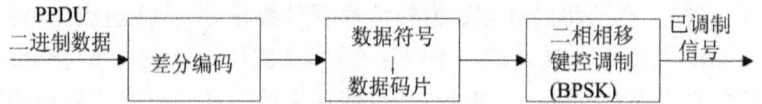

图 2.6　868/915MHz 物理层调制与扩频功能模块

发送：　　　　　　　　$E_n = R_N \oplus E_{n-1}$ 　　　　　　　　(2.1)

接收：　　　　　　　　$R_n = E_N \oplus E_{n-1}$ 　　　　　　　　(2.2)

式中,R_n 为进行编码的原始数据;E_n 为对应的编码位;E_{n-1} 为前一编码位。

表 2.4　数据符号－数据码片映射表

输入值	数据码片	扩频因子
0	111101011001000	15
1	000010100110111	

2.2.4　物理层协议数据单元的结构

在 PPDU 数据包结构中,最左边的字段优先发送和接收。在多个字节的字段中,优先发送或接收最低有效字节,而在每一个字节中优先发送最低有效位(LSB)。同样,在物理层与 MAC 层之间数据字段的传输也遵循这一规则。

每个 PPDU 数据包都由以下几个基本部分组成：

① 同步包头 SHR：允许设备接收设备锁定在比特流上,并且与该比特流保持同步。

② 物理层包头 PHR：包含帧长度的信息。

③ 物理层数据净载荷：长度变化的净荷,携带 MAC 的帧信息。

PPDU 数据包的格式如表 2.5 所示。

表 2.5　PPDU 数据包格式

字节	1	1		可变
前同步码(preamble)	帧定界符(SFD)	帧长度(7bit)	保留(1 bit)	物理层数据(PSDU)
同步头(SHR)		物理层报头(PHR)		物理层净荷(PHY payload)

2.3 媒体介质访问层(MAC)

2.3.1 MAC层服务协议

MAC层提供两种服务：MAC层数据服务和MAC层管理服务。前者保证MAC协议数据单元在物理层数据服务中的正确收发，而后者从事MAC层的管理活动，并维护一个信息数据库。

IEEE 802.15.4定义的MAC层协议，提供数据传输服务(MCPS)和管理服务(MLME)，其逻辑模型如图2.7所示。其中，PD-SAP是PHY层提供给MAC的数据服务接口，PLME-SAP是PHY层给MAC层提供的管理服务接口，MLME-SAP是由MAC层提供给网络层的管理服务接口，MCPS-SAP是MAC层提供给网络层的数据服务接口。MAC层的数据传输服务主要是实现MAC数据帧的传输，MAC层的管理服务主要有信道的访问、PAN的开始和维护、节点加入和退出PAN、设备间的同步实现、传输事务管理等。

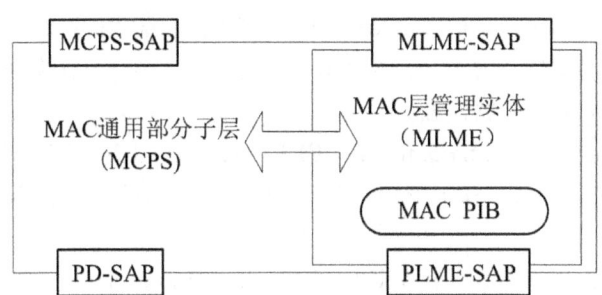

图2.7 MAC层参考模型

MAC层的主要功能包括如下7个方面：
① 网络协调者产生并发送信标帧(Beacon)；
② 设备与信标同步；
③ 支持PAN网络的关联(association)和取消关联(disassociation)操作；
④ 为设备的安全性提供支持；
⑤ 信道接入方式采用免冲突载波检测多路访问(CSMA-CA)机制；
⑥ 处理和维护保护时隙(GTS)机制；
⑦ 在两个对等的MAC实体之间提供一个可靠的通信链路。

关联操作是指一个设备在加入一个特定网络时，向协调器注册以及身份认证的过程。LR-WPAN网络中的设备有可能从一个网络切换到另外一个网络，这时就需要进行关联和取消关联操作。

时槽保障机制和时分复用(time division multiple access, TDMA)机制相似，但它可

以动态地为有收发请求的设备分配时槽。使用时槽保障机制需要设备间的时间同步，IEEE 802.15.4 中的时间同步通过"超帧"机制实现。

IEEE 802.15.4 基本上是应用类似 IEEE 802.11 的 CSMA/CA 方式竞争沟通，其中可以分为有信标网络（beacon－enabled network）与无信标网络（nonbeacon－enabled network）。无信标网络的协调器（coordinator）一直处在听的状态，在装置要回传信息时会先彼此竞争，等通知协调器后，再传送资料给协调器。协调器发送信标，除了用作同步化外，也包含网络相关信息等；超帧以有无使用保证时隙（guaranteed timeslots，GTS）来区别，有保证时隙的超帧可分成两部分，一是竞争存取周期（contention access period，CAP），二是无竞争周期（contention free period，CFP），而无保证时隙的超帧则全都是 CAP；协调器发送信标，除了用作同步化外，也包含网络相关信息等；超帧以有无使用保证时隙（guaranteed time slots）来区别，有保证时隙的超帧可分成两部分，一是竞争存取周期（contention access period，CAP），二是无竞争周期（contention free period，CFP），而无保证时隙的超帧则全都是 CAP。

2.3.1.1 超帧结构

在信标使能模式下，协议引入超帧（Super Frame）的概念，实现协调器和设备的时间同步、识别 PAN（个域网）及实现设备之间的通信。在 ZigBee 网络中可以发射信标的设备是网络协调器（PAN Coordinator）和树型网络结构中的子协调器/路由器（Coordinator）。注意，在 IEEE802.15.4 协议中，Coordinator 被称为协调器；在 ZigBee 协议中，Coordinator 被称为路由器。

超帧结构（super frame structure）在 IEEE 802.15.4 LR－WPAN 是属于选择使用的部分，其格式由协调器（coordinator）来定义，而超帧结构的大小边界由网络中的信标所设定。

可以选用超帧为周期组织 LR-WPAN 网络内设备间的通信。每个超帧都以网络协调器发出信标帧开始，以下一个信标帧的到来而结束，在信标帧中包含了超帧将持续的时间以及对这段时间的分配等信息。网络中的普通设备接收到包含超帧结构的信标帧后，就可以根据其中的配置信息安排自己的任务，如进入休眠状态直到这个超帧结束。

在信标不使能模式下，协议较为简单，并不采用超帧结构，设备通过无时隙的 CSMA/CA 机制发送数据。

Octets: 2	1	4/10	2	variable	variable	variable	2
Frame control	Sequence number	Addressing fields	Superframe specification	GTS fields (Figure 38)	Pending address fields (Figure 39)	Beacon payload	FCS
MHR			MAC payload				MFR

图 2.8 信标帧的格式

在一个信标使能的网络中，协调器利用周期性地发出信标帧的方式来与 PAN 中的其他节点进行同步。每个超帧都以协调器发出信标帧开始,以下一个信标帧的到来而结束。超帧将通信时间划分为活跃和不活跃两个部分。超帧的不活跃期间内,PAN 网络中的设备不会相互通信,从而可以进入休眠状态以节省能量。超帧的活跃期间划分为三个阶段:帧发送阶段,竞争访问阶段(contention acces peried,CAP),非争访问阶段(contentiol-free access period,CFP)。

超帧的活跃部分被划分为 16 个等长的时隙(slot),每个时隙的长度、竞争访问时段包含的时隙数等参数,都由协调器决定,并通过信标帧广播到整个网络。

PAN 通过定义信标帧的内容来实现对超帧的控制,并进行周期性的广播。网络采用严格的时间同步,分时隙进行通信。可以在 CAP(Contention Access Period)采用时隙 CSMA/CA 机制进行通信,在 CFP(Contention Free Periods)采用时隙 GTS 机制进行通信。

在网络中的任何设备要做通信时,如果节点们用 CAP(竞争存取)方式进行通信,超帧的活跃周期内将划分为 16 个等长的时隙,节点们使用 CSMA-CA(载波侦听-冲突避免)的方式竞争通信时间。图 2.9 为无保证时隙(GTS)的超帧结构。

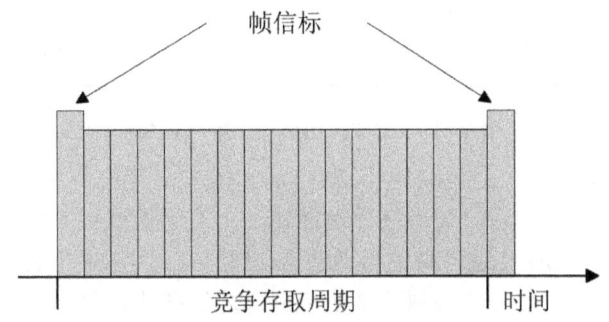

图 2.9 无 GTS 的超帧结构

超帧结构中包含的无竞争周期 CFP,叫作保证时隙(guaranteed timeslots,GTSs),采用预先请求的方式,让在 CFP 中配置到 GTS 的设备不用竞争就可以直接传送。

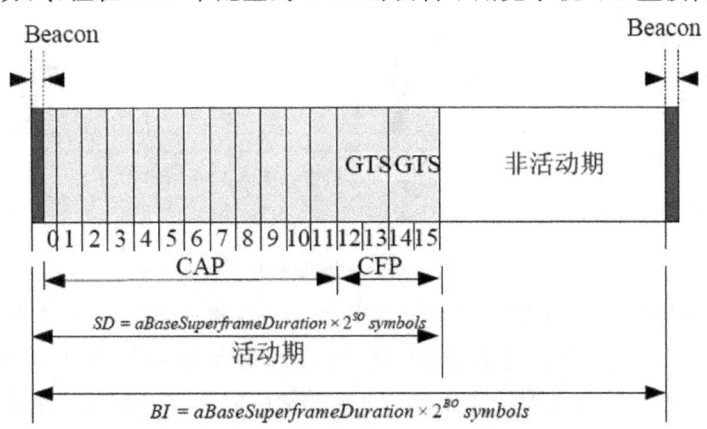

图 2.10 带 GTS 的超帧结构

有信标网络中,超帧持续时间(superframe duration)与信标间距(Beacon interval)依

照协调器使用信标级数(Beacon order,BO)及超帧级数(superframe order,SO)来控制,彼此关系是 $0 \leqslant SO \leqslant BO \leqslant 14$,如此可限制超帧持续时间会小于等于信标间距。

Beacon Order(BO)称为信标级数,它决定着信标的发送周期(Beacon Interval,BI),

$$BI = aBaseSuperframeDuration \times 2^{BO}$$

Superframe Order(SO)称为超帧级数,它决定着超帧中活跃期持续的时间(Superframe Duration,SD),

$$SD = aBaseSuperframeDuration \times 2^{SO}$$

aBaseSuperframeDuration 为 MAC 协议 PIB 中的一个常量值,是当超帧级数为 0 时形成一个超帧所占的符号数。aBaseSuperframeDuration 被规定为 960 symbols;BO 的取值范围为 0~14,当 BO 为 15 时,表示不使用超帧结构;SO 的取值范围也是 0~14,但必须保证 SO 不大于 BO,当 SO 等于 BO 时,表示该超帧中不包含非活跃期。SO 和 BO 均在信标帧中的 Superframe specification 子域进行定义,定义如下:

Bits: 0-3	4-7	8-11	12	13	14	15
Beacon order	Superframe order	Final CAP slot	Battery life extension	Reserved	PAN coordinator	Association permit

图 2.11 信标帧中的 BO 和 SO 子域

在设备的 MAC 层调用了 MLME-SYNC.reques 原语来使节点追踪网络中协调器的信标,并建立与它的同步关系。如果信标追踪在这个原语里被指定的话,设备将会尝试去捕获信标并通过周期性的唤醒自身的接收器来追踪信标。如果信标追踪没有被指定的话,设备将仅会获取一次信标或是到下个信标到来之后终止追踪。

除了进行同步通信外,在 PAN 中引用 Beacon 和超帧的另一个重要的目的在于使多跳网络中的众多节点能够有时间休眠以节省能量的消耗。Beacon 的周期应该远远大于超帧的活动周期,图 2.12 很好地说明了这一点。

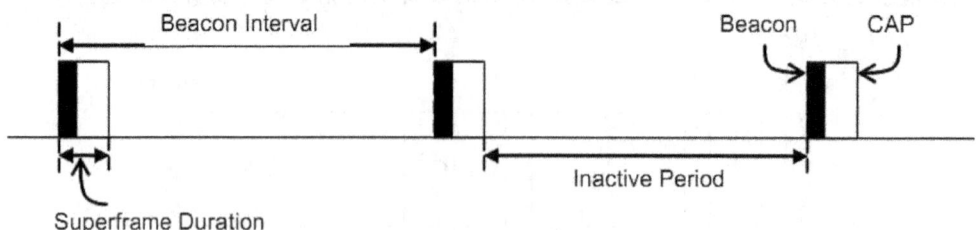

图 2.12 理想的超帧活跃期和非活跃期比例

在树状拓扑结构时,为了确保父协调器节点和子协调器(路由器)节点的超帧不互相冲突,子节点的 Beacon 会在父节点的 SD 结束后再等待一段基本保护时间(Guard Time),然后发 Beacon,进入到子节点的 SD(超帧活跃时间)。同时,子节点的 SD 必须在父节点的 SD 开始基本保护时间前结束。

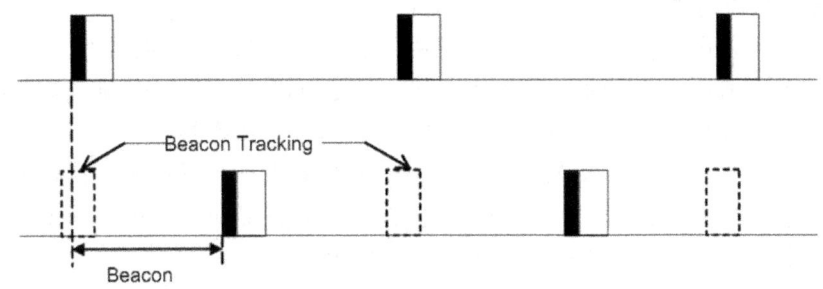

图 2.13 父子协调器的超帧时序关系

在一个信标使能的网络中,实际上节点的密度取决于(反比于)发送信标设备(网络协调器或路由器)的超帧周期与信标周期的比值(SO/BO),这个比值越大,说明超帧周期占的比例越大,则多个能够发射信标设备的信标发射时间和超帧持续时间重叠的可能性越大,因此将会制约这个网络中可发送信标设备(协调器/路由器)的数量,进而影响整个网络节点的容量。反过来,超帧活跃时间相对于信标周期的比值越小,则多个信标和超帧活跃的时间重叠机率越小,将会支持更多的协调器/路由器节点,支持更大的网络容量。在一个树型网络中,建议的 SO=0,即超帧活跃周期约为 15.36ms,SO=6~10,提供的超帧周期为 0.98304s~15.72864s。使用这种取值的话,整个网络的负载率在 0.1%~2%之间,网络的能耗和性能也会取得一个较好的平衡。

2.3.1.2 数据传送模式

IEEE802.15.4 的数据传送模式里存在三种方式:一是终端器件传送数据到协调器,二是协调器传出数据到终端器件,三是在两对等器件传送数据。在星型网络中,仅有前两种方式,即数据交换只在协调器与终端器件进行;而在对等网络结构中,所有三种方式均有可能,即数据交换可在任两器件间进行。

(1) 数据传送到协调器

在信标使能方式(Beacon-enable network)中,器件必须先取得信标来与协调器同步,之后使用开槽载波检测多址与碰撞避免(slotted CSMA/CA)方式传送资料。

在非信标使能方式(non beacon-enable network)中,器件简单地利用无槽载波检测多址与碰撞避免(unlotted CSMA/CA)来传送资料。数据传送到协调器的流程如图2.14。

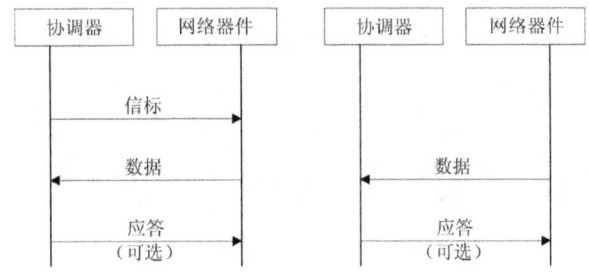

图 2.14 数据传输到协调器(左侧为信标使能,右侧为非使能)

(2) 数据从协调器传出

在信标使能方式中,协调器会利用信标中的字段来告知有资料要传送。

而终端器件则是周期性的监听信标,如果自己是协调器传送对象,则该器件利用开槽载波检测多址与碰撞避免将 MAC 命令请求控制信息传给协调器。

在非信标使能方式中,终端器件利用无槽载波检测多址与碰撞避免传送 MAC 命令请求控制信息传给协调器。若协调器有数据要传送,则利用 unlotted CSMA/CA 方式将资料传出。数据从协调器传出的流程如图 2.15 所示。

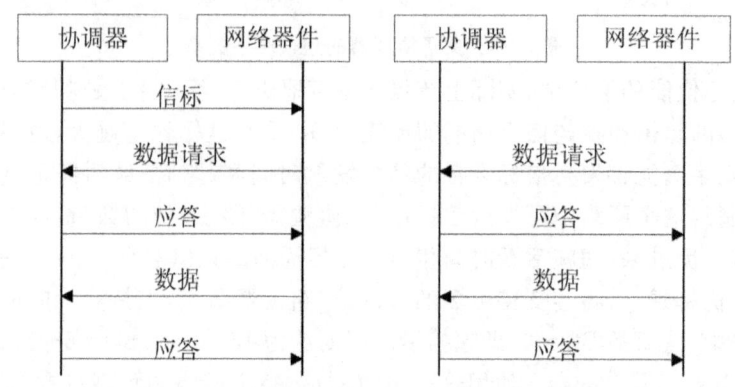

图 2.15　数据从协调器出(左侧为信标使能,右侧为非使能)

(3) 对等数据传送

在对等(peer to peer)网络中(MESH 型拓扑),任一器件可同其射频范围内的其他器件通信。预通信的器件要么定时接收,要么彼此完全同步。前者简单地使用无槽载波检测多址与碰撞避免传输数据,后者需要实现同步。

2.3.1.3　MAC 层通用帧格式

MAC 层的数据封装在物理层帧当中发送,而接收到的物理层帧,经解封装后会得到 MAC 层帧数据。

MAC 层帧的结构如图 2.16 所示。

字节: 2	1	0/2	1/2/8	0/2	0/2/8	可变	2
帧控制	序列号	目的PAN标识符	目的地址	源PAN标识符	源地址	净荷	帧校验
		地址域					
MAC帧头						MAC帧负载	MAC帧尾

位: 0~2	3	4	5	6	7~9	10~11	12~13	14~15
帧类型	加密位	后续帧控制位	应答请求	同一PAN指示	保留	目的地址模式	保留	源地址模式

图 2.16　MAC 层帧结构

MAC 帧格式主要是指 MAC 协议数据单元(MPDU)的格式,主要包括 MAC 帧头(MHR)、MAC 负载和 MAC 帧尾(MFR)。帧头由帧控制(frame control)、帧序列码

(sequence number)和地址域(addressing fields)组成。MAC 子层负载长度可变,具体内容由帧类型决定。帧尾是帧头和负载数据的 16 位循环冗余码校验(CRC)序列。

① 帧控制域,长度为 16 bit,定义了帧类型、地址域及其他控制标志。
② 帧类型子域,长度为 3 bit,应用中应设置成某一非保留值。
③ 加密控制子域
　=0:当前帧不需 MAC 子层加密;
　=1:当前帧用存贮在 MAC PIB 中的密钥加密。
④ 后续帧控制位
　=1:表明传输当前帧的器件有后续的数据要发送,因此接收器应发送额外的数据请求获得后续的数据;
　=0:表明传输当前帧的器件没有后续的数据。
⑤ 应答请求位
　=1:接受器在确认收到的帧数据有效后,应当发送出应答帧;
　=0:接收器件不需发出应答帧。
⑥ 同一 PAN 指示
　=1:表明当前帧是在同一 PAN 范围内,只需要目的地址与源地址,而不需要源 PAN 识符;
　=0:表明当前帧是不在同一 PAN 范围内,不仅需要目的地址与源地址,源 PAN 标识符与目标标识符均需要。
⑦ 目的地址模式子域长度为 2 bit,应当设置成表 2.6 中某一值。如果此子域值为 0 且帧类型子域表明此帧不是应答帧或信标帧,则源地址模式子域应当为非零,从而指出此帧是直接送至源 PAN 标识符域所指定的 PAN 标识符所在的协调器。

表 2.6 地址模式值

地址模式值 $b_0 b_1$	描　述
00	PAN 标识符和地址子域不存在
01	保留
10	包含 16 位短地址子域
11	包含 64 位扩展地址子域

⑧ 源地址模式子域 2bit 长度,应当设置成表 4 中某一值。如果此子域值为 0 且帧类型子域表明此帧不是应答帧或信标帧,则目的地址模式子域应当为非零,从而指出此帧是来至目的 PAN 标识符域所指定的 PAN 标识符所在的协调器。
⑨ 序列号域长度为 8bit,为帧指定了唯一的序列标识号,仅当确认帧的序列号与上一次数据传输帧的序列号一致时,才能判断数据传输业务成功。
⑩ 目的 PAN 标识符长度为 16bit,指出接收当前帧的器件唯一 PAN 标识符。如此值为 0xF、FFF 代表广播 PAN 标识符,所有当前频道的器件均可作为有效 PAN 标识符接收。

⑩ 目的地址域,根据帧控制子域中目的地址模式,以 16 位短地址或 64 位扩展地址指出接收帧的器件地址。0xFFFF 代表广播短地址,可以被当前频道上的所有器件接收。

⑪ 源 PAN 标识符,长度为 16bit,指出发出当前帧的器件唯一 PAN 标识符。源地址域:根据帧控制子域中源地址模式,以 16 位短地址或 64 位扩展地址指出发出帧的器件地址。

⑫ 净荷是 MAC 帧要承载的上层数据。

⑬ 帧校验序列,是 16 位循环冗余校验,通过帧的 MHR 及 MAC 净荷计算而得。FCS 序列使用 16 次标准多项式生成:$G_{16}=x^{16}+x^{12}+x^5+1$。

2.3.1.4 MAC 层帧分类

一个数据帧使用哪种地址类型由帧控制字段的内容决定。由于在物理层数据帧中包括了表示 MAC 帧长度的字段,所以在 MAC 帧结构中没有表示帧长度的字段。MAC 负载长度可以通过物理层帧长和 MAC 帧头的长度表示出来。IEEE 802.15.4 标准中共定义了四种类型的帧:信标帧、数据帧、确认帧和 MAC 命令帧。

(1) 信标帧

信标帧的负载数据单元由四部分组成超帧描述字段、GTS 分配字段、待转发数据目标地址字段和信标帧负载数据。信标帧结构见表 2.7。

表 2.7 信标帧结构

字节:2	1	4/10	2	K	M	N	2
帧控制	序列号	地址域	超帧描述字段	GTS 分配字段	带转发数据目标地址	信标帧负载	帧校验
MAC 帧头			MAC 数据服务单元				MAC 帧尾

(2) 数据帧

数据帧用来传输上层发到 MAC 层的数据,它的负载字段包含了上层需要传送的数据。数据负载传送至 MAC 层时,被称为 MAC 服务数据单元。它的首尾被分别附加了 MHR 头信息和 MFR 尾信息后,就构成了 MAC 帧。MAC 帧的长度不会超过 127 个字节。数据帧结构见表 2.8。

表 2.8 数据帧结构

字节:2	1	4~20	N	2
MAC 帧头			MAC 数据服务单元	MAC 帧尾
帧控制	序列号	地址域	数据帧负载	帧校验

(3) 确认帧

如果设备收到目的地址为其自身的数据帧或 MAC 命令帧,并且帧的控制信息字段的确认请求位被置 1,设备需要回应一个确认帧。确认帧的序列号应该与被确认帧的序列号相同,并且负载长度应该为零。确认帧紧接着被确认帧发送,不需要使用 CSMA/CA 机制竞争信道。确认帧结构见表 2.9。

表 2.9 确认帧结构

字节：2	1	2
帧控制	序列号	帧校验
MAC 帧头		MAC 帧尾

(4) 命令帧

MAC 命令帧用于组建无线个域网（WPAN）网络，传输同步数据等。目前定义好的命令帧主要完成三方面的功能：把设备关联到 PAN 网络，与协调器交换数据，分配 GTS。命令帧的具体功能由帧的负载数据表示。负载数据是一个变长结构，所有命令帧负载的第一个字节是命令类型字节，后面的数据针对不同的命令类型有不同的含义。命令帧结构见表 2.10。

表 2.10 命令帧结构

字节：2	1	4～20	1	N	2
帧控制	序列号	地址域	命令类型	数据帧负载	帧校验
MAC 帧头			MAC 数据服务单元		MAC 帧尾

2.3.2 MAC 层设备

在 IEEE 802.15.4 网络中，根据设备所具有的通信能力，可以分为全功能设备（full-function device，FFD）和精简功能设备（reduced-function device，RFD）。FFD 之间以及 FFD 和 RFD 之间可以相互通信；但 RFD 只能与 FFD 通信，而不能与其他 RFD 通信。RFD 主要用于简单的控制应用，传输的数据量较少，对传输资源和通信资源占用不多，可以采用相对廉价的实现方案，在网络结构中一般作为通信终端。FFD 则需要功能相对较强的 MCU，一般在网络结构中拥有网络控制和管理的功能。根据设备在网络中承担任务的不同，IEEE 802.15.4 网络设备可分为 PAN 协调器、协调器和一般终端设备。PAN 协调器是 FFD 设备，它是网络的中心节点，一个 IEEE 802.15.4 网络中只有一个 PAN 协调器。PAN 网络协调器除了直接参与应用以外，还要负责其他网络成员的身份管理、链路状态信息的管理以及分组转发等功能。协调器是 FFD 设备，它通过发送信标提供同步服务，PAN 协调器是一种特殊的协调器。一般设备可以是 FFD 也可以是 RFD，根据自身的通信需求来定。图 2.17 是 IEEE 802.15.4 网络的一个例子，给出了网络中各种设备的类型以及它们在网络中所处的地位。

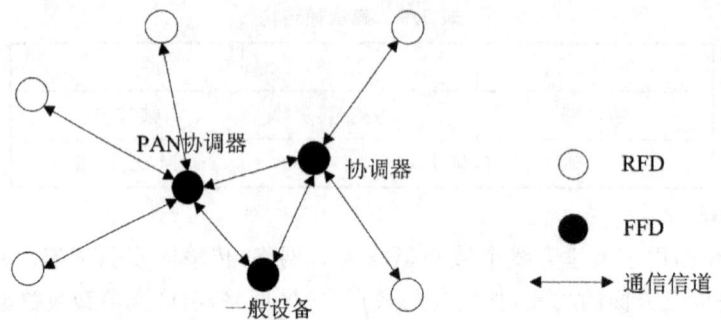

图 2.17　IEEE 802.15.4 网络组件和拓扑关系

2.4　分层协议标准的关键术语介绍

2.4.1　通信原语

在分层的通信协议中,层与层之间是通过服务接入点(service access point,SAP)相连接的。每一层都可以通过本层与下一层的 SAP 调用下层所提供的服务,同时通过与上层的 SAP 为上层提供相应服务。SAP 是层与层之间的唯一接口,而具体的服务是以通信原语的形式供上层调用的。在调用下层服务时,只需要遵循统一的原语规范,并不需要去了解如何处理原语,这样就做到了数据层与层之间的透明传输。层与层之间的通信原语可分为四种,它们之间的关系如图 2.18 所示。

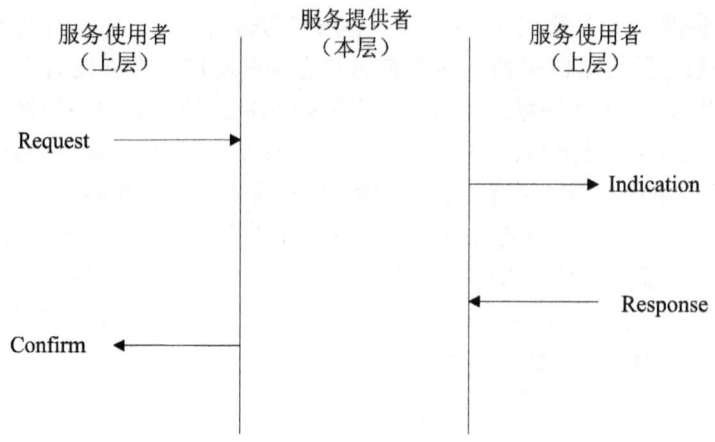

图 2.18　层与层之间的通信原语

① Request:请求原语,用于上层向本层请求指定的服务。
② Confirm:确认原语,本层用于响应上层发出的请求原语。
③ Indication:指示原语,由本层发给上层用来指示本层的某一内部事件。
④ Response:响应原语,用于上层响应本层发出的指示原语。

本文中原语遵循"SAP 名称—原语功能.原语类型"的书写规则,如"MLME-ASSOCI-ATE.request"表示 MLME-SAP 上提供的关联请求原语。

物理层中,存在数据服务接入点和物理层实体服务接入点,通过这两个服务接入点提供两种服务:一种是通过物理层数据服务接入点(PD-SAP)为物理层数据提供服务,另一种是通过物理层管理实体(PLME)服务接入点(PLME-SAP)为物理层管理提供服务。

物理层数据服务支持如下原语:
① 物理层数据请求原语 PD-DATA.request;
② 物理层数据确认原语 PD-DATA.confirm;
③ 物理层数据指示原语 PD-DATA.Indication。

物理层管理服务支持如下原语:
① 请求清除信道评估原语 PLME-CCA.request;
② 清楚信道估计的确认原语 PLME-CCA.confirm;
③ 能量检测请求原语 PLME-ED.request;
④ 能量检测确认原语 PLME-ED.confirm;
⑤ 属性请求原语 PLME-GET.request;
⑥ 属性确认原语 PLME-GET.confirm;
⑦ 设置设备收发状态请求原语 PLME-SET-TRX-STATE.request;
⑧ 设置设备收发状态确认原语 PLME-SET-TRX-STATE.confirm;
⑨ PIB 属性设置请求原语 PLME-SET.request;
⑩ PIB 属性设置确认原语 PLME-SET.confirm。

2.4.2 数据单元

IEEE 802.15.4/ZigBee 标准包含两种数据单元,即协议数据单元(protocol data unit,PDU)和服务数据单元(service data unit,SDU)。

协议数据单元就是在不同节点的各层对等实体间,为实现该层协议所交换的信息单元。通常将第 N 层的数据单元记为 NPDU。它由两部分组成,即本单元的用户数据(N)和本层的协议控制信息(protocol control information,NPCI)。

从上层用户的角度来看,它并不关心下面的 PDU,实际上也看不见 PDU 的大小。上层用户关心的是:第 N 层实体为了完成该用户的请求,需要传输多大的数据单元。这种数据单元成为服务数据单元,也可以说是第 N 层的数据净荷。

2.5 网络层(NWK)

网络层的主要功能包括:
第一,开始一个新网络(starting a network)。具有建立一个新网络的能力。
第二,加入和离开一个网络(joining and leaving a network)。

第三，寻址(addressing)。具有由 ZigBee 协调器或 ZigBee 路由器来给新加入网络的设备分配地址的能力。

第四，路由发现(route discovery)。具有发现并记录路径的能力，在这条路径上信息可能被有效发送。

2.5.1 网络层服务协议

网络层负责拓扑结构的建立和维护网络连接，主要功能包括设备连接和断开网络时所采用的机制，在帧信息传输过程中所采用的安全性机制，以及设备的路由发现和路由维护和转交。并且，网络层完成对一跳(one-hop)邻居设备的发现和相关节点信息的存储，一个 ZigBee 协调器创建一个新网络，为新加入的设备分配短地址等。并且，网络层还提供一些必要的函数，确保 ZigBee 的 MAC 层正常工作，并且为应用层提供合适的服务接口。

网络层要求能够很好地完成在 IEEE 802.15.4 标准中 MAC 子层所定义的功能，同时，又要为应用层提供适当的服务接口。为了与应用层进行更好的通信，网络层中定义了两种服务实体来实现必要的功能。这两个服务实体是数据服务实体(NLDE)和管理服务实体(NLME)。网络层的 NLDE 通过数据服务实体服务访问点(NLDE-SAP)来提供数据传输服务，NLME 通过管理服务实体服务访问点(NLME-SAP)来提供管理服务。NLME 可以利用 NLDE 来激活它的管理工作，它还具有对网络层信息数据库(NIB)进行维护的功能。网络层参考模型如图 2.19 所示，图中直观地给出了网络层所提供的实体和服务接口等。

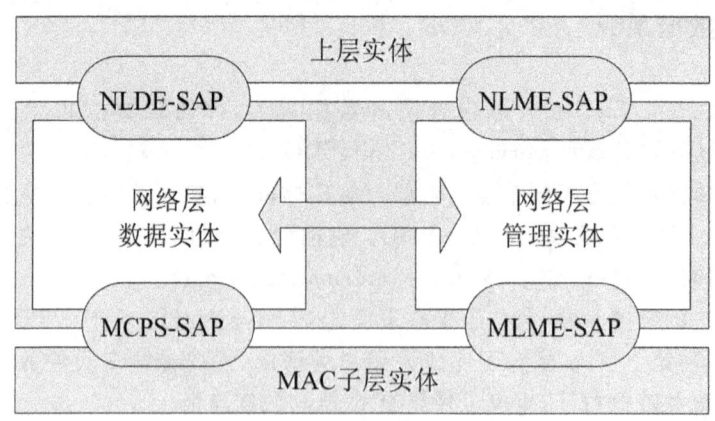

图 2.19 网络层参考模型

NLDE 提供的数据服务允许在处于同一应用网络中的两个或多个设备之间传输应用协议数据单元(APDU)。NLDE 提供的服务包括产生网络协议数据单元(NPDU)和选择通信路由。选择通信路由，在通信中，NLDE 要发送一个 NPDU 到一个合适的设备，这个设备可能是通信的终点，也可能只是通信链路中的一个点。

NLME 需要提供一个管理服务，以允许一个应用来与协议栈操作进行交互。NLME 需要提供以下服务：

① 配置一个新的设备(configuring a new device)。具有充分配置所需操作栈的能力。配置选项包括 ZigBee 协调器的开始操作、加入一个现有的网络等。

② 开始一个新网络(starting a network)。具有建立一个新网络的能力。

③ 加入和离开一个网络(joining and leaving a network)。同由 ZigBee 协调器或 ZigBee 路由器申请离开网络的能力一样,具有加入或离开网络的能力。

④ 寻址(addressing)。具有由 ZigBee 协调器或 ZigBee 路由器来给新加入网络的设备分配地址的能力。

⑤ 邻近设备发现(neighbor discovery)。具有发现、记录并报告一跳范围内设备的能力。

⑥ 路由发现(route discovery)。具有发现并记录路径的能力,在这条路径上信息可能被有效发送。

⑦ 接收控制(reception control)。具有控制接收器何时处于激活状态及其持续时间的能力,使 MAC 子层同步或直接接收。

2.5.1.1 开始一个新网络(starting a network)

建立新网络的步骤如下:

① 协调器节点加电后,首先由网络层发布 NLME-NETWORK-FORMATION.request 原语,之后由网络层管理实体(NLME)请求 MAC 层检测网络信道,通过发布 MLME-SCAN.request 原语扫描有效信道能量,扫描完成后的结果由 MLME-SCAN.confirm 原语返回至网络层管理实体。NLME 根据能量检测结果将能量水平较低的信道丢弃不用,之后对选出的信道进行主动扫描,最终找出建立网络的最佳信道。

② 选择网络标识。每一个网络都分配有一个独立的网络标识 PANID。网络中的设备根据此标识来确认自己所属的网络。在完成第一步的工作之后,协调器节点在此信道上选择一个随机的网络标识,并开始侦听该信道。PANID 应不大于 0x3fff,且不应为 0xffff,此值为网络广播标识。

③ 设定网络地址。一旦网络标识被选定,NLME 将选择一个 16 位网络地址,同时通过发布 MLME-SET.request 原语修改 MAC 子层的 PIB 属性 macShortAddress(MAC 层短地址),与其保持一致。此时,NLME 将向 MAC 层发布 MLME-START.request 原语,开始一个新的 PAN 的操作。然后,网络层管理实体(NLME)通过发布 NLME-NETWORK-FROMATION.confirm 原语,将初始化 ZigBee 协调器的执行结果通知上一层。建立一个新网络的流程见图 2.20。

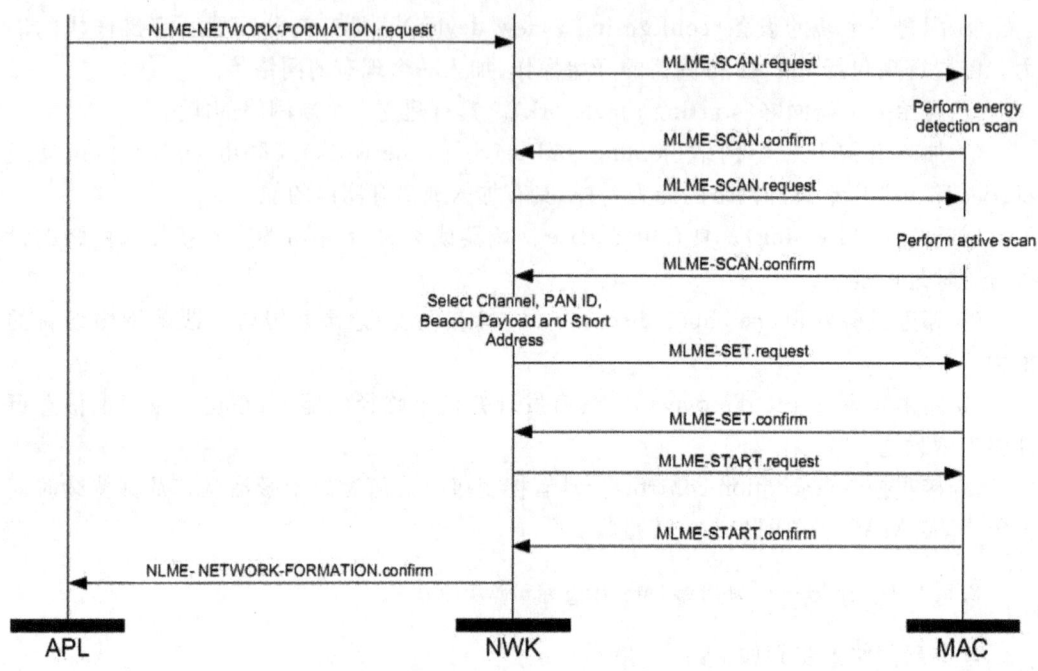

图 2.20 建立一个新网络

2.5.1.2 加入一个网络(joining and leaving a network)

在一个 ZigBee 协调器设备建立网络后,路由器或者终端设备可以作为子节点加入协调器建立的网络,节点加入网络的方式有两种:

① 通过 MAC 层关联方式加入网络;

② 通过之前指定的父节点直接加入网络。

在此我们主要介绍方式①,即通过关联(association)方式加入网络,而这种方式又分为两种类型:

① 通过 PAN 协调器加入网络;

② 通过一个 FFD(路由器)加入网络。

(1) 通过协调器加入网络

为了建立连接,FFD 节点需要向协调器提出请求,协调器接收到节点的连接请求后,根据情况决定是否允许其连接,然后对请求连接的节点做出响应,节点与协调器建立连接后,才能实现数据的收发。具体的流程可以分为下面的步骤:

① 查找网络协调器。首先主动扫描查找周围网络的协调器,如果在扫描期限内检测到信标,那么将获得了协调器的有关信息,这时就向协调器发出连接请求。在选择合适的网络之后,上层将请求 MAC 层对物理层和 MAC 层的 phyCurrentChannel、macPANID 等 PIB 属性进行相应的设置。如果没有检测到,间隔一段时间后,节点重新发起扫描。

② 发送关联请求命令(Associate request command)。节点将关联请求命令发送给协调器,协调器收到后立即回复一个确认帧(ACK),同时向协调器的上层发送连接指示原语(Association.indication),表示已经收到节点的连接请求。但是这并不意味着已经

建立连接,只表示协调器已经收到节点的连接请求。当协调器的 MAC 层的上层接收到连接指示原语后,将根据自己的资源情况(存储空间和能量)决定是否同意此节点的加入请求,然后给节点的 MAC 层发送响应。

③ 等待协调器处理。当节点收到协调器加入请求命令的 ACK 后,节点 MAC 将等待一段时间,接受协调器的连接响应。在预定的时间内,如果接收到连接响应,它将这个响应向它的上层通告。而协调器给节点的 MAC 层发送响应时会设置一个等待响应时间(T_ResponseWaitTime)来等待协调器对其加入请求命令的处理,若协调器的资源足够,协调器会给节点分配一个 16 位的短地址,并产生包含新地址和连接成功状态的连接响应命令(Association response),则此节点将成功地和协调器建立连接并可以开始通信。若协调器资源不够,待加入的节点将重新发送请求信息,直接入网成功。

④ 发送数据请求命令。如果协调器在响应时间内同意节点加入,那么将产生关联响应命令(Associate response command)并存储这个命令。当响应时间过后,节点发送数据请求命令(Data request command)给协调器,协调器收到后立即回复 ACK,然后将存储的关联响应命令发给节点。如果在响应时间到后,协调器还没有决定是否同意节点加入,那么节点将试图从协调器的信标帧中提取关联响应命令,成功的话就可以入网成功,否则重新发送请求信息直到入网成功。

⑤ 回复。节点受到关联响应命令后,立即向协调器回复一个确认帧(Acknowledgement),以确认接收到连接响应命令,此时节点将保存协调器的短地址和扩展地址,并且节点的 MLME 向上层发送连接确认原语,通告关联加入成功的信息。

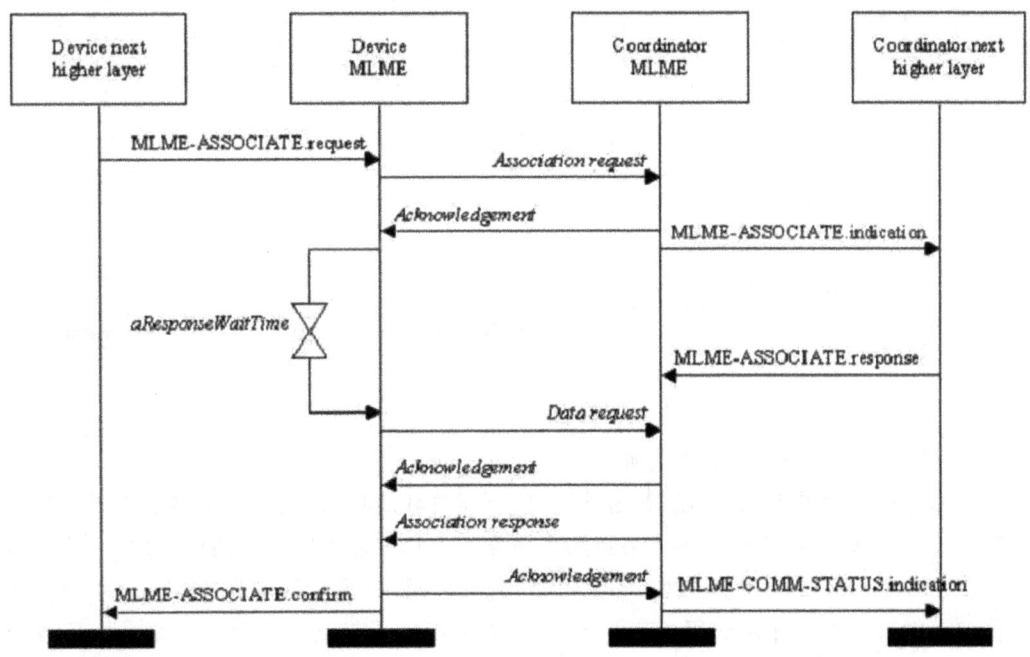

图 2.21 MAC 层的节点加入(Association)流程

⑥ 如果成功入网的子节点是路由器设备,则它还要向协调器申请具备发射信标帧的能力。NWK 层将发出一个 MLME-Set.request 请求帧,将 PANID、逻辑信道号、信标信息等内容发给 MAC 层。协调器收到请求后,如果允许,则向它回发一个确认信息(ACK),然后子设备的 MAC 层将会向它的 NWK 层发送一个 MLME.SET.confirm 原语,通知上层参数已经设置成功。

⑦ 启动路由器。如果加入网络的设备是一个路由器,则它加入成功,并且请求信标发送成功后,接着还要 MAC 请求启动路由功能请求(MLME-Start.request),请求成功后,MAC 层将向上层发送一个 MLME-Start.confirm 消息,然后启动自己的路由功能。节点加入网络的完整流程见图 2.22。

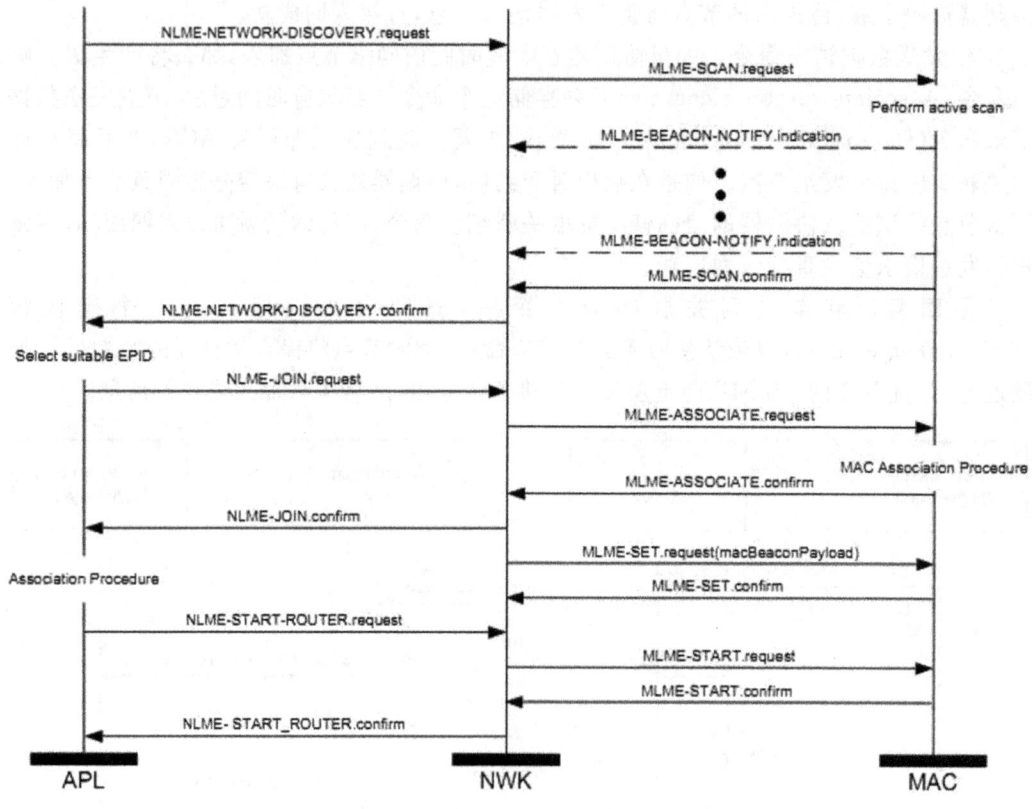

图 2.22 层次完整的节点请求加入流程

(2) 节点通过已有 FFD 节点加入网络

当靠近协调器的 FFD 节点(路由器)和协调器关联成功后,处于这个网络范围内的其他节点就以这些 FFD 节点作为父节点加入网络了。具体加入网络有两种方式:一种是通过关联(associate)方式,就是待加入的节点发起加入网络;另一种是直接(direct)方式,就是待加入的节点直接加入到那个节点下,作为该节点的子节点。其中关联方式是 ZigBee 网络中新节点加入网络的主要途径。对于一个节点来说,只有没有加入过网络的才能进行加入网络。在这些节点中,有些是曾经加入过网络,但是与它的父节点失去联系的(称为孤儿节点),而有些则是新节点。当是孤儿节点时,在它的相邻表中存有原父节点的信息，它可以直接给原父节点发送加入网络的请求信息。如果父节点有能力同意它加入，就会直接告诉它的以前被分配的网络地址，它便入网成功；如果此时它原来的父节点的网络中，子节点数已达到最大值，也就是说网络地址已经分配满，父节点便无法批准它加入，它只能以新节点身份重新寻找并加入网络。而对于新节点来说，它首先会在预先设定的一个或多个信道上通过主动或被动扫描周围可以找到的网络，寻找能批准自己加入网络的父节点，并把找到的父节点的资料存入自己的相邻表。存入相邻表的父节点的资料包括ZigBee 协议的版本、堆栈的规范、PANID 和可以加入的信息。在相邻表中所有的父节点中选择一个深度最小的，对其发出请求信息，如果出现相同最小深度的两个以上的父节点，那么随机选取一个发送请求。如果相邻表中没有合适的父节点的信息，那么表示入网失败，终止过程。如果发出的请求被批准，那么父节点同时会分配一个 16 位的网络地址，此时入网成功，子节点可以开始通信。如果请求失败，那么重新查找相邻表，继续发送请求信息，直到加入网络或者相邻表中没有合适的父节点。

2.5.2 网络拓扑

ZigBee 联盟把 IEEE 802.15.4 中定义的 PAN 协调器、协调器和一般设备分别称为网络协调器、网络路由器和网络终端设备。其中，网络协调者主要负责网络的建立，以及网络的相关配置；路由器主要负责找寻、建立以及修复网络报文的路由信息，并负责转发网络报文；网络终端具有加入、退出网络的功能，并可以接收和发送网络报文，但终端设备不允许路由转发报文。协调者和路由器节点一般由 FFD 功能设备构成，终端设备由 RFD 设备组成。

ZigBee 网络根据应用的需要可以组织成星形网络、网状网络和簇状网络三种拓扑结构。在星形结构中，所有的设备都与中心设备——网络（PAN）协调者通信，实际上在这种简单的网络结构中，路由器是没有路由作用的。在这种网络结构中，网络协调者一般使用电力系统供电，而其他设备采用电池供电。星形网络适合家庭自动化、个人计算机外设以及个人健康护理等小范围的室内应用。与星形网络不同，网状网络（MESH）是在树状网络基础上实现的，与树状网络不同的是，它允许网络中所有具有路由功能的节点（FFD）直接互连，由路由器中的路由表实现消息的网状路由。只要彼此在对方的无线辐射范围内，任何两个 FFD 设备之间都能直接通信，在 MESH 中每一个 FFD 设备都可以认为是网络路由器，都可以实现对网络报文的路由转发功能。MESH 在构建时比较复杂，节点所要维护的信息较多。簇状网络实际上可以看作是一个复杂的星形网络，一个扩展的星形拓扑或是由多个简单的星形网络组成的拓扑结构，在簇状网络中，网络协调者、路由器和终端设备的功能清晰。相对于 MESH，构建簇状网络比较简单，所需的资源相对较少，并且可以实现网络的路由转发功能，从而也扩大了网络的通信范围。

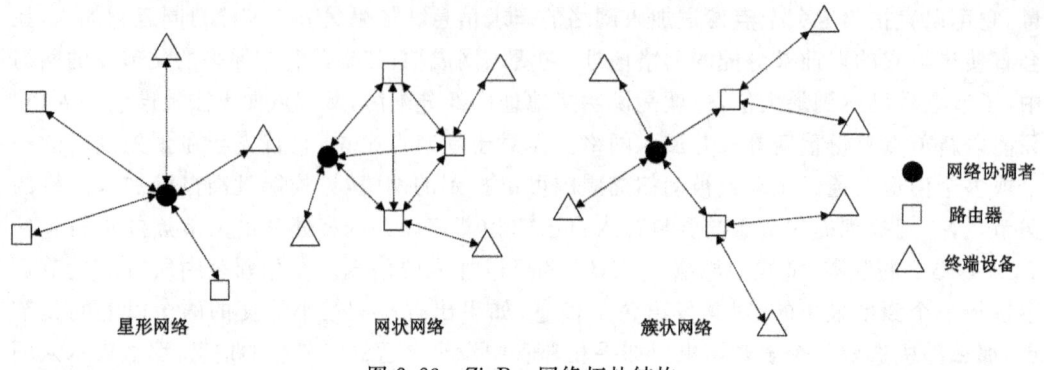

图 2.23 ZigBee 网络拓扑结构

2.5.3 设备节点地址分配(addressing)

ZigBee 协调器或 ZigBee 路由器具有给新加入网络的设备分配地址的能力。

网络深度和网络内节点地址的分配机制如下：

如果节点(i)想要加入网络,并且与节点(k)连接,那么节点(k)将称为节点(i)的父节点。根据自身的地址 A_k 和网络深度 $Depth_k$,节点(k)将为节点(i)分配网络地址 A_i 和网络深度 $Depth_i = Depth_k + 1$。

网络深度表示仅仅采用父子关系的网络中,一个传送帧传送到 ZigBee 协调器所传递的最小跳数。ZigBee 协调器自身深度为 0,而它的子设备深度为 1。图 2.24 为 ZigBee 树型结构。参数 nwkMaxChildren(Cm)表示路由器或协调器在网络中允许拥有子设备数量的最大值。参数 nwkMaxRouters(Rm)表示子节点中路由器的最大个数,而剩下的设备数为终端设备数。

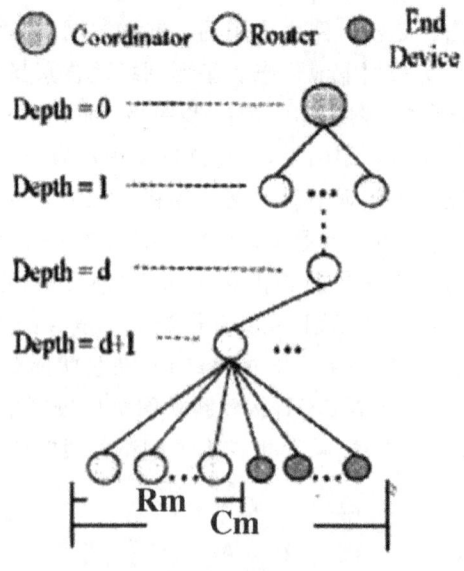

图 2.24 ZigBee 网络深度

Cm 是一个父节点能拥有的最大子节点数；Lm 是网络的最大深度；Rm 是父节点所能拥有的最多路由器数量。Cskip(d)是一个函数，参数是 d(此节点的网络深度)。Cskip(d)描述了一个本身深度为 d 的父节点(可以是协调器，也可以是路由器)扩展出的下一级子网的规模。

$$Cskip(d)=\begin{cases}1+Cm(Lm-d-1), if\ Rm=1\\ \dfrac{1+Cm-Rm-Cm\times Rm^{Lm-d-1}}{1-Rm}, Rm\neq 1\end{cases}$$

如果一个节点的子网系数 Cskip(d)为 0，则意味着这个设备扩展的一个子网的规模为 0，即它不能够扩展任何子节点，只能当作终端设备用。这时，在设备的 MAC 层的 Beacon 负载的终端设备和路由能力子域置 0。当 Cskip(d)不为 0，则意味着设备可以接受子设备。

当 Cskip(d)不为 0，给它的具有路由能力的子路由设备们分配地址时，使用 Cskip(d)参数作为这些路由设备地址的偏移量。在这里，d 是协调器本身的深度。这样，如果协调器把它的地址编为 0 时，则它的第一个路由器地址是 1，它的下一个路由器地址就是 1+Cskip(d)，下下个路由器地址就是 1+Cskip(d)+Cskip(d)……依次类推；然后协调器才会给它下面所属的子终端设备分配地址，分配算法如下：

$$A_n = A_{parent} + Cskip(d)^{*}Rm + n$$

2.5.4 路由发现

路由发现其实就是描述一个数据发送者发出的数据如何在网络中找到目的节点路径的过程。

在 ZigBee 协议中主要使用了三种路由方法：

① 树形(Tree)路由算法；

② AODVjr 路由算法，AODVjr 是针对 AODV(Ad hoc 按需距离矢量路由协议)算法的改进；

③ Tree + AODVjr 路由算法。

2.5.4.1 簇/树形路由方法

这是一种利用当前节点和目的节点继承关系选择下一跳节点的路由方式。对于一个地址为 A、深度为 d 的 ZigBee 路由器，某个地址为 D 的节点是该路由器的后代节点的充要条件是下式成立：

$$A<D<A+Cskip(d-1)$$ (ZigBee2007 协议中)

Cskip(d)描述了一个本身深度为 d 的父节点(可以是协调器，也可以是路由器)扩展出的下一级子网的规模。

路由器 A 如何把数据包传送给地址 D 的设备，这取决于 D 设备在网络中的相对位置，看它是 A 的子终端设备还是子路由设备，或是子路由设备的下级子设备？所以需要根据设备地址 D 对其类型进行判断，判断算法如下：

① 如果设备地址 D 满足如下关系,则其为路由器 A 的一个子终端设备节点:
$$A = A_{parent} + Cskip(d) * Rm + n (0 < n < Cm - Rm)$$
② 如果地址 D 满足如下条件,则其为路由器 A 的下一级路由器子网内设备节点:
$$A < A_{parent} + Cskip(d) * Rm$$

如果经过前面的步骤判断出设备 D 是路由器 A 的子终端设备,则路由器 A 的下一跳地址直接设置为地址 D 即可。如果设备 D 是其下级子网内的设备,则路由器 A 需要将数据帧转交给设备 D 所属子网的路由器。路由选择关系如下:

$$N = \begin{cases} D, \text{如果是子设备} \\ A+1+\left[\dfrac{D-(A+1)}{Cskip(d)}\right] \times Cskip(d), \text{如果是下级子网内设备} \end{cases}$$

如果设备地址 D 不在上述公式所示的数值范围内,则节点将会把数据帧转发给它的父节点,按树形路径转发数据。

2.5.4.2　AODVjr 路由算法

AODVjr 是针对 AODV(Ad hoc 按需距离矢量路由协议)算法的改进,AODV 是基于序列号的路由,它总是选择最新路由。AODVjr 是需求驱动型的,考虑到节能、应用方便性等因素,简化了 AODV 的一些特点,但仍保持 AODV 的主要功能。

一次路由建立由以下三个步骤组成:
① 路由发现;
② 反向路由的建立;
③ 正向路由的建立。

经过这三个步骤,即可建立起一条路由节点到目的节点的有效传输路径。在这个路由建立的过程中,AODVjr 使用三种消息作为控制信息:
① Route Request(RREQ),路由请求分组;
② Route Reply(RREP),路由回复分组;
③ Route Errer(RERR),路由错误分组。

当具有路由能力的源节点,向目的节点发送数据时,如果在它上面有到目的节点的路径信息,那么它将把此数据帧转发给这个路径上的下一跳设备。如果没有目的节点的路由信息,则将数据缓存,并启动路由发现过程。源节点以预先设定广播深度,广播路由请求命令帧 RREQ,路由请求命令帧包含帧序号、源地址、目的地址和当前路径成本。源节点每发起一次路由请求,路由请求帧序号就加 1,因此,网络中路由请求帧能够用帧序号和源地址来标识。

具有路由能力的节点收到一个新的 RREQ 后,在节点维护的路由表和路由发现表中各添加一项。在新增加的路由表项中,目的地址为路由请求发起点,下一跳地址为 RREQ 发送地址,这叫作反向路由建立过程。在新增加的路由发现表项中,包含路由请求发起地址、路由请求帧序号、RREQ 发送地址、前期路径成本、剩余路径成本和到期时间。如果节点收到一个新的 RREQ,则比较其与当前路由发现表中对应项的前期路径成本,如果小于后者,则更新路由表和路由发现表,并转发 RREQ,否则丢弃该帧。

当目的节点,或者目的节点为终端设备,而目的节点父节点收到 RREQ 时,就发送路由回复命令帧 RREP,RREP 以单播的形式,沿路由发现过程中建立的具有最小路径成本的路径反向传递,路径上的各个节点将建立到目的节点的路由表项,并删除对应的路由发现表,当 RREP 到达路由请求发起节点时,源节点就建立了到目的节点的路由表项,至此完成了一次路由发现过程。

AODVjr 的优点是,相对于有线网络的路由协议而言,它不需要周期性的路由信息广播,节省了一定的网络资源,并降低了网络功耗;缺点是在需要时才发起路由寻找过程,会增加交换分组到达目的地址的时间。由于 ZigBee 网络中对数据的实时性要求不大,更重视对网络能量的节省,因此,AODVjr 协议是非常适合应用在 ZigBee 网络中的。

2.5.4.3 Cluster-Tree & AODVjr 路由算法

在 ZigBee 中,目前更常用的的是 Cluster-Tree & AODVjr 路由算法,这种方法结合了 Cluster-Tree 与 AODVjr 的算法优点。网络中的节点被分成 Coordinator、RN+、RN-、RFD 这 4 种类型。其中 Coordinator 和 RN+ 的路由算法相同,Coordinator、RN+、RN- 是全功能节点,能充当其他节点的路由节点;RFD 只能充当 Cluster-Tree 的叶子(Leaf-Node)。如果待发送数据的目标节点是自己的邻居,即直接通信,反之则进行转发。三种类型的节点处理数据包的方式各不相同:RN+ 可以启动 AODVjr,主动查找到目标节点的最佳路由,并且它可以扮演路由代理(Routing Agent)的角色,帮助其他节点查找路由;RN- 只能使用 Cluster-Tree 算法,它可以通过计算判断该把数据包交给自己的父节点还是由某个子节点转发;而 RFD 只能把数据交给父节点转发。

2.6 应用层(APL)规范

ZigBee 应用层框架包括应用支持层(APS)、ZigBee 设备对象(ZDO)和制造商所定义的应用对象。应用层提供高级协议栈管理功能,用户应用程序由各制造商自己来规定,使用应用层来管理协议栈。

2.6.1 应用支持子层(APS)

APS 子层的参考模型如图 2.25 所示。应用支持子层的功能包括维持绑定表、在绑定的设备之间传送消息。

APS 子层通过 ZigBee 设备对象(ZDO)和制造商定义的应用对象所用到的一系列服务来为网络层和应用层提供接口。APS 子层所提供的服务由数据服务实体(APSDE)和管理服务实体(APSME)来实现。APSDE 通过数据服务实体访问点(APSDE-SAP)来提供数据传输服务。APSME 通过管理服务实体访问点(APSME-SAP)来提供管理服务,它还负责对 APS 信息数据库(AIB)的维护工作。

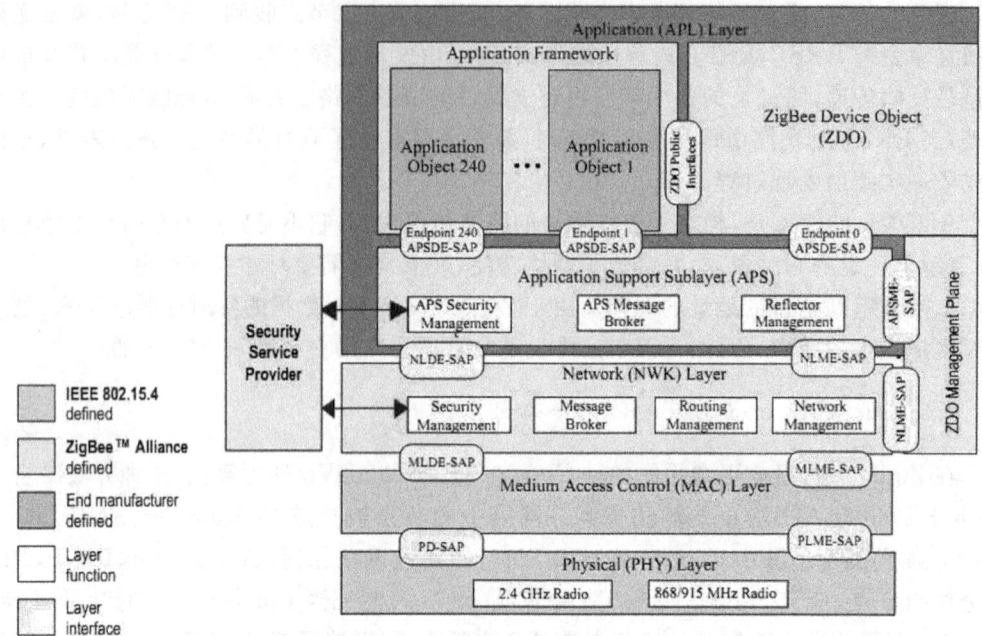

图 2.25 ZigBee 协议栈整体架构

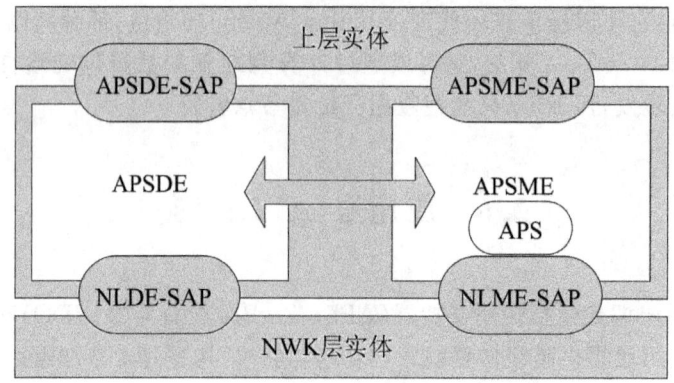

图 2.26 应用支持子层

APSDE 为网络层提供数据服务,也为在同一网络中的两个或多个 ZDO 和其他应用对象设备之间提供传输应用数据单元的数据服务。APSDE 提供以下服务:

① 产生应用数据单元:APSDE 通过在捕获的应用数据单元上加上一个适当的协议来产生应用支持子层数据单元(APS PDU)。

② 绑定:当两个设备的服务和需要相匹配的情况下才可以使用绑定。一旦两个设备绑定后,APSME 具有把从一个绑定设备接收到的消息发送给另外一个设备的能力。

APSME 提供的管理服务允许一个应用连接到 ZigBee 系统。它提供把基于服务和需求相匹配的两个设备作为一个整体来进行管理的绑定服务,并为绑定服务构建和保留绑定表。除这些之外,APSME 还提供以下服务:

① AIB 管理:APSME 具有能从设备的 AIB 中获得属性或进行属性设置的能力。

② 安全管理：APSME 通过利用密钥能够与其他设备建立可靠的关联。

APS 子层主要提供 ZigBee 端口接口。应用程序使用该层打开或关闭一个或多个端口并且读取或发送数据，而且 APS 子层为键值对（key value pair,KVP）和报文（MSG）数据传输提供了原语。APS 子层也有绑定表，绑定表提供了端口和网络中两个节点间的簇 ID 对之间的逻辑链路。当首次对主设备编程时绑定表为空，主应用程序必须调用正确的绑定 API 来创建新的绑定项。

2.6.2 应用程序框架(AF)

应用对象 AO（Application Object）是一个位于应用层顶层的构件，它是由具体的 ZigBee 应用厂商定义的，负责完成具体的应用层各种应用功能的程序实体。每一个应用对象都有一个属于它自己的 EndPoint，作为本应用对象的虚拟数据 I/O 端口。AO 位于 AF 层中，是 AF 层管理的应用任务。AF 层作为操作系统的运行栈，可同时支持并管理最多达 240 个任务（AO），并且遵循规范（profile）运行在端口 1～240 上。

2.6.3 ZigBee 设备对象(ZDO)

ZDO（ZigBee 设备对象）是一系列使用了网络层和应用支持子层（APS 层）原语的基础程序集合，ZDO 是为了协助构建 ZigBee 的终端设备、路由器和协调器设备等设备功能而存在的，例如，定义协调器或者终端设备；完成设备绑定功能，包括对绑定请求的初始化或者响应；在网络设备之间建立安全联系等。

ZDO 与 AF 层都是应用层（APL）中的对象，AF 中的 AO 是实体应用对象，ZDO 是抽象应用对象，它在端口（endpoint）0 上实现。ZDO 提供了一个功能的基类集合，这个基类提供了 application objects 和设备框架 AF 及 APS 子层之间的接口。ZDO 位于应用程序框架 AF 和应用支持子层之间，为应用框架中的应用对象（AO）提供公共的接口，用于设备和网络功能的控制。

2.7 ZigBee 协议栈各层帧结构之间的关系

在 ZigBee 协议栈中，任何通信数据都是利用帧的格式来组织的。协议栈的每一层都有特定的帧结构。当应用程序需要发送数据时，它将通过 APS 数据实体发送数据请求到 APS，随后在它下面的每一层都会为数据附加相应的帧头，组成要发送的帧信息，其帧结构之间的关系如图 2.27 所示。

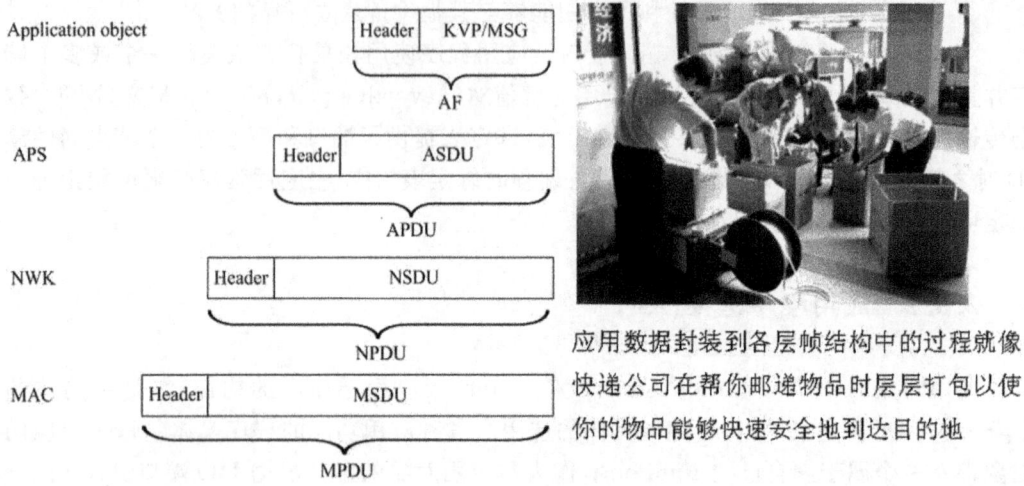

应用数据封装到各层帧结构中的过程就像快递公司在帮你邮递物品时层层打包以使你的物品能够快速安全地到达目的地

图 2.27　各层帧结构的构成

2.8　ZigBee 协议基本术语简介

在进行 ZigBee 应用开发的时候,还需要理解下面几个基本术语:设备(device)、端口(EndPoint)、属性(attribute)、簇(cluster)。这些术语的基本术语关系如图 2.28 所示。

① 设备:一般来说,一个节点(FFD/RFD)就是一个设备,对应于一个无线单片机,如 CC2430;一个设备有一个无线射频端,具有唯一的 IEEE 地址和网络地址。

典型的 ZigBee 节点可支持多种特性和功能。例如,一个 I/O 节点可能有多种数字和模拟输入/输出,其中一些数字输入可能被一个远程控制器节点用到,而其他数字输入可能被另一个远程控制器节点使用。这种分配将创建一个真正的分布式控制网络。为了便于在 I/O 节点和多个控制器节点之间进行数据传输,所有节点中的应用对象(AO)必须保存多个数据链路,正如前述每个 AO 都必须有一个专属于它的虚拟数据链路(端口)以使各自的应用数据实现隔离。为了减少成本,ZigBee 用多个端口(EndPoint)来创建多条虚拟链路以实现多个应用对象对一个物理信道的共享。

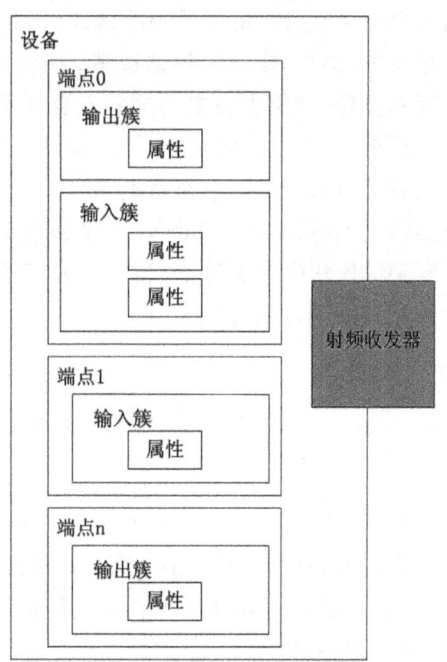

图 2.28　基本术语关系图

② 端口:它是一个 8 位的字段,描述一个射频端所支持的不同应用层任务。每一个

ZigBee 节点可以包含多个端口。端口 0x00 被 ZDO(ZigBee 设备对象)所使用,ZDO 是应用层中的一个特殊的应用任务,用于定义设备对象、网络发现以及设备绑定等功能,端口 0x00 是它进行数据传输时使用的通道,因此这是每个 ZigBee 设备都必须使用的端口。端口 0xff 用来寻址所有活动端口,而端口 0xfl~0xfe 暂时预留。因此,一个物理 ZigBee 射频端在端口 0x01~0xf0 上共支持 240 个应用层任务。即一个物理信道中最多可能有 240 条虚拟信道,所以端口相当于虚拟的通信链路,它解决了同一个设备应用层(AF)中并行运行的多个应用层任务对象(AO)复用同一个物理信道来传输各自应用数据的问题,降低了系统成本。

③ 簇:簇是一个应用层任务的消息(或命令),它里面可以容纳多种属性。一个应用层任务通常需要定义多个的命令和消息来与网络中其他设备进行交互,每一个种消息或命令称为一个簇。除了簇之外,还引入了簇 ID 的概念,通过簇 ID 可以区分不同的簇类型,也就是可以区分开同一个应用任务中发送或接收的不同类型的数据。另外,我们可以在一个簇中创建它的子类型(即所谓的属性),即一个簇的数据可能有多个子属性类型,代表这个簇的多种特性。在这种情况下,簇实际上是一个有着特定簇 ID 的一系列属性的集合,就像箭簇是容纳了多个箭的集束。

在整个网络中,每个簇都被分配了一个唯一的簇 ID。一个设备中的簇分为输入和输出簇两种。输入簇(input cluster)是指从其他设备输入到本设备的簇(包括命令和消息等)。例如,在家居照明控制灯规范中,ZigBee 为遥控开关控制器(开关)定义了一个必要的输出簇——OnOffSRC,它也为开关负载控制器(灯)定义了一个必要的输入簇——OnOffSRC。这两个簇的 clusterID 都是 OnOffSRC,因此开关便可以通过这个簇来对灯进行控制。ZigBee 在 OnOffSRC 簇中定义了一个属性 OnOff,并为它定义了三种不同的属性值,分别是 0xFF 表示 on,0x00 表示 off,0xF0 表示 Toggle。当需要打开照明灯时,遥控开关便通过应用层消息,发送设置命令给照明灯 OnOffSRC 簇,其中这个簇中的 OnOff 子属性值设置为 on。同样,如果需要关闭照明灯时,也可以通过设置命令发送给照明灯 OnOffSRC 簇,其中的 OnOff 子属性值设置为 Off。Toggle 属性值的意义是,如果电灯在开的状态下,设置这个值将会把电灯关掉;如果电灯是关闭状态,设定这个属性值则会把电灯打开。

目前 ZigBee 制定的标准规范只有家庭照明控制灯的规范。由于 ZigBee 技术是一项新兴的技术,目前各大厂商纷纷推出不同的解决方案并向联盟提交。联盟会对各种方案进行综合考虑,最终决定采用这些方案中的某一个为标准方案。一旦制定了标准规范,其他设备制造商、方案提供商将按照这个规范进行产品开发,以期能同其他厂商开发出的标准 ZigBee 设备进行互操作。

在 ZigBee 协议中定义了一种特殊的操作,叫作绑定(binding)操作。它能够通过使用 ClusterID 为不同节点上的独立端口建立一个逻辑上的连接。下面以图 2.29 为例来说明绑定操作。

图 2.29 中 ZigBee 网络中的两个节点分别为 Z_1 和 Z_2,其中 Z_1 节点中包含两个独立端口,分别是 EP_3 和 EP_{21},它们分别表示开关 1 和开关 2。Z_2 节点中有 EP_5、EP_7、EP_8、EP_{17},四个端口分别表示从 1~4 这四盏灯。在网络中,通过建立 ZigBee 绑定操作,可以

将 EP_3 和 EP_5、EP_7、EP_8 进行绑定,将 EP_{21} 和 EP_{17} 进行绑定。这样开关 1 便可以同时控制电灯 1、2、3,开关 2 便可以控制电灯 4。利用绑定操作,还可以更改开关和电灯之间的绑定关系,从而形成不同的控制关系。从这个例子,可以看出绑定操作能够使用户的应用变得更加方便灵活。

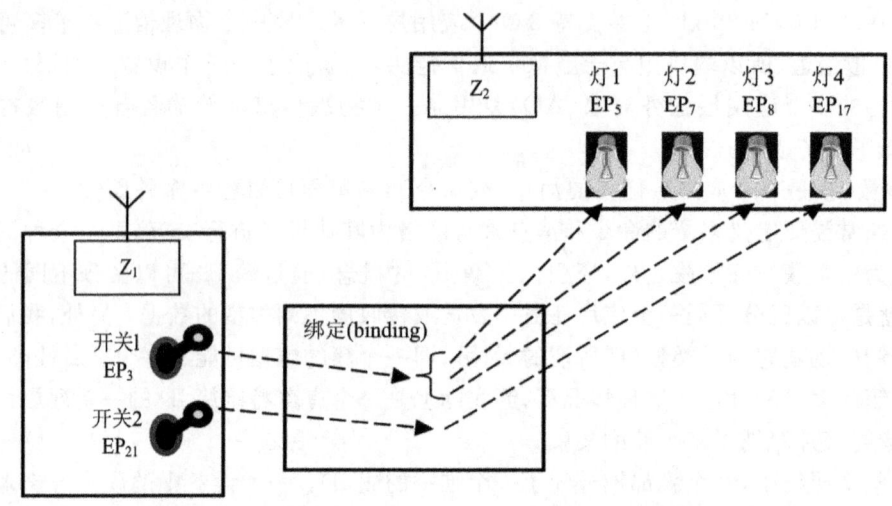

图 2.29 ZigBee 绑定操作

要实现上述绑定,一种常用的方式是:终端设备端口可以向协调器发送绑定请求,协调器在有限的时间间隔内接收到两个端口的绑定请求后,通过建立端口之间的绑定表,在这两个不同的端口之间形成一个逻辑链路。因此,在绑定后的两个端口之间进行消息传送的过程属于消息的间接传送。其中一个端口首先会将信息发送到 ZigBee 协调器中,ZigBee 协调器在接收到消息后会通过查找绑定表,将消息发送到与这个端口相绑定的所有端口中,从而实现绑定端口之间的通信。上述绑定是通过终端设备发出请求,告诉协调器它们想建立绑定表格条目,该协调器将协助在这两个设备上创建绑定表格条目。由于绑定请求是由终端设备发出的,所以这种绑定方式被称为 ZDO 终端设备绑定请求。

本章思考题

1. 简述 ZigBee 技术的特点。
2. ZigBee 技术体系结构包括哪几部分?各部分的功能有哪些?
3. IEEE 802.15.4 规定了哪些频段的物理层?各频段的物理信道号是什么?
4. MAC 层帧分为哪几类?
5. ZigBee 网络拓扑结构分为哪几种?分别有什么特点?
6. 简述 ZigBee 协议栈各层帧结构之间的关系。

第三章 ZigBee 开发平台介绍

基于 IEEE 802.15.4/ZigBee 协议的无线传感器网络具有近距离、低复杂度、低数据速率、低成本等特点,可广泛应用于商用电子、住宅及建筑自动化、工业设备检测、PC 外设、医疗传感设备等其他无线传感和控制领域当中,其前景受到业界和广大电子工程师们的青睐。自从最早版本的 ZigBee1.0 协议规范公布以来,人们试图将 ZigBee 技术内嵌到自己的产品和设计中去,但是由于 ZigBee 技术的应用开发综合了传感器技术、嵌入式技术、无线通信技术及分布式信息处理技术等,这使 ZigBee 技术的应用开发门槛很高,尤其是对于较少接触高频电路和无线通信原理的电子工程师而言,要快速完成一个无线通信系统开发设计是一项具有挑战性的工作。

随着集成电路技术的发展,无线射频芯片厂商采用片上系统(system on chip,SOC)的办法,对高频电路进行了大量集成,诞生了无线单片机这样的产品,其中以 TI/Chipcon 公司开发的 2.4GHz IEEE 802.15.4/ZigBee 片上系统解决方案 CC2430/CC2431 无线单片机为突出代表。

TI/Chipcon 公司在 ZigBee 技术的推广方面做了大量工作,为广大用户免费提供了 ZigBee 联盟认证的全面兼容 IEEE 802.15.4-2003 协议规范和 ZigBee2006 协议规范的协议栈源代码和开发文档,并为基于业界首款 SOC ZigBee 单片机 CC2430/31 的 ZigBee 技术研发提供了丰富的开发调试工具软件。因此,CC2430/31 成为了广大电子工程师进行 ZigBee 技术应用开发的首选。普通工程师可以通过很少的投资搭建属于自己的无线传感器网络产品开发平台,实现自己从事无线传感器网络产品开发工作的梦想。建立这样的开发平台需要具备下列基本条件:

① 一台 PC 机,能运行 WINDOWS XP,任何中文/英文版本,40G 以上的硬盘,普通光盘驱动器,USB 口,速度 800M 以上就可以工作。

② 一套 ZigBee 无线单片机开发套件,如基础 RF2 教学平台,提供有 CC2430/31 模块、C51RF 仿真器、ZigBee 协议分析仪、PK 液晶板、传感器板、传感器扩展板和 WSN 网关,实现和 TI/Chipcon 公司提供的 ZigBee 开发软件的完全无缝连接,十分方便用户进行 ZigBee 入门学习和深入应用开发。

③ IAR 7.20 以上版本 C51 集成开发环境。该开发平台非常类似 KEIL 的开发平台,是一款完整的 8051 软件集成开发环境,支持所有标准及扩展架构的 8051 芯片;具备业界领先的编译器优化功能,可将代码优化到最小的尺寸以节省存储器,优化到最快的速度以满足实时性;具有功能丰富的 C-SPY 调试环境,可进行程序下载、C/C++/Assembly 代码调试、支持 Chipcon JTAG 仿真接口、提供通用的 rom-monitor 工程模版。

④ Altium 等电路板设计软件,设计你自己的电路板。

⑤ 一个万用表和一台示波器，对设计电路的电压电流进行调试和检测，观测电路中的测试点波形。

另外，开发者还需要具备 8051 单片机基本原理、C 语言基础以及电子系统设计与实践等基本知识，配合上述基本配置就可以低成本地组建自己的 ZigBee 无线传感器网络开发平台，开发属于自己的无线传感器网络产品，实现自己对新兴技术的追求。

3.1 ZigBee 硬件平台介绍

ZigBee 无线传感器网络技术开发套件是广大电子工程师进行 ZigBee 技术开发的关键部件，这里介绍一套基于 CC2430/31 的 ZigBee 开发套件，详细阐述其中各个配件的性能、特点、设计原理以及使用说明。

3.1.1 基础 RF2 ZigBee 教学平台

基础 RF2 ZigBee 教学平台如图 3.1 所示，是一款旨在开发、演示各种相关应用的专业工具，采用了 TI/Chipcon 公司的用于 2.4GHz IEEE 802.15.4/ZigBee 的片上系统解决方案 CC2430/31 芯片，整合了业界领先的 2.4GHz IEEE 802.15.4/ZigBee RF 收发器 CC2420 以及工业标准的增强型 8051MCU 的卓越性能，还包括 8KB 的 SRAM、大容量闪存以及许多其他的强大的外围设备。用户可以方便地使用套件的硬件资源和配套的 ZigBee 协议栈源码、示例 C51 源码以及各种评估软件以快速开发自己的应用系统。

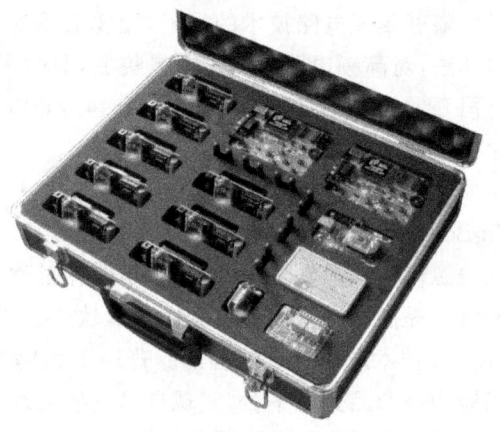

图 3.1 基础 RF2 ZigBee 教学平台

基础 RF2 教学平台的主要产品组件：
① 完整的 ZigBee 协议栈源码；
② 1 台 C51RF-3 型仿真器；
③ 1 块 PK 电池板；
④ 2 块 PK 液晶板；
⑤ 8 块 DA100 型传感器板；
⑥ 1 块 DA300 型传感板扩展板；
⑦ 1 套 WSN 网关；
⑧ 8 块 RF-2430 型 2430 模块；
⑨ 2 块 RF-2431 型 2431 模块；

⑩ 11 根 2.4G 天线；
⑪ 2 根 USB 连接线；
⑫ 2 根 RS232 串口连接线；
⑬ 光盘 1 张(ZigBee 协议栈源码、示例程序、集成开发环境等相关开发软件、原理图、说明书等)。

3.1.2 C51RF 仿真器

基础 RF2 教学平台的技术核心——C51RF 仿真器如图 3.2 所示。C51RF 仿真器具有在线下载、调试、仿真等功能，外形非常简洁，具有一个 USB 接口、一个复位按键以及一根仿真线。

① USB 接口：通过 USB 接口把 C51RF 仿真器与计算机连接起来。C51RF 仿真器通过此接口与计算机进行通信，要在 CC2430/2431 的 ZigBee 模块的开发上实现下载、调试 (DEBUG)、仿真等的通信。

② 复位按键：此按键用来实现 C51RF 仿真器的复位，当需要重新下载、调试(DEBUG)、仿真时可通过此按键来实现硬复位。

图 3.2　C51RF 仿真器

③ 仿真线：这是一根 10 芯的下载、调试 (DEBUG)、仿真线，通过它与 CC2430 的 ZigBee 模块进行连接。

3.1.3 PK 电池板

PK 电池板包括 CC2430/2431 的 ZigBee 模块接口、仿真器接口、复位按键、电源开关和电池盒等，主要为 ZigBee 模块提供电源或为下载程序至 ZigBee 模块提供接口。

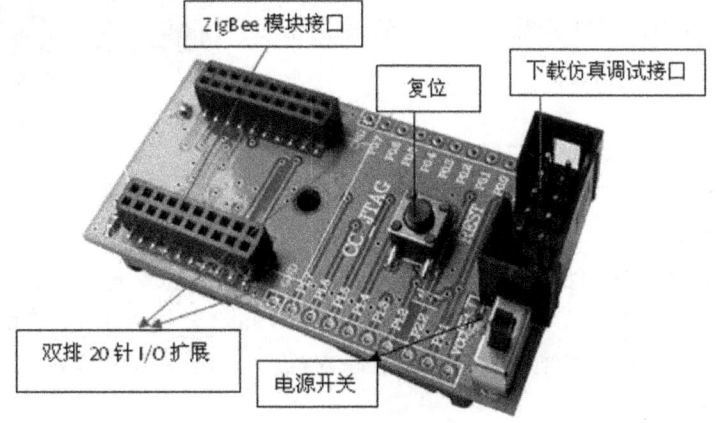

图 3.3　电池板功能示意图

3.1.4 PK 液晶板

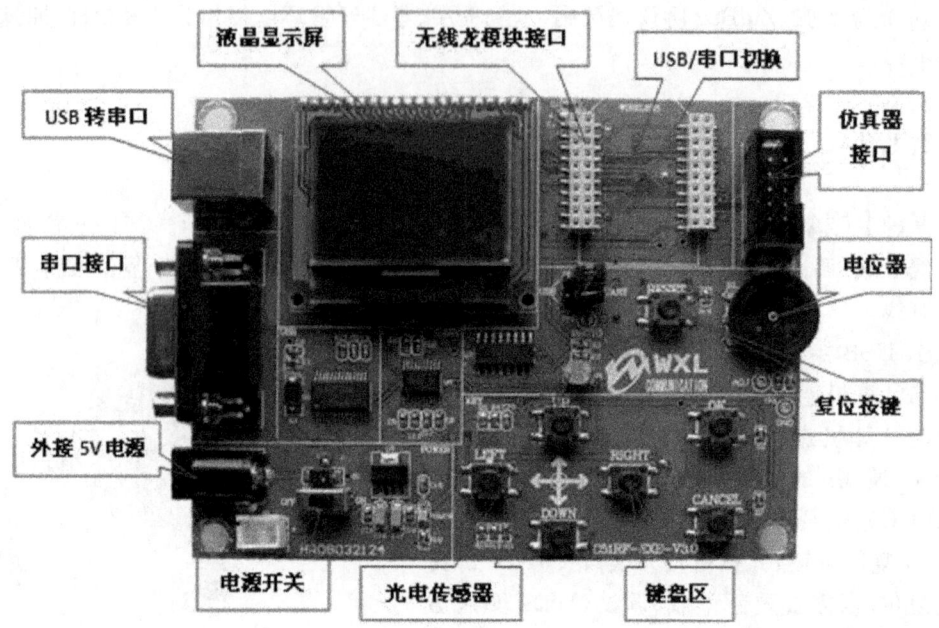

图 3.4 PK 液晶板

PK 液晶扩展板(简称 PK 液晶板或液晶板)上包括图形汉字 LCD 显示器、小键盘、传感器、CC2430/2431 的 ZigBee 模块接口、可调电阻、LED、仿真器接口、电源接口、RS-232 接口、USB 转 RS232 接口,如图 3.4 所示。用户可以方便地使用该板上的硬件部件和无线龙提供的各种评估软件,评估软件 C51 源代码,快速开发自己的应用系统,同时也可以用于各种教学/实验,如把 ZigBee 模块安插在 PK 液晶板上进行各种实验,如图 3.5 所示。

(1) 跳线

PK 液晶板有一个跳线接口 J6,这个跳线的功能

图 3.5 ZigBee 模块安插在 PK 液晶板上

是转换 USB 转串口和串口接口,是为了方便笔记本用户使用串口调试。

(2) 电源电路

电源模块电路原理图如图 3.6 所示。电源电路采用的是 5V 电源,通过 TPS79533 转换为 3.3V 工作电压供电;USB 提供电源,通过 TPS79533 转换为 3.3V 工作电压;仿真器直接提供 3.3V 工作电压和电池供电四种电源方案。

(3) 模块接口

PK 液晶板提供了一个标准的无线龙 ZigBee 无线模块通用接口,这个接口将芯片的

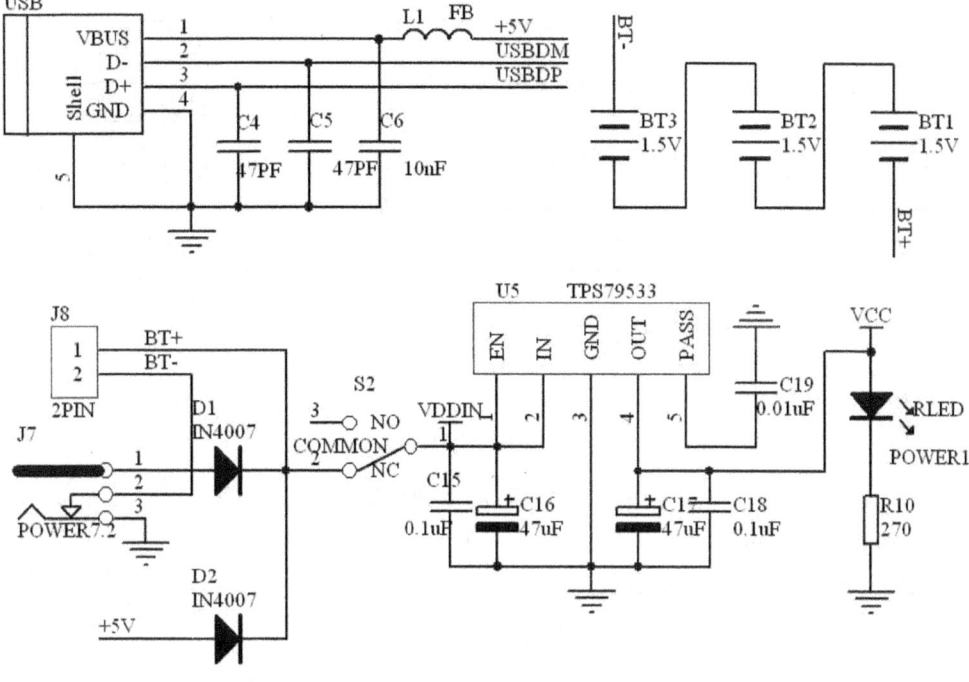

图 3.6 电源模块电路原理图

硬件资源向外扩展出来，用户可以根据自己的需要制作外围设备，也可以用不同的 CPU 来使用该开发板。模块接口对应表 3.1 和图 3.4 所示。

表 3.1 模块接口对应表

左排(以正对开发板为准)		右排(靠近 JTAG 接口)	
1(从上至下)	VCC(3.3V)	2	P1_4(LCD_CS)
3	P0.3(Uart_TXD)	4	P1_5(LCD_CK)
5	P0.2(Uart_RXD)	6	P1_7(LCD_RS)
7	P1_2(LCD 背光)	8	P1_6(LCD_E)
9	RESET	10	P0_1(LCD_RW)
11	P1_3(液晶译码器命令)	12	P0_4(KEY_CANCEL)
13	P2_1	14	P0_7(ADC_电位器)
15	P2_2	16	P0_6(ADC_KEY)
17	P0_0(光电传感器接口)	18	P0_5(KEY_OK)
19	GND	20	P2_0(LCD_DAT)

(4) 复位电路

复位电路的作用是将单片机复位，该电路是一个典型的按键复位电路，如图 3.7 所示。

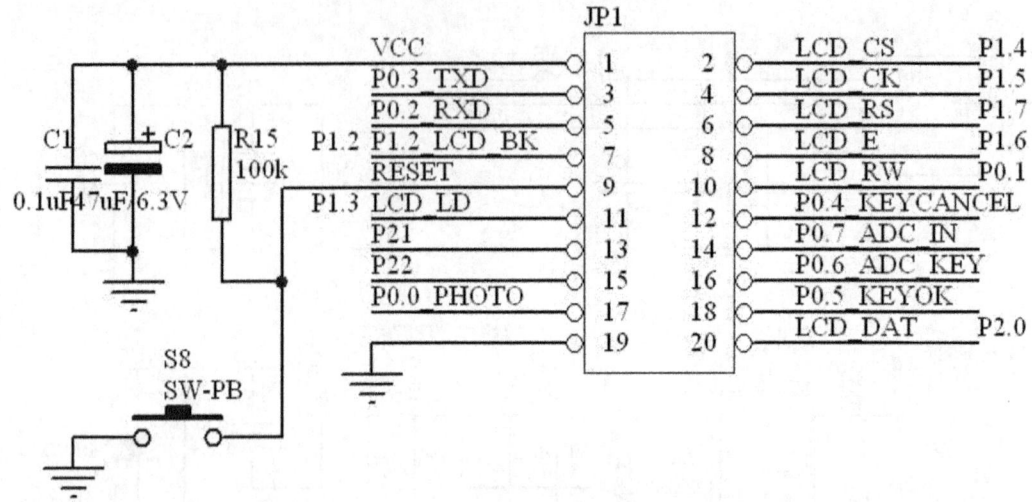

图 3.7 复位电路原理图

（5）仿真器接口电路

仿真器接口电路如图 3.8 所示。

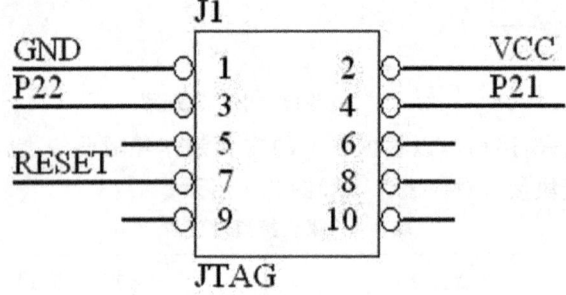

图 3.8 仿真器接口电路原理图

（6）键盘电路

键盘电路由方向键和命令键组成，方向键通过电压采样完成，通过不同的电压值来判断按键值，命令按键直接通过端口判断。

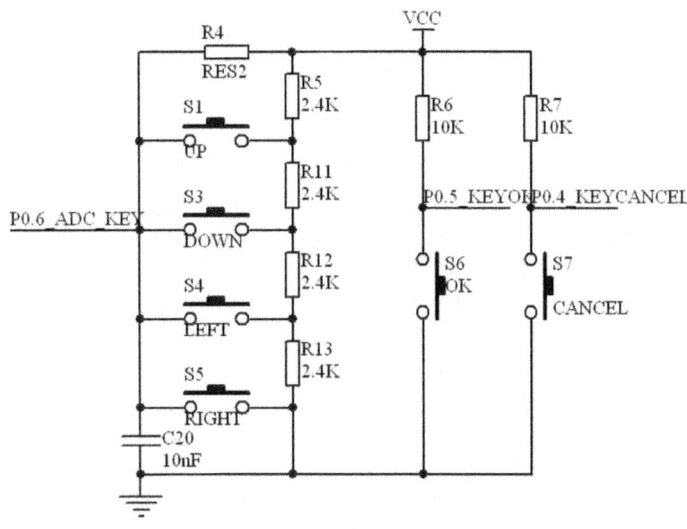

图 3.9 键盘电路原理图

(7) 液晶电路

液晶电路采用的是 OCM12864-9 图形点阵液晶显示模块,该模块提供了一个完善的驱动电路,提供了 20 个引脚作为和设备的连接接口,接口的详细介绍如表 3.1 所示。

该模块的并行数据通信,为了节约更多的端口提供给用户自己发挥,采用了 74HC595 解码,如图 3.10 所示。

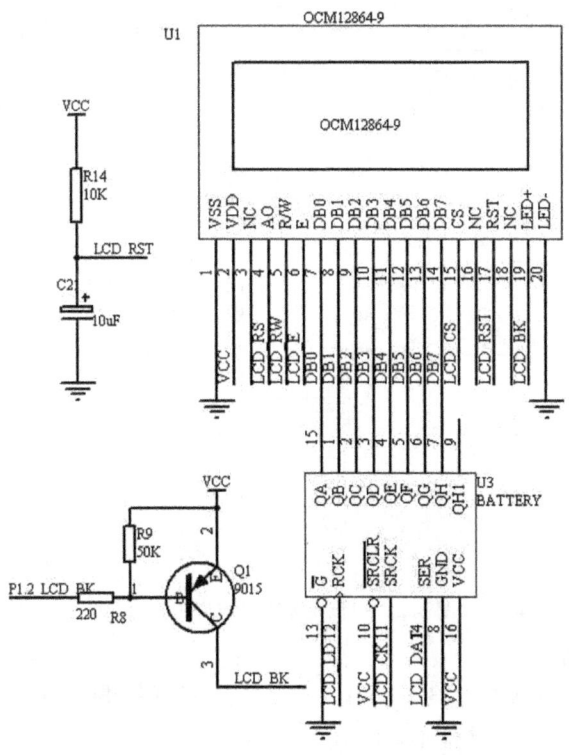

图 3.10 OCM12864-9 液晶模块接口电路

(8) 串口电路

串口电路通过 SP3223E 完成电平转换,串口提供了一个标准的 9 针串行接口,如图 3.11 所示。

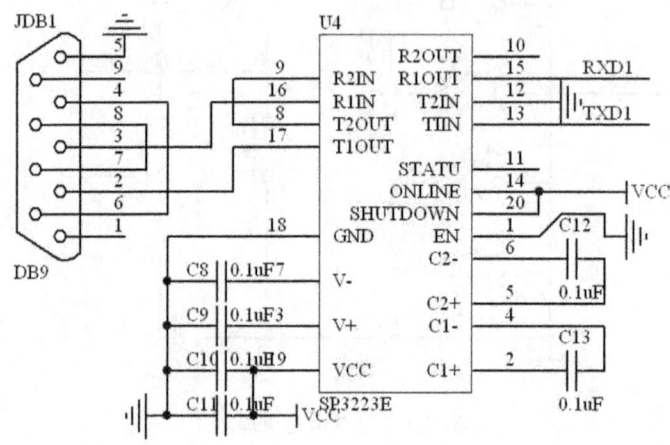

图 3.11 RS-232 接口原理图

(9) USB 转串口电路

USB 转串口电路的作用是将 PC 机的 USB 口通过转换作为串口使用,目的是方便笔记本用户使用串口调试,该电路采用了 FT232 完成转换工作,如图 3.12 所示。

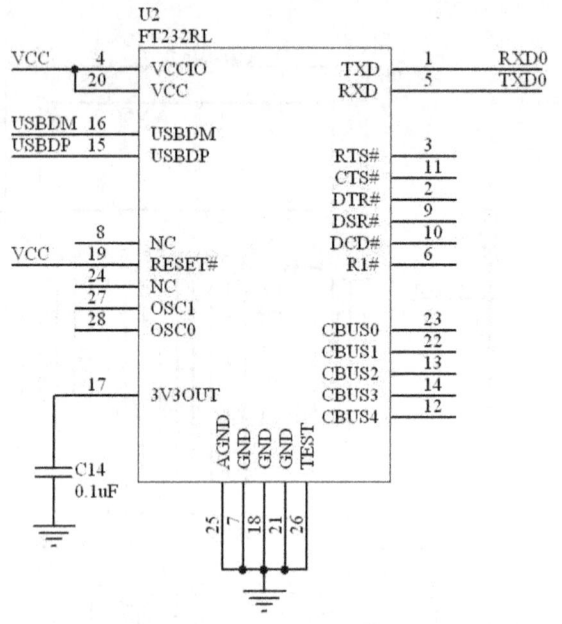

图 3.12 USB 转串口电路原理图

(10) 传感器电路

如图 3.13 所示,传感器电路通过 AD 来采集传感器的电压值,这里给出了一些简单的实验性传感器,如光电传感器和电位器。

第三章　ZigBee 开发平台介绍　　　　　　　　　　　　　　　63

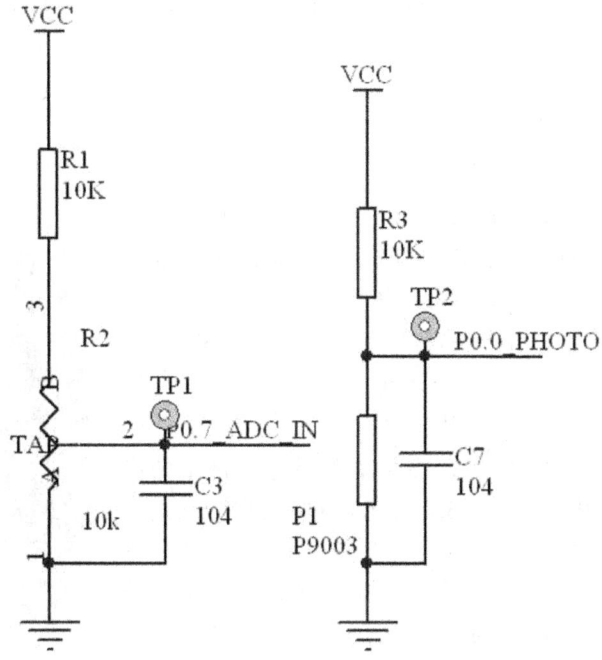

图 3.13　传感器电路原理图

3.1.5　2430 模块

基础 RF2 教学平台配套 ZigBee 无线模块 2430 采用标准双排 20 针功能引脚,如图 3.14 所示。模块采用的是 TI 的 ZigBee 片上系统 CC2430 作为微控制器。

图 3.14　ZigBee 无线模块 2430

CC2430 是一种真正的系统芯片(SoC)CMOS 解决方案,它能够提高性能并满足以 ZigBee 为基础的 2.4GHz ISM 波段应用对低成本、低功耗的要求,结合一个高性能 2.4GHz DSSS(直接序列扩频)射频收发器核心和一颗工业级小巧高效的 8051 控制器。

CC2430 沿用了以往 CC2420 芯片的架构,在单个芯片上整合了 ZigBee 射频(RF)前端、内存和微控制器。它使用 1 个 8 位 MCU(8051),具有 32/64/128 KB 可编程闪存和 8 KB 的 RAM,还包含模拟数字转换器(ADC),几个定时器(Timer),AES128 协同处理器,看门狗定时器(Watchdog Timer),32kHz 晶振的休眠模式定时器,上电复位电路(Power On Reset),掉电检测电路(Brown Out Detection)以及 21 个可编程 I/O 引脚。

3.1.6 2431 模块

基础 RF2 教学平台配套 ZigBee 无线定位模块 2431 采用标准双排 20 针功能引脚,如图 3.15 所示。模块采用的是 TI 的 ZigBee 定位片上系统 CC2431 作为微控制器。

2431 和 2430 模块是引脚兼容的,除定位引擎之外,2430 的控制器和射频部分与 2431 完全相同。

2431 是带硬件定位引擎的片上系统(SoC)解决方案,能够满足低功耗 ZigBee/IEEE 802.15.4 无线传感器网络的应用需要。2431 定位引擎基于 RSSI 技术,根据接收信号强度与已知参考节点位置准确计算出有关节点位置,然后将位置信息发送给接收端。相比于集中型定位系统,RSSI 功能减小了网络流量与通信延迟,在典型应用中可实现 3~5m 定位精度和 0.25m 的分辨率。

图 3.15 ZigBee 无线定位模块 2431

3.1.7 硬件连接

在本教学平台内,根据不同知识点讲解的需要,我们把基础 RF2 教学平台内硬件组成各种各样的组合。

 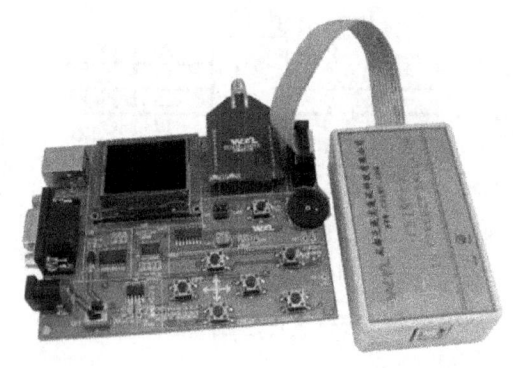

图 3.16 2430/2431 模块安插在 PK 液晶板上　　图 3.17 C51RF 仿真器与 PK 液晶板连接

3.1.8 硬件组合名称

为了统一规范,逻辑名称如下。

(1) ZigBee 无线节点

ZigBee 无线节点(也称无线节点)由 PK 液晶板与 2430 模块,或 PK 电池板与 2430 模块组成,如图 3.18 所示。

图 3.18　ZigBee 无线节点

(2) ZigBee 传感器节点

传感器节点主要包括 1 块传感器板 DA100 与 1 块 ZigBee 模块 2430,根据需要可增加传感器扩展板 DA300,如图 3.19 所示。

图 3.19　传感器节点

(3) 无线定位节点

定位节点(也称移动节点)由 PK 液晶板与 2431 模块,或 PK 电池板与 2431 模块组成,如图 3.20 所示。在无线实时定位中所述网关由 PK 液晶板与 2430 模块组成。

图 3.20　无线定位节点

3.2　ZigBee 开发软件介绍

3.2.1　IAR 集成开发环境使用说明

IAR Embedded Workbench(简称 EW)是一套高度精密且使用方便的嵌入式应用编程开发工具,用于对汇编、C 或 C++编写的嵌入式应用程序进行编译和调试。该集成开发环境包含了 IAR 的嵌入式 C/C++优化编译器、汇编器、连接定位器、库管理员、编辑器、项目管理器和 C-SPY 调试器。

EWARM 是 IAR 目前发展很快的产品,EWARM 已经支持 ARM7/9/10/11XSCALE,并且在同类产品中具有明显价格优势,其编译器可以对一些 SOC 芯片进行专门的优化,如 Atmel、TI、ST、Philips。除了 EWARM 标准版外,IAR 公司还提供 EWARM BL(256K)的版本,方便不同层次客户的需求。

3.2.1.1　IAR 的安装及简介

可以到 IAR 的官方网站 http://www.iar.com/上面的 Evaluation edition for TI ZigBee Solutions 页面下载最新的 TI ZigBee 协议栈版本相应的 IAR EW8051 的 30 天评估版本,并注册申请序列号,然后解压缩软件开始运行安装程序,按照步骤输入序列号和序列号密匙,一步步单击即可完成安装。完成安装后,用户可以在开始菜单里找到刚刚安装好的 IAR 软件。以下是其主要组成部分:

① 集成项目管理器和编译器的 IDE;
② 高度优化的 C/C++优化编译器;
③ 高性能的 C-SPY 调试器和硬件调试工具;
④ 支持 RTOS 内核识别调试;

⑤ Run-time 库；
⑥ 汇编器；
⑦ 链接器和库管理工具；
⑧ 现成的代码例程；
⑨ 印刷电路版以及电子版的用户手册；
⑩ 网上帮助文档。

3.2.1.2　IAR EW8051 使用说明

本节介绍如何在 CC2430 软件开发环境 IAR Embedded Workbench for MCS-51 中添加文件、新建程序文件、设置工程选项参数、编译和连接、程序下载、仿真调试。

(1) 创建一个工作区并建立一个新工程

使用 IAR 开发环境首先应建立一个新的工作区。在一个工作区中可创建一个或多个工程。用户打开 IAR Embedded Workbench 时，已经建好了一个工作区，如图 3.21 所示。可以选择打开最近使用的工作区或向当前工作区添加新的工程。

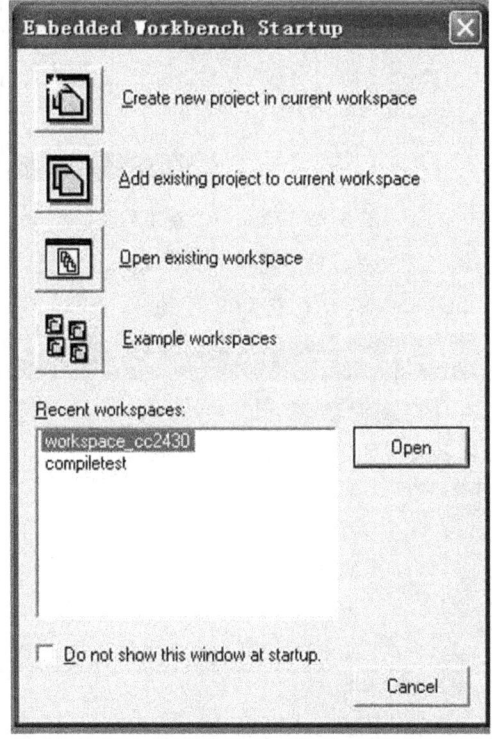

图 3.21　打开一个工作区

选择 File\New\Workspace，现在用户已经建好一个工作区，可创建新的工程并把它放入工作区。单击 Project 菜单，选择 Greate New Project，如图 3.22 所示。

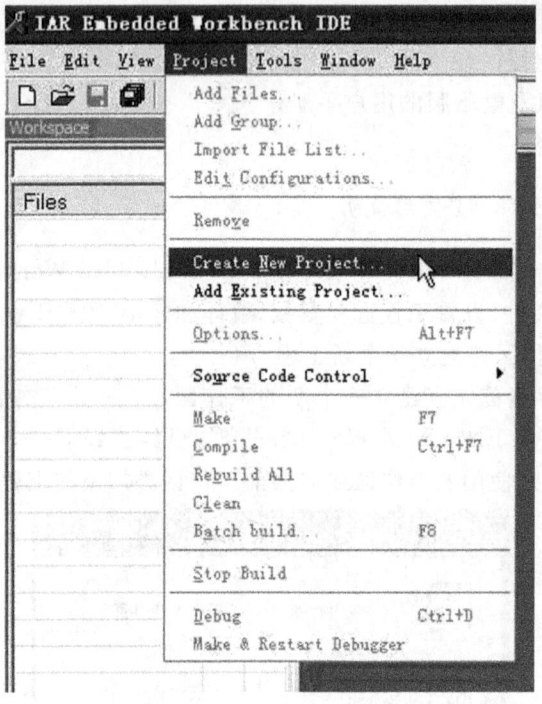

图 3.22　建立一个新工程

弹出如图 3.23 建立新工程对话框，确认 Tool chain 栏已经选择 8051，在 Project templates 栏选择 Empty project，单击下方 OK 按钮。

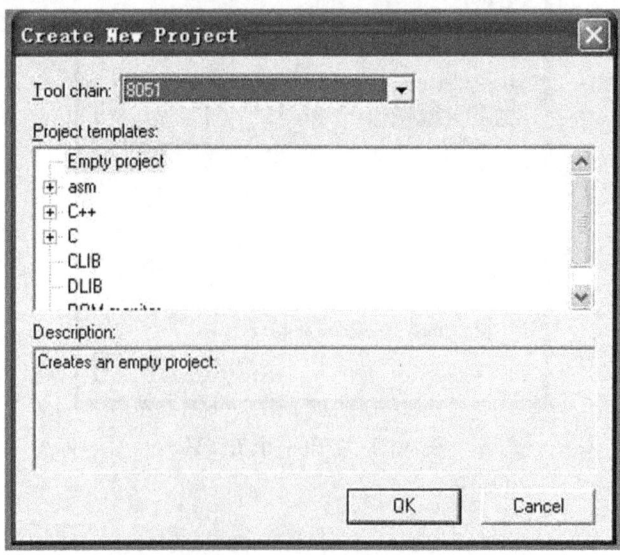

图 3.23　选择工程类型

根据需要选择工程保存的位置，更改工程名，如 ledtest 单击 Save 保存，如图 3.24 所示。这样便建立了一个空的工程。

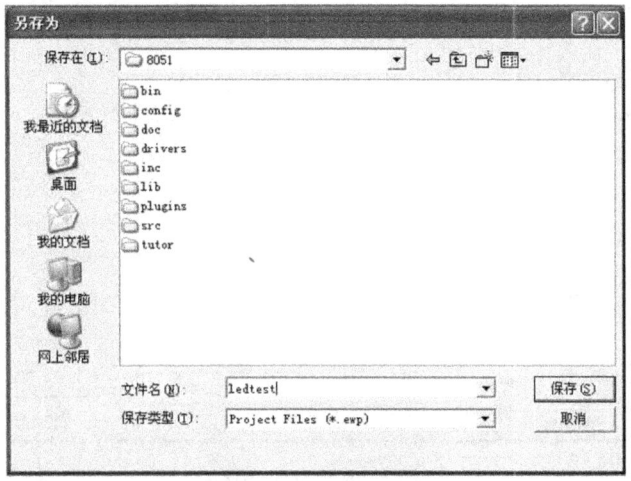

图 3.24 保存工程

这样工程就出现在工作区窗口中了,如图 3.25 所示。

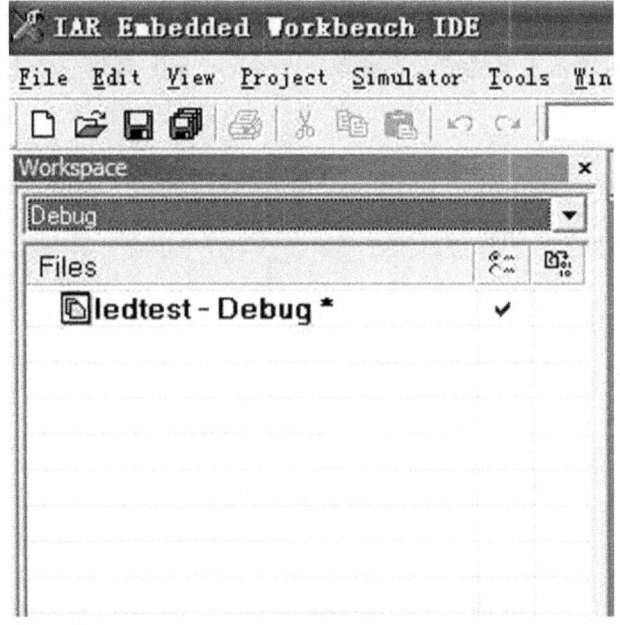

图 3.25 工作区窗口中的工程

系统产生两个创建配置:调试和发布。在这里我们只使用 Debug 即调试。项目名称后的星号(*)指示修改后还没有保存。选择菜单 File\Save\Workspace,保存工作区文件,并指明存放路径,这里把它放到新建的工程目录下。单击 Save 保存工作区,如图 3.26 所示。

图 3.26 保存工作区

(2) 添加文件或新建程序文件

选择菜单 Project\Add File,或在工作区窗口中,在工程名上点右键,在弹出的快捷菜单中选择 Add File,弹出文件打开对话框,选择需要的文件单击"打开"退出。如没有建好的程序文件,也可单击工具栏或选择菜单 File\New\File 新建一个空文本文件,向文件里添加程序清单 1 代码。

程序清单 1 如下:

```
#include "ioCC2430.h"
void Delay(unsigned char n)
{
unsigned char i;
unsigned int j;
for(i = 0; i < n; i++)
for(j = 1; j; j++);
}
void main(void)
{
// CC2430 中,I/O 口做普通 I/O 使用时和每个 I/O 端口相关的寄存器有 3 个,分别是//PxSEL
//功能选择寄存器,PxDIR 方向寄存器,PxINP 输入模式寄存器,其中 x 为 0,1,2。
//这里选择 P1.0 上的色 LED 作为 I/O 测试。
SLEEP &= ~0x04;
while(!(SLEEP & 0x40)); //晶体振荡器开启且稳定
CLKCON &= ~0x47; //选择 1-32MHz 晶体振荡器
SLEEP |= 0x04;
P1SEL = 0x00; //P1.0 为普通 I/O 口
```

P1DIR = 0x01; //P1.0 输出
while(1)
{
P1_0 = 1;
Delay(10);
P1_0 = 0;
Delay(10);
}
}

选择菜单 File\Save，弹出保存对话框，如图 3.27 所示。

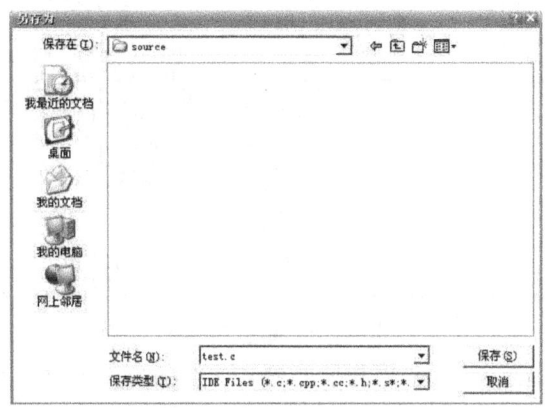

图 3.27　保存程序文件

新建一个 source 文件夹，将文件名改为 test.c 后保存到 source 文件夹下。按照前面添加文件的方法将 test.c 添加到当前工程里，完成的结果如图 3.28 所示。

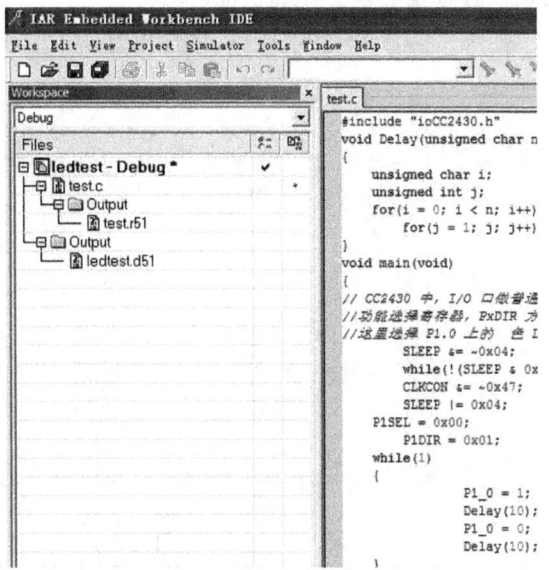

图 3.28　添加程序文件后的工程

（3）设置工程选项参数

选择 Project 菜单下的 Options 配置与 CC2430 相关的选项。

◆ Target 标签。

如图 3.29 所示配置 Target,选择 Code model 和 Data model 以及其他参数。

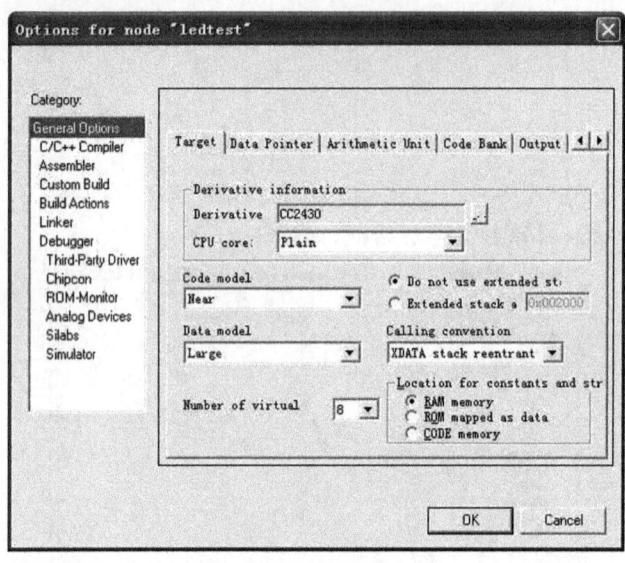

图 3.29　配置 Target

单击 Derivative information 栏右边的按钮,选择程序安装位置,如 IAR Systems\Embedded Workbench4.05 Evaluation version\8051\config\derivatives\chipcon 下的文件 CC2430.i51。

◆ Data Pointer 标签。

如图 3.30 所示,选择数据指针数 1 个,16 位。

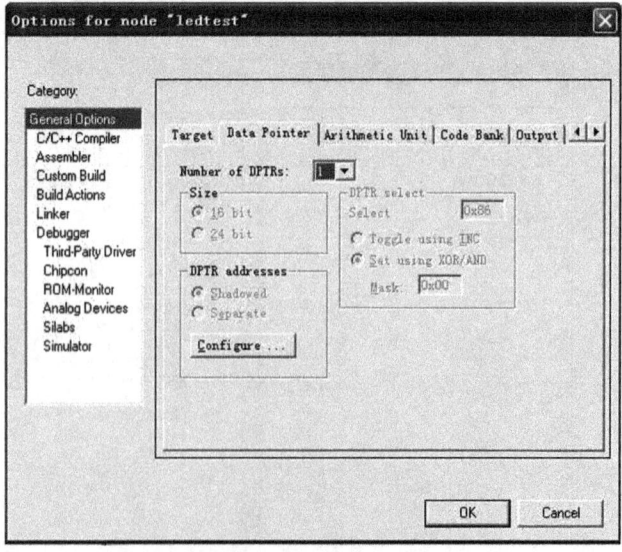

图 3.30　数据指针选择

◆ Stack/Heap 标签。

如图 3.31 所示,改变 XDATA 栈大小到 0x1FF。单击 Options 中右边框架内的 Linker 选项,配置相关的选项。

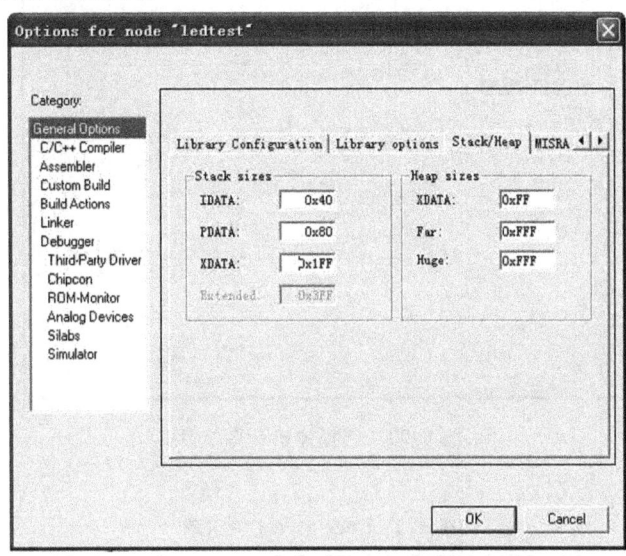

图 3.31 Stack/Heap 设置

◆ Output 标签。

选中 Override default,可以在下面的文本框中更改输出文件名。如果用 C-SPY 进行调试,选中 format 下面的 Debug information for C-SPY,如图 3.32 所示。

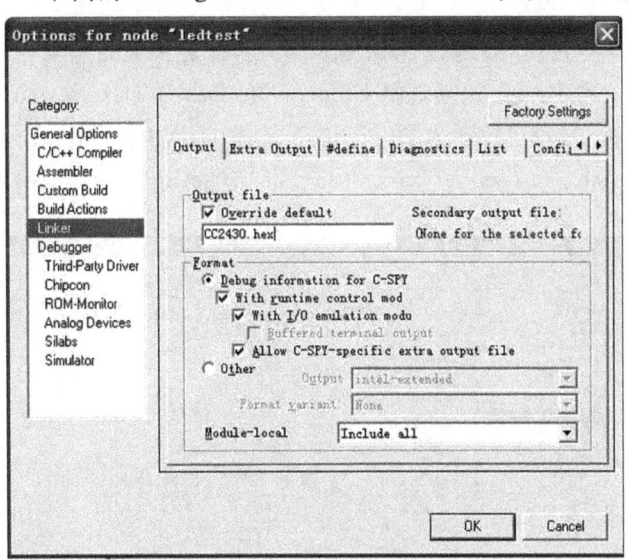

图 3.32 输出文件设置

◆ Config 标签。

如图 3.33 所示,单击 Linker command file 栏文本框右边的按钮,选择正确的连接命令文件,如表 3.2 所示。

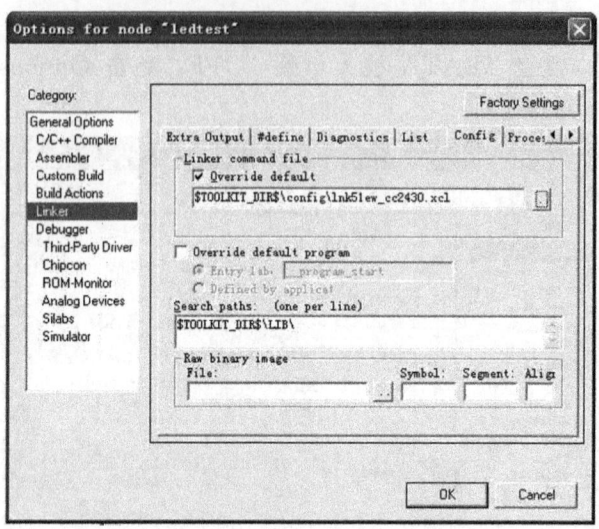

图 3.33　选择连接命令文件

表 3.2　Code Model 关系表

Code Model	File
Near	lnk51ew_cc2430.xcl
Banked	lnk51ew_cc2430b.xcl

◆ Debugger。

单击 Options 中右边框架内的 Debugger 选项,配置相关的选项。在 Setup 标签按下图 3.34 所示设置。在 Driver 选项选择 Chipcon,在 Device Description file 选择 CC2430.ddf 文件,其位置在程序安装文件夹下,如 C:\ProgramFiles\IARSystems\EmbeddedWorkbench4.05Evaluationversion\8051\Config\derivatives\chipcon。最后按"ok"保存设置。

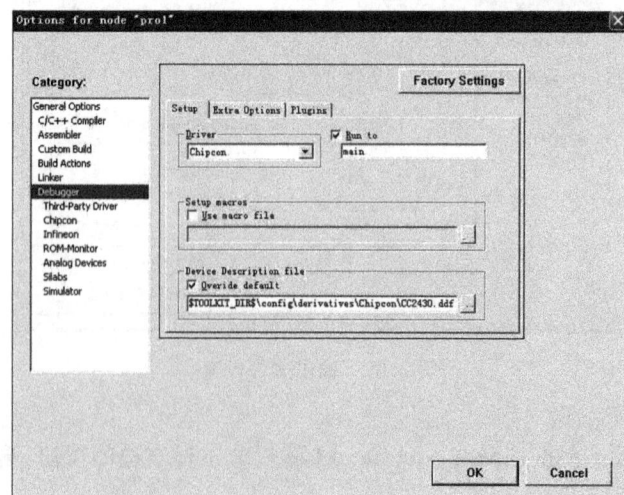

图 3.34　配置调试器

(4) 编译、连接、下载

选择 Project\Make 或按 F7 键编译和连接工程,如图 3.35 所示。

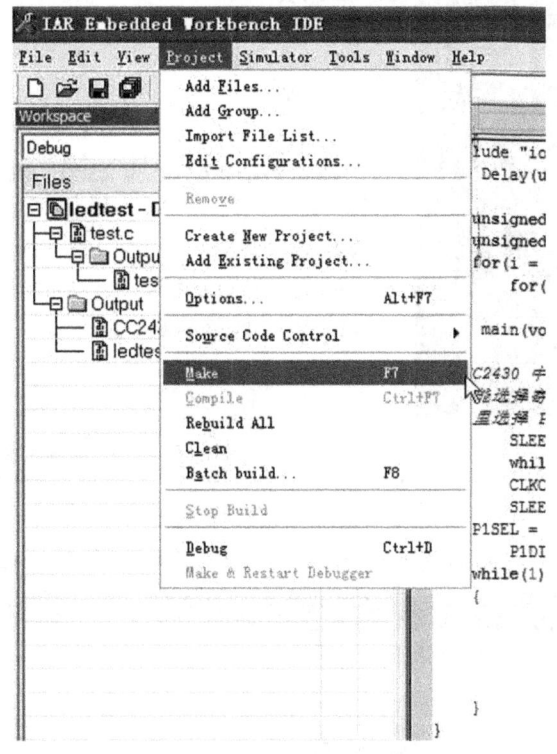

图 3.35 编译和连接工程

成功编译工程,并且没有错误信息提示后,按照图 3.36 所示连接硬件系统(注:"CC2430 的 ZigBee 模块"部分可以换成网关、扩展板等与仿真器引脚相配器件)。

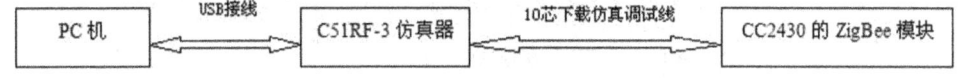

图 3.36 硬件系统连接图

选择 IAR 集成开发环境中菜单 Project\Debug,或按快捷键 CTRL+D 进入调试状态,也可按工具栏上按钮进入程序下载,程序下载完成后,IAR 将自动跳转至仿真状态。

(5) 仿真调试

编译好后调试程序。首先连接硬件平台,在计算机与 ZigBee 硬件系统连接前,需要确保已在计算机上安装了必要的仿真器驱动。

◆ 安装仿真器驱动——手动。

安装仿真器前确认 IAR Embedded Workbench 已经安装。手动安装适用于系统以前没有安装过仿真器驱动的情况。将仿真器通过开发系统附带的 USB 电缆连接到 PC 机,在 Windows XP 系统下,系统找到新硬件后提示如下对话框,选择"从列表或指定位置安装",点击"下一步",如图 3.37 所示。

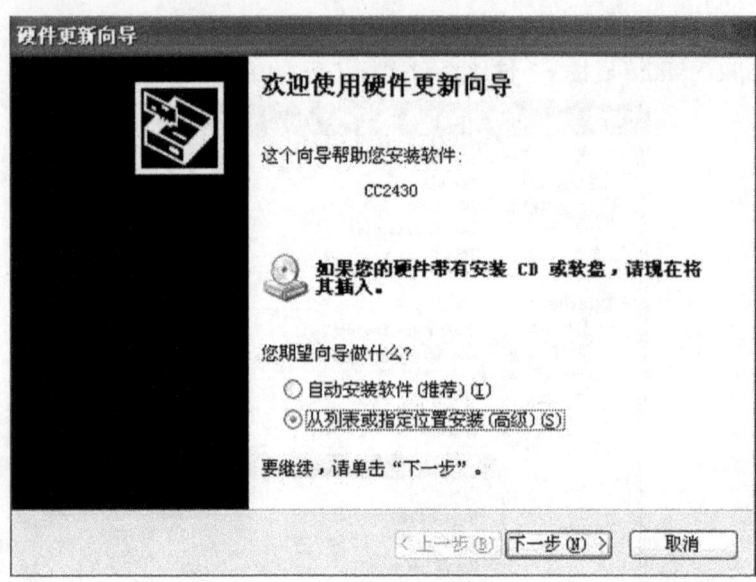

图 3.37　系统找到仿真器

如图 3.38 所示,设好驱动安装选项,单击右边的"浏览"按钮选择驱动所在路径。

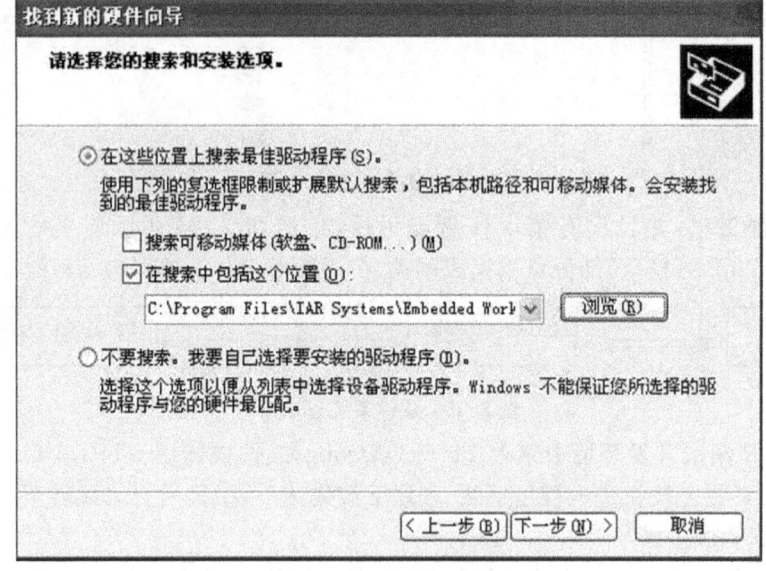

图 3.38　驱动安装选项

驱动文件在 IAR 程序安装目录下,在 C:\ Program Files\IAR Systems\Embedded Workbench 4.05 Evaluation version\8051\drivers\chipcon,如图 3.39 所示。

第三章 ZigBee开发平台介绍

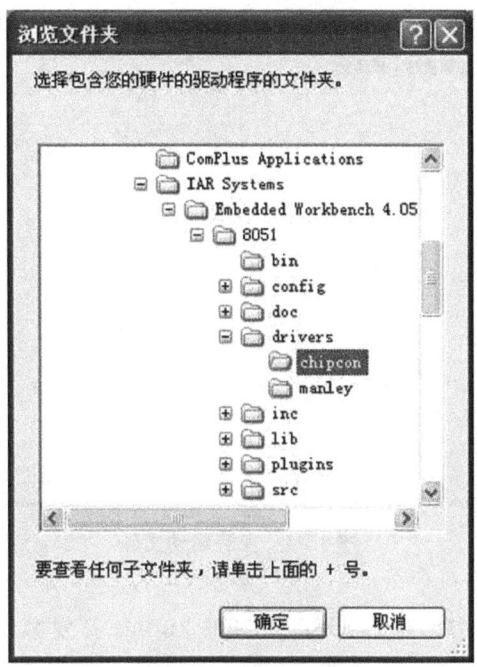

图 3.39 选择驱动路径

选中 chipcon 文件夹,点"确定"退出,回到安装选项界面,点"下一步",系统安装完驱动后提示完成对话框,单击"完成"退出安装。

◆ 安装仿真器驱动——自动。

将仿真器通过开发系统附带的 USB 电缆连接到 PC 机,在 Windows XP 系统下,找到新硬件后会出现如下对话框,选择"自动安装软件",点击"下一步",如图 3.40 所示。

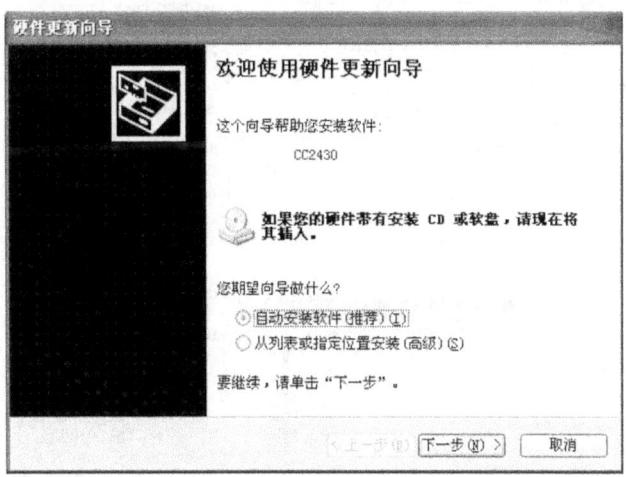

图 3.40 系统找到仿真器

向导会自动搜索并复制驱动文件到系统,如图 3.41 所示。系统安装完驱动后提示完成对话框,单击"完成"退出安装。

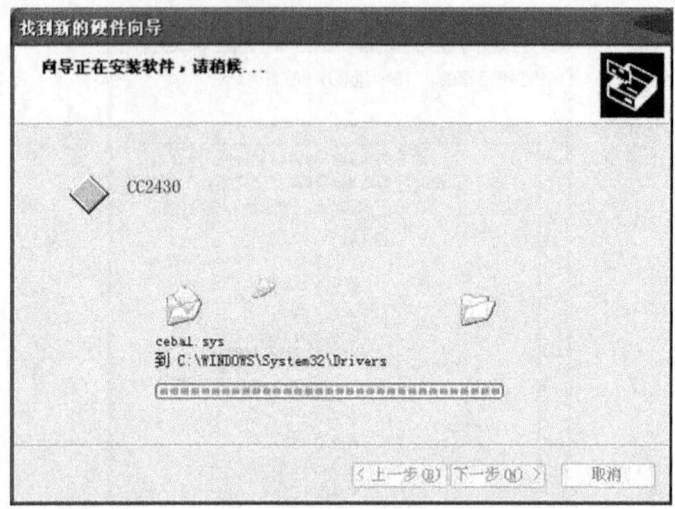

图 3.41 安装驱动文件

◆ 进入调试。

安装完成仿真器驱动后,通过 USB 接口把 ZigBee 开发系统与计算机连接后,进入 IAR 编译环境进行仿真调试。选择菜单 Project\Debug 或按快捷键 CTRL+D 进入调试状态,也可按工具栏上按钮进入调试,如图 3.42 所示。

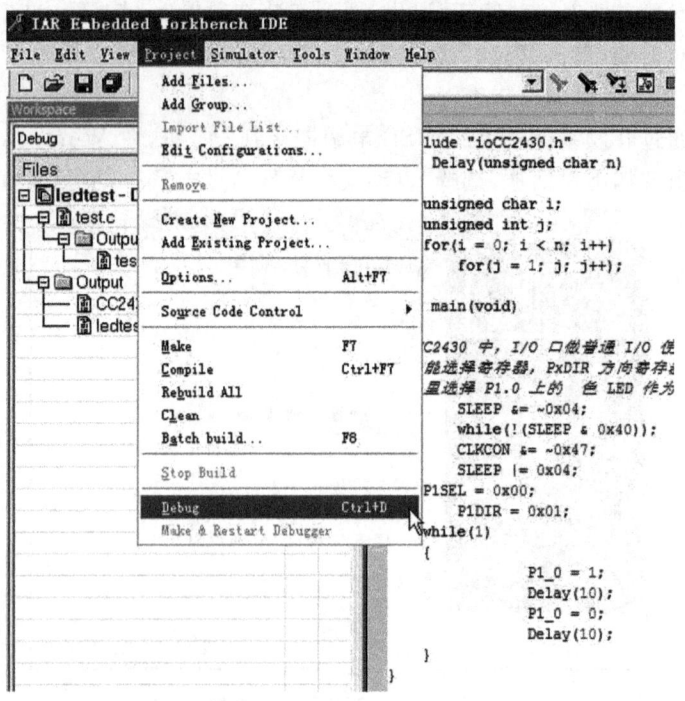

图 3.42 进入调试

进入调试后,整体窗口如图 3.43 所示。

第三章　ZigBee 开发平台介绍　　79

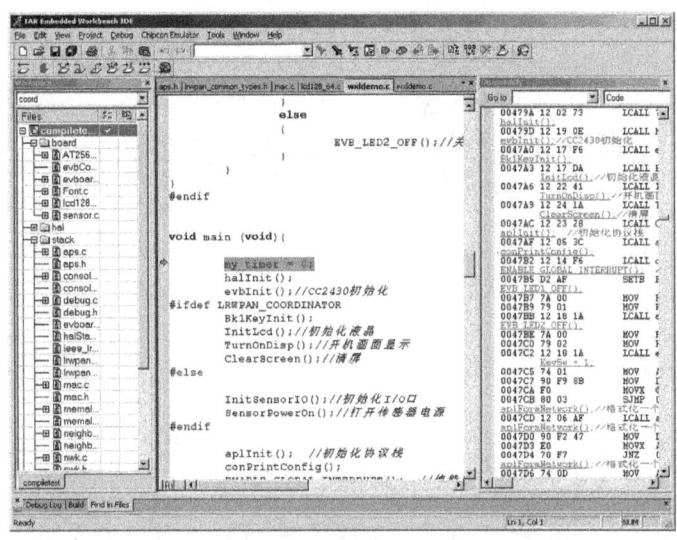

图 3.43　程序调试界面

◆ 调试窗口管理。

在 IAR Embedded Workbench 中，用户可以在特定的位置停靠窗口，并利用标签组来管理它们；也可以使某个窗口处于悬浮状态，即让它始终停靠在窗口的上层。状态栏位于主窗口底部，包含了如何管理窗口的帮助信息。更详细信息参见帮助文件中的 EW8051_UserGuide。

查看源文件语句：

① Step Into，执行内部函数或子进程的调用；

② Step Over，每步执行一个函数调用；

③ Next statement，每次执行一个语句。

这些命令在工具栏上都有对应的快捷键。

◆ 调试管理。

C-SPY 允许用户在源代码中查看变量或表达式，可在程序运行时跟踪其值的变化。选择菜单 View\Auto 开启窗口，如图 3.44 所示。自动窗口会显示当前被修改过的表达式。

Expression	Value	Location	Type
my_timer	0	XData:0xF97C	UINT32

图 3.44　自动窗口

连续观察 my_timer 的值的变化情况。选择菜单 View\Watch，打开 Watch 窗口。单击 Watch 窗口中的虚线框，出现输入区域时键入 my_timer 并回车。也可以先选中一个变量将其从编辑窗口拖到 Watch 窗口，如图 3.45 所示。

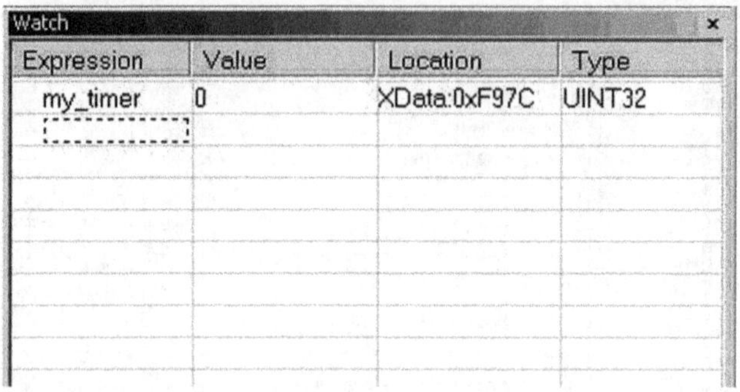

图 3.45 Watch 窗口

单步执行，观察 my_timer 的变化。如果要在 Watch 窗口中去掉一个变量，先选中它，然后单击键盘上的 Delete 键或点右键删除。

设置并监控断点。使用断点最便捷的方式是将其设置为交互式的，即将插入点的位置指到一个语句里或靠近一个语句，然后选择 Toggle Breakpoint 命令，在 BK1KeyInit 语句中插入断点。在编辑窗口选择要插入断点的语句，选择菜单 Edit\Toggle Breakpoint，或者在工具栏上单击按钮，如图 3.46 所示。

图 3.46 设置一个断点

在语句中设置好一个断点，提高亮度，并且在左边标注一个红色的"X"显示有一个断点存在。可选择菜单 View\Bradkpoint 打开断点窗口，观察工程所设置的断点。在主窗口下方的调试日志 Debug Log 窗口中可以查看断点的执行情况。如要取消断点，在原来断点的设置处再执行一次 Toggle Breakpoint 命令。

在反汇编模式中调试。在反汇编模式中，每一步都对应一条汇编指令，用户可对底层进行完全控制。选择菜单 View\Disassembly，打开反汇编调试窗口，用户可看到当前 C

语言语句对应的汇编语言指令,如图 3.47 所示。

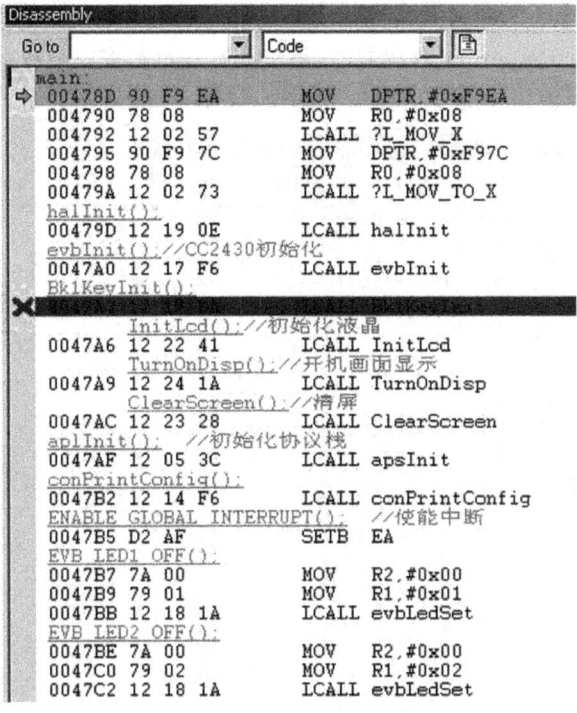

图 3.47 汇编模式中调试程序

监控寄存器。寄存器窗口允许用户监控并修改寄存器的内容。选择菜单 View\Regisster,打开寄存器窗口,如图 3.48 所示。

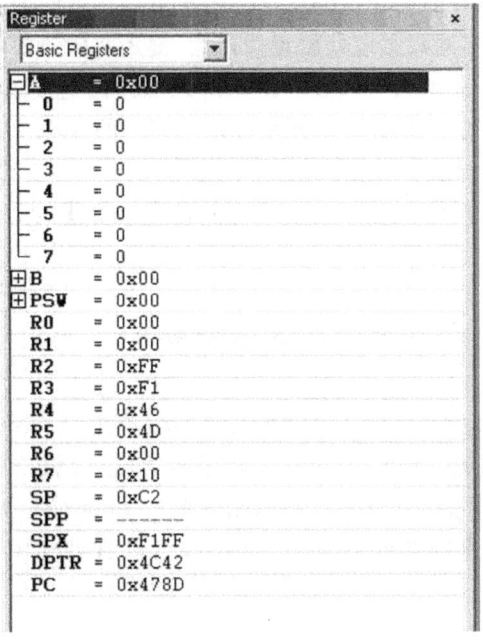

图 3.48 寄存器窗口

点击窗口上部的下拉列表,选择不同的寄存器分组。单步运行程序观察寄存器值的变化情况。存储器窗口允许用户监控寄存器的指定区域。选择菜单 View\Memory,打开存储器窗口。打开 my_timer 所在文件,单击 my_timer,将它从源代码窗口拖到存储器窗口中。此时存储器窗口中对应的值也被选中,如图 3.49 所示。

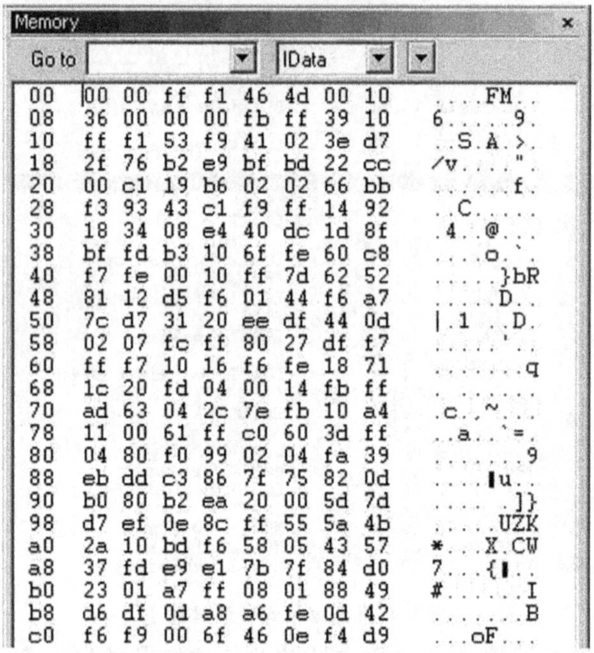

图 3.49 存储器窗口

单步执行程序,观察存储器中值的变化。用户可以在存储器窗口中对数据进行编辑、修改。在想进行编辑的存储器数值处放置插入点,键入期望值即可。

完整运行程序,选择菜单 Debug\Go 或点调试工具栏上按钮,如果没有断点,程序将一直运行下去。可以看到在 ZigBee 的开发系统中相关的硬件反应。如果要停止,选择菜单 Debug\Break 或点调试工具栏上按钮,停止程序运行。

退出调试,选择菜单 Debug\Stop Debugging 或单击调试工具栏上的按钮退出调试模式。

3.2.2 SmartRF Flash Programmer 软件

SmartRF Flash Programmer 是用来对无线 SoC 单片机 CC2430/31 的内存进行编程和对 ZigBee SoC 芯片进行 IEEE Address(物理地址)进行修改的软件。软件安装完成后,用户可以在桌面的"开始"菜单中找到刚刚安装的 SmartRF04 Flash Programmer,在"Texas Instruments"对应的文件夹下面,打开后可以看到如图 3.50 所示的软件操作界面。

第三章 ZigBee 开发平台介绍

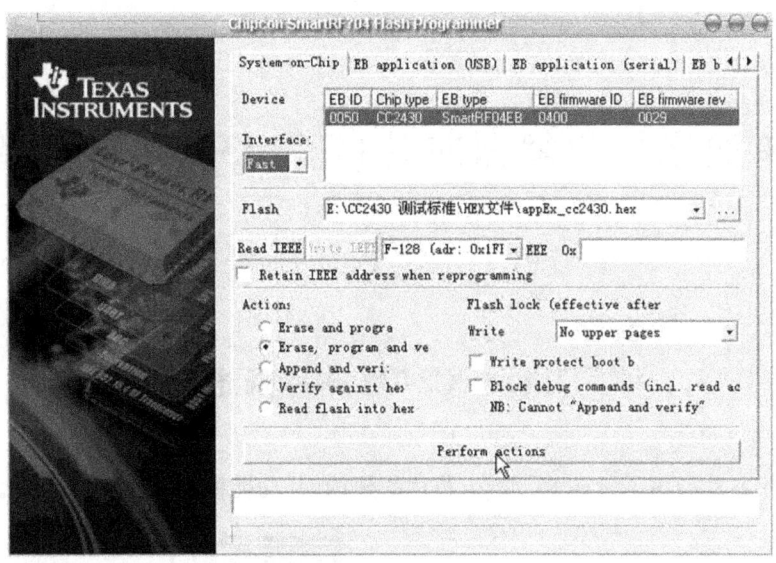

图 3.50　SmartRF Flash Programmer 软件操作界面

本章思考题

1. 以 CC2430/31 为代表的新一代射频 SoC(片上系统)有什么特点？
2. 建立 ZigBee 技术开发平台需要具备哪些基本条件？
3. 基础 RF2 教学平台的主要产品组件有哪些？简述各组件的作用。
4. 基础 RF2 教学平台中的 C51RF 仿真器具有哪些特点？
5. C51RF 仿真器的 USB 接口有哪些功能？
6. PK 液晶扩展板上的硬件部件包括什么？
7. PK 液晶扩展板的电源电路有几种供电方式？
8. CC2430 的特点有哪些？
9. CC2431 和 CC2430 的相同点和不同点是什么？
10. IAR Embedded Workbench 集成开发环境包含哪些功能？
11. SmartRF Flash Programmer 软件的作用是什么？

第四章 收发器芯片(CC2430)基础实验

4.1 CC2430芯片概述

CC2430芯片沿用了以往CC2420芯片的架构,其功能模块如图4.1所示。

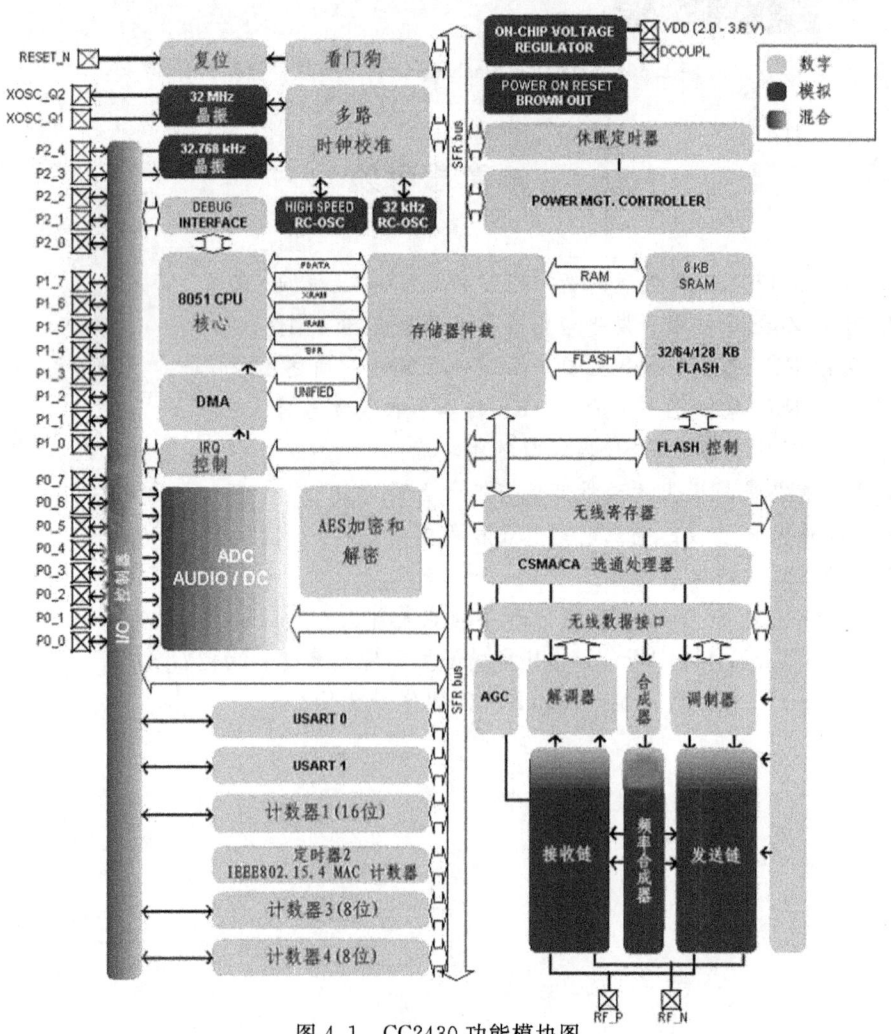

图 4.1 CC2430 功能模块图

CC2430 芯片采用 $0.18\mu m$ CMOS 工艺生产;在接收和发射模式下,电流损耗分别低于 27mA 或 25mA。CC2430 的休眠模式和转换到主动模式的超短时间的特性,特别适合那些要求电池寿命非常长的应用。

4.1.1 主要特性

CC2430 芯片的主要特点如下:
① 高性能和低功耗的 8051 微控制器核;
② 集成符合 IEEE802.15.4 标准的 2.4GHz 的 RF 无线电收发机;
③ 优良的无线接收灵敏度和强大的抗干扰性;
④ 在休眠模式时仅 $0.9\mu A$ 的流耗,外部的中断或 RTC 能唤醒系统;在待机模式时少于 $0.6\mu A$ 的流耗,外部的中断能唤醒系统;
⑤ 硬件支持 CSMA/CA 功能;
⑥ 较宽的电压范围(2.0~3.6V);
⑦ 数字化的 RSSI/LQI 支持和强大的 DMA 功能;
⑧ 具有电池监测和温度感测功能;
⑨ 集成了 14 位模数转换的 ADC 和 AES 安全协处理器;
⑩ 带有两个强大的支持几组协议的 USART,以及 1 个符合 IEEE 802.15.4 规范的 MAC 计时器,1 个常规的 16 位计时器和 2 个 8 位计时器。

4.1.2 引脚功能

CC2430 芯片采用 7 mm×7mm QLP 封装,共有 48 个引脚。全部引脚可分为 I/O 端口线引脚、电源线引脚和控制线引脚三类,如图 4.2 所示。

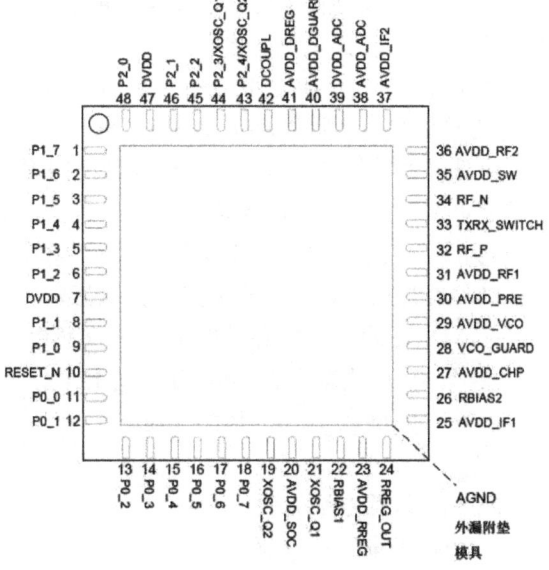

图 4.2 CC2430 芯片引脚

CC2430 有 21 个可编程的 I/O 口引脚，P0、P1 口是完全的 8 位口，P2 口只有 5 个可使用的位。通过软件设定一组 SFR 寄存器的位和字节，可使这些引脚作为通常的 I/O 口或作为连接 ADC、计时器或 USART 部件的外围设备 I/O 口使用。

I/O 口有下面的关键特性：

① 可设置为通常的 I/O 口，也可设置为外围 I/O 口使用；

② 在输入时有上拉和下拉能力；

③ 全部 21 个数字 I/O 口引脚都具有响应外部的中断能力。如果需要外部设备，可对 I/O 口引脚产生中断，同时外部的中断事件也能被用来唤醒休眠模式。

1~6 脚(P1_2~ P1_7)：具有 4mA 输出驱动能力。

8、9 脚(P1_0,P1_1)：具有 20mA 的驱动能力。

11~18 脚(P0_0 ~P0_7)：具有 4mA 输出驱动能力。

43、44、45、46、48 脚(P2_4,P2_3,P2_2,P2_1,P2_0)：具有 4mA 输出驱动能力。

电源线引脚功能：

7 脚(DVDD)：为 I/O 提供 2.0~3.6 V 工作电压。

20 脚(AVDD_SOC)：为模拟电路连接 2.0~3.6V 的电压。

23 脚(AVDD_RREG)：为模拟电路连接 2.0~3.6 V 的电压。

24 脚(RREG_OUT)：为 25,27~31,35~40 引脚端口提供 1.8 V 的稳定电压。

25 脚（AVDD_IF1）：为接收器波段滤波器、模拟测试模块和 VGA 的第一部分电路提供 1.8V 电压。

27 脚(AVDD_CHP)：为环状滤波器的第一部分电路和充电泵提供 1.8 V 电压。

28 脚(VCO_GUARD)：VCO 屏蔽电路的报警连接端口。

29 脚(AVDD_VCO)：为 VCO 和 PLL 环滤波器最后部分电路提供 1.8 V 电压。

30 脚(AVDD_PRE)：为预定标器、Div2 和 LO 缓冲器提供 1.8 V 的电压。

31 脚(AVDD_RF1)：为 LNA、前置偏置电路和 PA 提供 1.8 V 的电压。

33 脚(TXRX_SWITCH)：为 PA 提供调整电压。

35 脚(AVDD_SW)：为 LNA/PA 交换电路提供 1.8V 电压。

36 脚(AVDD_RF2)：为接收和发射混频器提供 1.8V 电压。

37 脚(AVDD_IF2)：为低通滤波器和 VGA 的最后部分电路提供 1.8V 电压。

38 脚(AVDD_ADC)：为 ADC 和 DAC 的模拟电路部分提供 1.8V 电压。

39 脚(DVDD_ADC)：为 ADC 的数字电路部分提供 1.8V 电压。

40 脚(AVDD_DGUARD)：为隔离数字噪声电路连接电压。

41 脚(AVDD_DREG)：向电压调节器核心提供 2.0~3.6V 电压。

42 脚(DCOUPL)：提供 1.8V 的去耦电压，此电压不为外电路所使用。

47 脚(DVDD)：为 I/O 端口提供 2.0~3.6V 的电压。

控制线引脚功能：

10 脚(RESET_N)：复位引脚，低电平有效。

19 脚(XOSC_Q2)：32 MHz 的晶振引脚 2。

21 脚(XOSC_Q1)：32MHz 的晶振引脚 1，或外部时钟输入引脚。

22 脚(RBIAS1)：为参考电流提供精确的偏置电阻。

26 脚(RBIAS2)：提供精确电阻，43kΩ，±1%。

32 脚(RF_P)：在 RX 期间向 LNA 输入正向射频信号；在 TX 期间接收来自 PA 的输入正向射频信号。

34 脚(RF_N)：在 RX 期间向 LNA 输入负向射频信号；在 TX 期间接收来自 PA 的输入负向射频信号。

43 脚 (P2_4/XOSC_Q2)：32.768 kHz XOSC 的 2.3 端口。

44 脚 (P2_4/XOSC_Q1)：32.768 kHz XOSC 的 2.4 端口。

4.1.3 应用电路

CC2430 只需要很少的外部组件，典型的应用电路如图 4.3 所示。

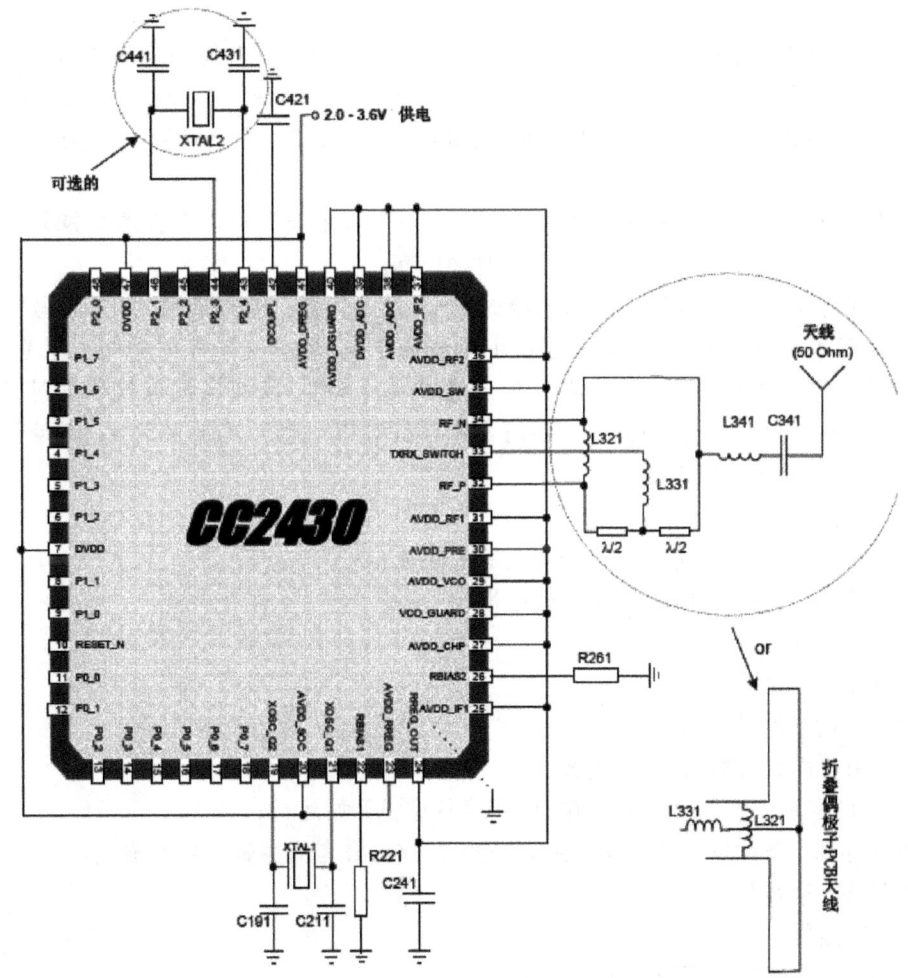

图 4.3　CC2430 应用电路(数字 I/O 和 ADC 接口不连接)去耦电容没有显示

(1) 偏置电阻

偏置电阻是 R221 和 R261,偏置电阻 R221 用于为 32 MHz 晶振设置一个精确的偏置电流。

(2) 晶振

外部 32 MH 晶振 XTAL1 有两个负载电容(C191 和 C211)。XTAL2 是一个可选的 32.768 kHz 晶振,网状网络可以不需要 32.768 kHz 晶振。

(3) 稳压器

片上稳压器为所有引脚提供了 1.8 伏电压,并给内部提供电源,需要 C241 和 C421 来稳定它的运行(C241 和 C421 都需要稳定的稳压器)。一系列的电阻都要符合 ESR 的要求。

4.1.4 8051 内核

CC2430 包括一个 8 位 CPU 内核,它是业界标准 8051 内核的一个增强版。增强的 8051 内核使用了标准的 8051 指令集。由于以下原因,指令执行比标准 8051 速度更快。

① 每个时钟周期为一个机器周期,而标准 8051 中是 12 个时钟周期为一个机器周期;

② 除去被浪费掉的总线状态的方式,因为一个指令周期与内存提取周期是相一致的,大部分单指令的执行时间为 1 个系统时钟周期。

8051 内核的目标代码兼容业界标准的 8051 微处理器。换句话说,目标代码与 8051 内核上执行的业界标准 8051 编译器或汇编器完全兼容,具有同等的功能。但是,因为 8051 内核使用一个不同于许多其他 8051 类型的指令时钟,所以与现有代码的时间循环可能有所不同;又因为外设单元比如定时器和串行端口不同于其他 8051 内核,使用外设单元 SFR 的代码将不能正确工作。

(1) 复位

CC2430 有三种复位来源。以下事件将产生复位:

① 强制输入引脚 RESET_N 为低电平;

② 上电复位;

③ 看门狗定时器复位。

复位后的初始状况如下:

I/O 引脚配置为输入、上拉状态;

CPU 的程序计数器设置为 0x0000,程序从这里开始运行;

所有外部设备的寄存器初始化到它们的复位值(参考有关寄存器的描述);

看门狗定时器禁止。

(2) 存储器

8051CPU 有四个不同的存储空间:

① CODE:16 位只读存储空间,用于程序存储。

② DATA:8 位可读/写数据存储(RAM)空间,CPU 可以直接或间接寻址。该空间

的低 128 字节可以直接或间接寻址,而高 128 字节只能够间接寻址。

③ XDATA:16 位可读/写数据存储(RAM)空间,通常需要 4~5 个 CPU 指令周期来访问。访问 XDATA 存储器在硬件上比访问 DATA 慢,因为 CODE 和 XDATA 存储空间共享一个共同的 CPU 内核总线,这样从 CODE 中预先提取指令可以不必和访问 XDATA 同时执行。

④ SFR:7 位可读/写存储器存储空间,可以被单个的 CPU 指令直接访问。对于地址可以被 8 整除的 SFR 寄存器,每一位也可以单独访问。这四个不同的存储空间在 8051 结构中是唯一的,但是在 CC2430 中是可以有部分重复的,以减轻 DMA 传输和硬件调试的运行负担。

(3) SFR 寄存器

特殊功能寄存器(SFR)用于控制 8051CPU 核和外部单元。一部分 8051 CPU 寄存器与标准 8051 特殊功能寄存器的功能相同;但是有另外一部分寄存器不同于标准 8051 特殊寄存器,它们用来与外部设备单元接口,以及控制 RF 收发器。

(4) CPU 寄存器和指令集

CC2430 的 CPU 寄存器与标准 8051 的寄存器相同,包括寄存器 R0-R7、程序状态字 PSW、累加器 ACC、B 寄存器和堆栈指针 SP 等;CC2430 的 CPU 指令集与标准 8051 的指令集相同。

(5) 中断

CPU 有 18 个中断源。每个中断源都有它自己的位于一系列 SFR 寄存器中的中断请求标志。相应标志位请求的每个中断可以通过设置 SFR 的中断使能位 IEN0、IEN1 和 IEN2,分别使能或禁用。中断源的定义和中断向量如表 4.1 所示。

◆ 中断屏蔽。

每个中断请求可以通过设置 SFR 寄存器中特定位 IEN0、IEN1 或者 IEN2 使能或禁止,中断使能 SFR 如下面描述并总结在表 4.2-4.4 中。某些外部设备会因为若干事件产生中断请求,这些中断请求可以作用在端口 0、端口 1、端口 2、DMA 定时器 1、定时器 3、定时器 4 或者无线上。对于每个内部中断源对应的 SFR 寄存器,这些外部设备都有中断屏蔽位。为了使用 CC2430 中的中断功能,应当执行下列步骤:

① 设置 IEN0 中的 EAL 位为 1;
② 设置寄存器 IEN0、IEN1 和 IEN2 中对应的中断使能位为 1;
③ 如果有,则设置 SFR 寄存器中对应的各中断使能位为 1;
④ 在该中断对应的向量地址上,运行该中断的服务程序。

详细描述见表 4.1-4.4。

表 4.1 中断概述

中断	描述	中断名称	中断向量	中断屏蔽	中断标志
0	RF 发送 FIFO 空或接收 FIFO 满	RFERR	03h	IEN0. RFERRIE	TCON. RFERRIF
1	ADC 转换结束	ADC	0Bh	IEN0. ADIE	TCON. ADIF
2	USART0 接收完成	URX0	13h	IEN0. URX0IE	TCON. URX0IF
3	USART1 接收完成	URX1	1Bh	IEN0. URX1IE	TCON. URX1IF
4	AES 加密/解密完成	ENC	23h	IEN0. ENCIE	S0CON. ENCIF
5	睡眠计时器比较	ST	2Bh	IEN0. STIE	IRCON. STIF
6	端口 2 输入	P2INT	33h	IEN2. P2IE	IRCON2. P2IF
7	USART0 发送完成	UTX0	3Bh	IEN2. UTX0IE	IRCON2. UTX0IF
8	DMA 传送完成	DMA	43h	IEN1. DMAIE	IRCON. DMAIF
9	定时器 1（16 位）捕捉/比较/溢出	T1	4Bh	IEN1. T1IE	IRCON. T1IF
10	定时器 2（MAC 计数器）	T2	53h	IEN1. T2IE	IRCON. T2IF
11	定时器 3（8-bit）捕捉/比较/溢出	T3	5Bh	IEN1. T3IE	IRCON. T3IF
12	定时器 4（8-bit）捕捉/比较/溢出	T4	63h	IEN1. T4IE	IRCON. T4IF
13	端口 0 输入	P0INT	6Bh	IEN1. P0IE	IRCON. P0IF
14	USART1 发送完成	UTX1	73h	IEN2. UTX1IE	IRCON2. UTX1IF
15	端口 1 输入	P1INT	7Bh	IEN2. P1IE	IRCON2. P1IF
16	RF 通用中断	RF	83h	IEN2. RFIE	S1CON. RFIF
17	看门狗计时溢出	WDT	8Bh	IEN2. WDTIE	IRCON2. WDTIF

表 4.2 IEN0（0xA8）——中断使能 0

位	位名	复位值	操作性	功能描述
7	EAL	0	可读/写	总中断使能 0 禁止所有中断 1 允许中断
6	—	0	可读	保留，读出为 0
5	STIE	0	可读/写	睡眠定时器中断使能 0 关中断 1 开中断

续表

位	位名	复位值	操作性	功能描述
4	ENCIE	0	可读	AES 加解密中断使能 0 关中断 1 开中断
3	URX1IE	0	可读/写	串口 1 接收中断使能 0 关中断 1 开中断
2	URX0IE	0	可读/写	串口 0 接收中断使能 0 关中断 1 开中断
1	ADCIE	0	可读/写	ADC 中断使能 0 关中断 1 开中断
0	RFERRIE	0	可读/写	射频 TX/RX FIFO 中断 0 关中断 1 开中断

表 4.3　IEN1（0xB8）——中断使能 1

位	位名	复位值	操作性	功能描述
7:6	—	00	可读 0	保留
5	P0IE	0	可读/写	P0 口中断使能 0 关中断 1 开中断
4	T4IE	0	可读/写	定时器 4 中断使能 0 关中断 1 开中断
3	T3IE	0	可读/写	定时器 3 中断使能 0 关中断 1 开中断
2	T2IE	0	可读/写	定时器 2 中断使能 0 关中断 1 开中断
1	T1IE	0	可读/写	定时器 1 中断使能 0 关中断 1 开中断
0	DMAIE	0	可读/写	DMA 传输中断使能 0 关中断 1 开中断

表 4.4　IEN2 (0x9A)——中断使能 2

位	位名	复位值	操作性	功能描述
7:6	—	00	可读 0	保留
5	WDTIE	0	可读/写	看门狗定时器中断使能 0 关中断 1 开中断
4	P1IE	0	可读/写	P1 中断使能使能 0 关中断 1 开中断
3	UTX1IE	0	可读/写	串口 1 发送中断使能 0 关中断 1 开中断
2	UTX0IE	0	可读/写	串口 0 发送中断使能 0 关中断 1 开中断
1	P2IE	0	可读/写	P2 口中断使能 0 关中断 1 开中断
0	RFIE	0	可读/写	普通射频中断使能 0 关中断 1 开中断

◆ 中断处理。

当中断发生时,CPU 就指向表 4.1 所描述的中断向量地址。一旦中断服务开始,就只能够被更高优先级的中断打断。中断服务程序由中断指令 RETI 终止,当 RETI 执行时,CPU 将返回到中断发生时的下一条指令。

(6) 振荡器和系统时钟

CC2430 有一个系统主时钟。该时钟的振荡源既可以用内部的 16 MHz 高频 RC 振荡器,也可以采用外部的 32MHz 晶体振荡器;系统时钟在超低功耗工作模式下还有 32kHz 的低频振荡源可用。

系统主时钟振荡源的选择通过对特殊功能寄存器 CLKCON 寄存器中的位操作来实现,系统主时钟同时也可以提供给 8051 所有外部设备使用,如定时计数器等。系统主时钟的振荡器可以选择高精度的晶体振荡器,也可以选择低功耗的 16MHz 的高频 RC 振荡器。但是需要注意,要运行 RF 收发器,必须使用高精度的 32MHz 晶体振荡器。CC2430 在 ZigBee 节点处于休眠和睡眠等超低功耗工作模式下,需要使用 32kHz 的低频振荡源以降低能量损耗。在这种情况下,低频振荡源可选用内部的 32KHz 的 RC 振荡器,也可以使用高精度的 32KHz 的外部晶振,见图 4.4。

第四章 收发器芯片(CC2430)基础实验

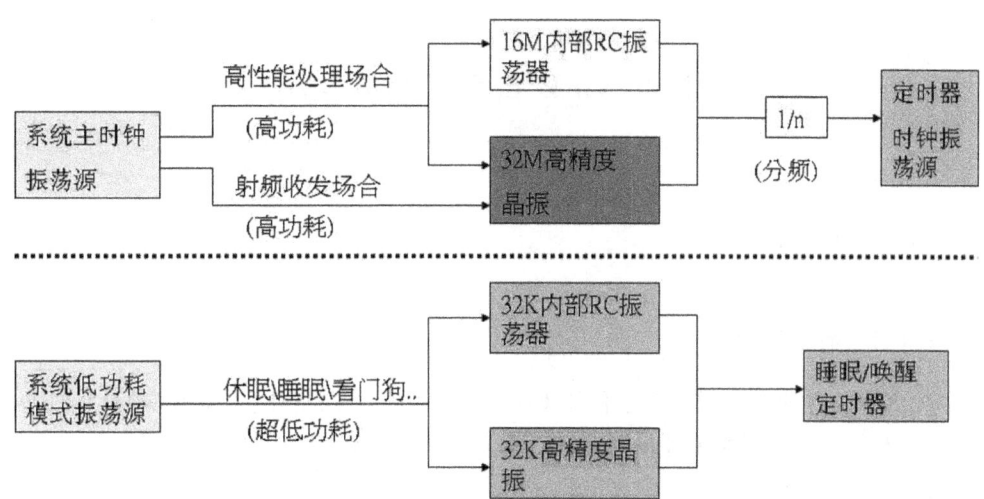

图 4.4　CC2430 系统时钟振荡源选择

系统主时钟振荡源的选择是通过对特殊功能寄存器 CLKCON 寄存器中的位的写操作来实现，其中各个位的含义如表 4.5。

表 4.5　CLCON 寄存器

位	位名	复位值	可操作性	功能描述
7	OSC32K	1	读/写	32kHz 时钟源选择 0 32K 晶振，1 32K RC 振荡
6	OSC	1	读/写	主时钟源选择 0 32M 晶振，1 16M RC 振荡
5:3	TICKSPD[2:0]	001	读/写	定时器计数时钟分频（该时钟频不大于 OSC 决定频率） 000　32M 001　16M 010　8M 011　4M 100　2M 101　1M 110　0.5M 111　0.25M
2:0	—	001	读/写	保留，写 0

从上表中可以看到，定时计数器的工作频率也是由系统主时钟提供的，由系统时钟分频后得到。CLCON 寄存器中的 TICKSPD 位决定了分频因子的大小。

4.2 LED 自动闪烁实验

4.2.1 功能描述

4.2.1.1 实验目的

本次实验的目的是让用户学会使用 CC2430 的 I/O 来控制外设,本次实验以 LED 灯为外设,用 CC2430 控制简单外设时,应将 I/O 设置为输出。

4.2.1.2 功能描述

CC2430 模块上 LED2(红灯)闪烁,LED1(绿灯)处于点亮状态。

4.2.2 实验原理及代码

4.2.2.1 实验原理

实验中操作的寄存器有 P1、P1DIR,没有设置而是取默认值的寄存器有 P1SEL。部分寄存器介绍如表 4.6—4.7 所示。

表 4.6 P1(P1 端口寄存器)

位	位名	复位值	操作性	功能描述
7:0	P1[7:0]	0xff	可读/写	P1 端口普通功能寄存器,可位寻址

表 4.7 P1DIR (P1 方向寄存器)

位	位名	复位值	操作性	功能描述
7	DIRP1_7	0	可读/写	P1_7 方向 0 输入 1 输出
6	DIRP1_6	0	可读/写	P1_6 方向 0 输入 1 输出
5	DIRP1_5	0	可读/写	P1_5 方向 0 输入 1 输出

续表

位	位名	复位值	操作性	功能描述
4	DIRP1_4	0	可读/写	P1_4 方向 0 输入 1 输出
3	DIRP1_3	0	可读/写	P1_3 方向 0 输入 1 输出
2	DIRP1_2	0	可读/写	P1_2 方向 0 输入 1 输出
1	DIRP1_1	0	可读/写	P1_1 方向 0 输入 1 输出
0	DIRP1_0	0	可读/写	P1_0 方向 0 输入 1 输出

4.2.2.2 关键函数

```
void Delay(uint n)
{
    uint tt;
    for(tt = 0;tt<n;tt++);
    for(tt = 0;tt<n;tt++);
    for(tt = 0;tt<n;tt++);
    for(tt = 0;tt<n;tt++);
    for(tt = 0;tt<n;tt++);
}
```

函数功能:进行软件延时,执行 5 次 0 到 n 的空循环来实现软件延时。延时时间约为 $5*n/32\ \mu s$。

```
void Initial(void)
{
    P1DIR |= 0x03;  //P10、P11 定义为输出

    RLED = 1;
    YLED = 1;//LED
}
```

函数功能:把连接 LED 的两个 I/O 配置为输出,同时将它们输出初始化为高电平(即

熄灭两个 LED 灯)。
```c
void main(void)
{
    Initial();//调用初始化函数
    RLED = 0;//LED1
    YLED = 0;//LED2
    while(1)
    {
        YLED = ! YLED;
        Delay(10000);
    }
}
```
函数功能实现实验设计要求。

4.2.3 实验演示

4.2.3.1 实验设备

基础 RF2 教学平台内基础 RF2-WSN 系统的 C51RF-3 仿真器 1 台,USB 连接线 1 条,CC2430 模块 1 块,液晶扩展板 1 块。

4.2.3.2 实验步骤

① 必要软件安装。
安装 IAR7.30B。
② 程序理解。
使用 IAR7.30B 打开"\BASICRF2 驱动包与演示程序\基础实验\CC2430&CC2431 单片机基础程序\CC2430-1"内工程文件,理解、熟悉工程内程序及函数。
③ 硬件连接。
把 CC2430 模块正确安插液晶扩展板上,并将 C51RF-3 仿真器与液晶扩展板正确相连,通过 USB 连接线把计算机与 C51RF-3 仿真器的 USB 接口。
④ 程序编译、下载、仿真调试。
使用 IAR7.30B 打开工程文件,如图 4.5 所示。

第四章 收发器芯片(CC2430)基础实验

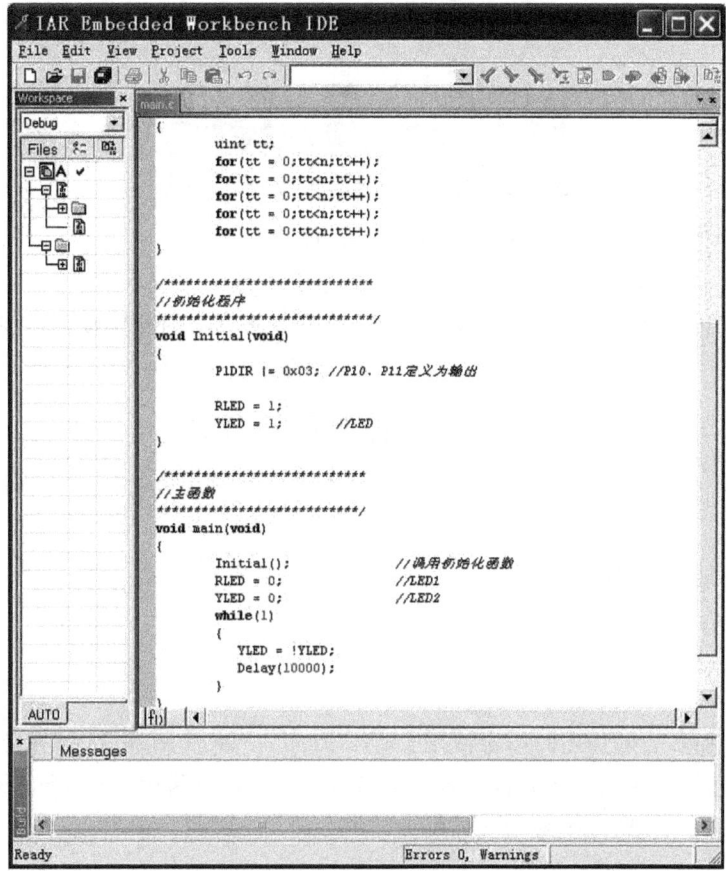

图 4.5 打开工程文件

点击"Rebuild All"编译工程文件,如图 4.6 所示。

图 4.6 编译工程文件

待没有错误时,点击"Debug"进行程序下载、仿真、调试,如图 4.7 所示。

图 4.7 程序下载、仿真、调试

⑤ 查看实验效果。

程序成功下载到 CC2430 模块内,按下 C51RF-3 仿真器的复位按键,查看实验效果。

4.3 按键控制闪烁实验

4.3.1 功能描述

4.3.1.1 实验目的

本次实验的目的是让用户学会使用 CC2430 的 I/O 来控制外设,本实验的控制比实验 2 的控制稍显复杂,这个实验中使用液晶扩展板上的两个按键(S6、S7)分别控制 CC2430 模块两个 LED 灯闪烁,或熄灭。

4.3.1.2 功能描述

每按下一次液晶扩展板上的按键 S6,CC2430 模块上的 LED2(红灯)状态发生一次改变(从熄灭状态变为闪烁状态)。每按下一次液晶扩展板上的按键 S7,CC2430 模块上的 LED1(绿灯)状态发生一次改变(从熄灭状态变为闪烁状态,或者从闪烁状态变为熄灭)。

4.3.2 实验原理及代码

4.3.2.1 实验原理

相对于实验 2,这里只是在控制方式上做了一些改变,即用液晶扩展板上的按键控制 CC2430 模块上的 LED 灯闪烁,或者熄灭。程序中将按键扫描的返回值做一个转换,然后将转换结果作为一个标志状态来控制 CC2430 模块上 LED 的闪烁,或者熄灭,而不直接去控制 LED 灯。

第四章 收发器芯片(CC2430)基础实验   99

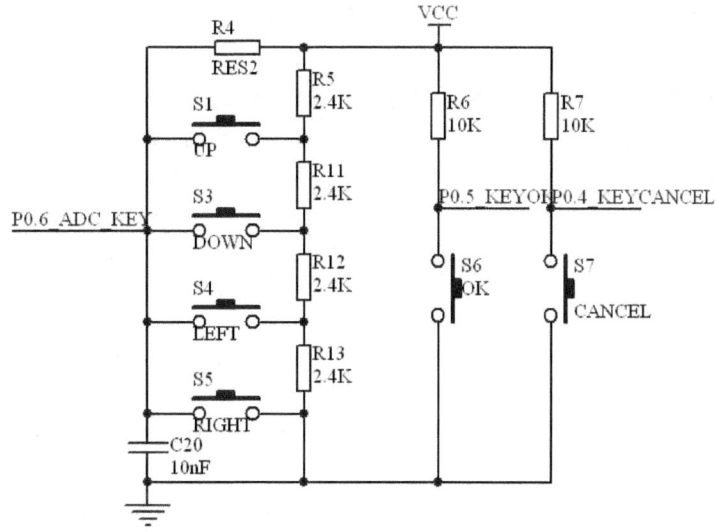

图 4.8 键盘电路

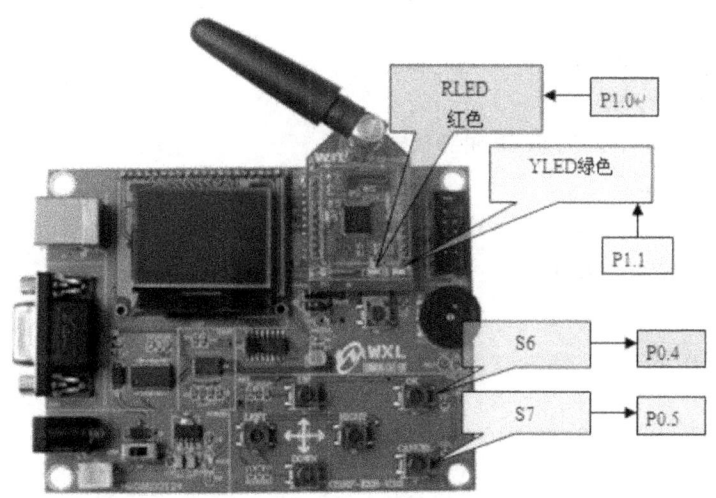

图 4.9 对应的控制引脚

4.3.2.2 程序分析

(1) 系统宏定义

♯define uint unsigned int   //定义变量声明的名称
♯define uchar unsigned char   //定义变量声明的名称
//定义控制灯的端口
♯define RLED P1_0//定义 LED1 为 P10 口控制
♯define YLEDP1_1//定义 LED2 为 P11 口控制

♯define ON 0   //定义灯亮——引脚输出值

```
#define OFF 1         //定义灯灭——引脚输出值

#define K1 P0_4       //液晶扩展板上的 OK 键 S6
#define K2 P0_5       //液晶扩展板上的 CANCEL 键 S7
```
（2）子函数声明
```
void Delay(uint);     //延时函数
void Initial(void);   //初始化 P 口
void InitKey(void);
uchar KeyScan(void);
```
（3）初始化子程序
```
/* * * * * * * * * * * * * * * * * * * * * * * * * * *
//按键初始化
 * * * * * * * * * * * * * * * * * * * * * * * * * */
void InitKey(void)
{
P0SEL &= ~0X30; //P04 P05 输入
P0DIR &= ~0X30; //
P0INP |= 0x30;  //三态 缓冲器模式
}
/* * * * * * * * * * * * * * * * * * * * *
//LED 驱动端口初始化
 * * * * * * * * * * * * * * * * * * * * */
void Initial(void)
{
    P1DIR |= 0x03; //P10、P11 定义为输出
RLED = 1;
    YLED = 1;//LED
}
```
P0SEL 是对 P0 口各引脚功能选择的特殊功能寄存器（SFR）（选择通用 I/O 或外接设备功能）。

表 4.8　P0SEL(0XF3)— Port 0 Function Select

位	位名	复位值	操作性	功能描述
7:0	SELP0_[7:0]	0x00	可读/写	0 通用 I/O 1 外接设备功能

P0DIR 特殊功能寄存器用于对 P0 口作为通用 I/O 使用时的各个引脚的输入或输出方向进行设置。

第四章 收发器芯片(CC2430)基础实验

表 4.9 P0DIR (P0 方向寄存器)

位号	位名	复位值	操作性	功能描述
7:0	DIRP0_[7:0]	0x00	可读/写	P0_7 to P0_0 I/O 方向 0 输入 1 输出

表 4.10 P1DIR(P1 口方向特殊功能寄存器)

位	位名	复位值	操作性	功能描述
7:0	DIRP1_[7:0]	0x00	可读/写	P1_7 to P1_0 I/O 方向 0 输入 1 输出

P0INP 是 P0 口各个引脚的输入模式选择特殊功能寄存器(SFR)。可选择的输入模式有：普通的上位和下拉输入模式(位状态 0)；三态缓冲器输入模式(位状态 1)。

表 4.11 P0INP (P0 输入模式)

位	位名	复位值	操作性	功能描述
7:0	MDP0_[7:0]	0x00	可读/写	P0_7 to P0_0 I/O 输入模式 0 普通的上位和下拉输入模式 1 三态缓冲器输入模式

引脚的三态缓冲器输入模式,即器件的输入分为三种状态：逻辑 1、逻辑 0 和高阻态。当器件端口处于使能状态时可向其输入 1 和 0；当处于非使能状态时,处于高阻状态,相当于和所连电路隔离。

(4) 按键查询子程序

```
uchar KeyScan(void)
{
    if(K1 == 0)
{
    Delay(100);
  if(K1 == 0)
{
  while(!K1);    //等待按键释放,引脚电平为高
  return(1);
}
};


  if(K2 == 0)
  {
    Delay(100);
    if(K2 == 0)
```

```
        {
            while(!K2);  //等待按键释放,引脚电平为高
            return(2);
              }
    };
    return(0);
}
```

(5) 延时子程序

```
/******************
//延时
*******************/
void Delay(uint n)
{
    uint tt;
    for(tt = 0;tt<n;tt++);
    for(tt = 0;tt<n;tt++);
    for(tt = 0;tt<n;tt++);
    for(tt = 0;tt<n;tt++);
    for(tt = 0;tt<n;tt++);
}
```

(6) 主程序

```
void main(void)
{
Initial();      //调用初始化函数
    InitKey();
RLED = 0;       //开红灯,表示系统工作
while(1)
{
        Keyvalue = KeyScan();//扫键
        if(Keyvalue>0)
        {
          if(Keyvalue == 1)
             GlintFlag[0] = !GlintFlag[0];
          if(Keyvalue == 2)
             GlintFlag[1] = !GlintFlag[1];
        };
        if(GlintFlag[0]==1)
        {
```

```
            RLED = ! RLED;           //闪灯
            Delay(4000);
        }
        else
            RLED = OFF;              //关灯
        if(GlintFlag[1]==1)
        {
            YLED = ! YLED;
            YLED = OFF; Delay(4000);
        }
        else
            YLED = OFF;              //关灯
    }
}
```

函数功能：对液晶扩展板上的按键进行扫描，将扫描结果进行转换，最后通过转换结果控制 CC2430 模块上两个 LED 灯闪烁，或者熄灭。

4.3.3 思考与拓展

1. 观察实际的实验现象是否与实验描述符合？
2. 当按键 S6 一直按下去时会是什么现象？
3. 当按键 S7 一直按下去时会是什么现象？
4. 试将程序修改为一键控制两个灯的闪烁状态，即当 S6 按下去时，两个 LED 交替闪烁，S6 再按一次，两个 LED 都灭掉。

4.4 定时器模块 T1 的使用

4.4.1 功能描述

4.4.1.1 实验目的

本实验的目的是让用户学会使用 CC2430 的定时器 1。通过使用定时器 1 来改变 CC2430 模块上小灯的状态，T1 每溢出两次，CC2430 模块上的一个 LED 灯闪烁，另一个 LED 灯改变当前状态。

4.4.1.2 功能描述

CC2430 模块上两个 LED 灯闪烁,间隔一断时间后停止闪烁,再间隔同样的时间,两个 LED 灯又开始闪烁,两灯状态就这样周而复始地变化。

4.4.2 实验原理及代码

4.4.2.1 实验原理

此次实验中用到了 CC2430 的 16 位定时计数器 T1,其最大计数值为(65536)。

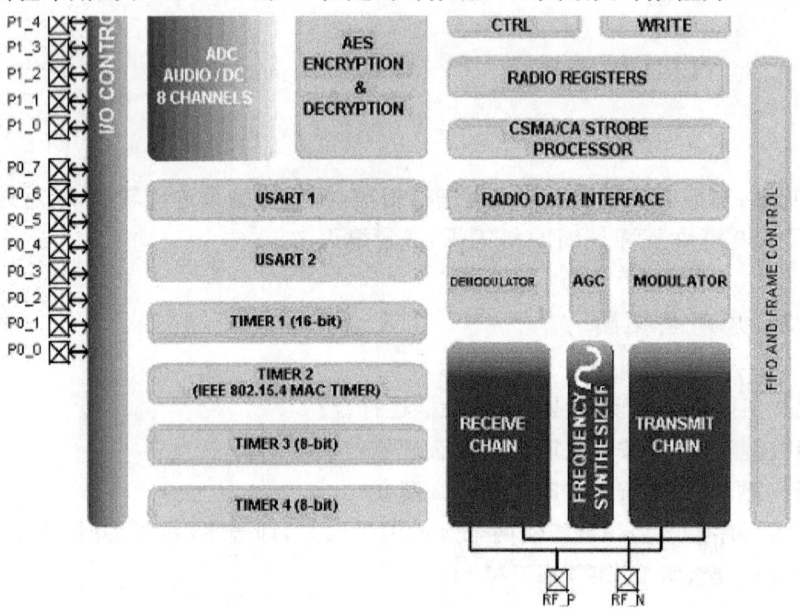

图 4.10 CC2430 中的 Timer1

本次实验采用了加计数方式:

定时时间=(计数寄存器终值-初值)×计时周期   或:

定时时间=(计数寄存器终值-初值)×计时频率倒数

Timer1 的计数初值为 0,每过一个计数时钟周期,Timer1 的计数寄存器计数值累加 1,至 0xffff(65536)后溢出,完成一个定时周期,然后 Timer1 计数寄存器计数值自动重装((0x0000->0xffff)重新开始下一个定时周期。

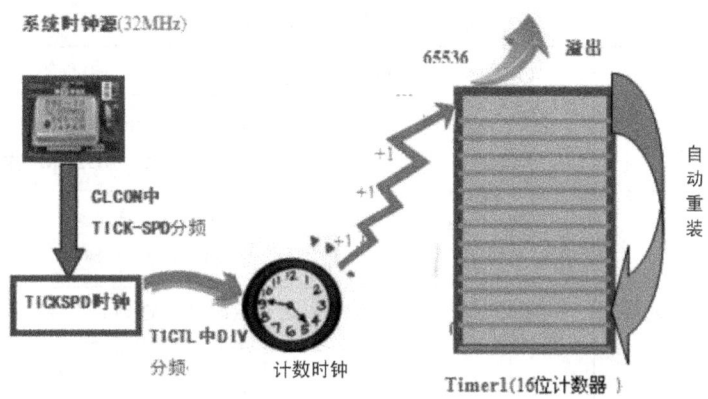

图 4.11 实验中 T1 的定时原理

系统主时钟的振荡器可以选择高精度的 32MHz 晶体振荡器,也可以选择低功耗的 16MHz 的高频 RC 振荡器;但是需要注意,要运行 RF 收发器,必须使用高精度的 32MHz 晶体振荡器。

CC2430 在 ZigBee 节点处于休眠和睡眠等超低功耗工作模式下需要使用 32kHz 的低频振荡源以降低能量损耗。在这种情况下,低频振荡源可选用内部的 32KHz 的 RC 振荡器,也可以使用高精度的 32KHz 的外部晶振。

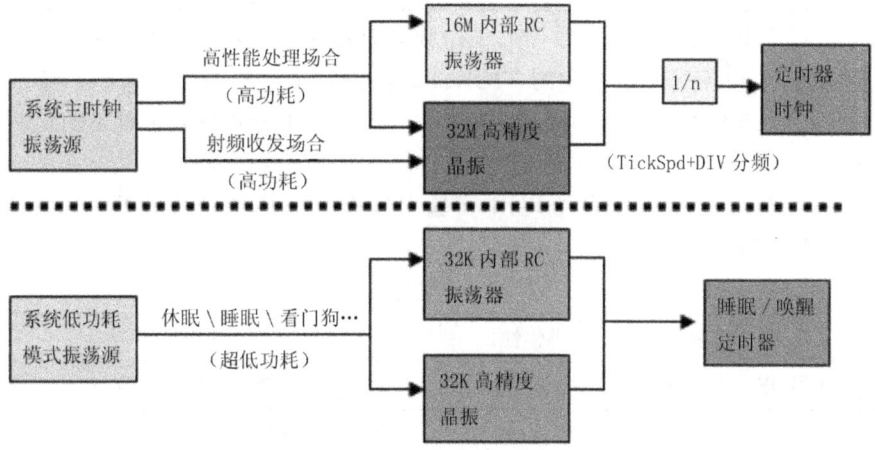

图 4.12 CC2430 系统时钟振荡源选择

系统主时钟振荡源的选择是通过对特殊功能寄存器 CLKCON 寄存器中的位的写操作来实现,其中各个位的具体含义如表 4.12 所示。

表 4.12 CLCON 寄存器

位	位名	复位值	可操作性	功能描述
7	OSC32K	1	读/写	32kHz 时钟源选择 0 32K 晶振，1 32K RC 振荡
6	OSC	1	读/写	主时钟源选择 0 32M 晶振，1 16M RC 振荡
5:3	TICKSPD[2:0]	001	读/写	定时器计数时钟分频（该时钟频不大于 OSC 决定频率） 000-32M 001- 16M 010-8M 011- 4M 100-2M 101-1M 110-0.5M 111-0.25M
2:0	—	001	读/写	保留，写 0

从表 4.12 可以看到，定时计数器的工作频率是由系统主时钟频率提供的，由系统时钟分频后得到。CLCON 寄存器中的 TICKSPD 位决定了分频因子的大小。经系统时钟分频后，再经 T1CTL 寄存器的 DIV 位(表 4.12 中)进一步分频得到了最终的定时计数器的工作频率。

接下来配置 T1 的相关寄存器，在本实验中操作的寄存器有 IRCON，T1CTL 等，寄存器介绍如表 4.13、4.14 所示。

表 4.13 T1CTL(T1 控制 & 状态寄存器)

位	位名	复位值	操作性	功能描述
7	CH2IF	0	可读/写	定时器 1 通道 2 中断标志位
6	CH1IF	0	可读/写	定时器 1 通道 1 中断标志位
5	CH0IF	0	可读/写	定时器 1 通道 0 中断标志位
4	OVFIF	0	可读/写	定时器溢出中断标志，在在计数器达到计数终值的时候置位
3:2	DIV[1:0]	00	可读/写	定时器 1 计数时钟分步选择 00-不分频 01-8 分频 10-32 分频 11-128 分频

位	位名	复位值	操作性	功能描述
1:0	MODE[1:0]	00	可读/写	定时器1模式选择 00 暂停 01-自动重装 0x0000-0xffff 10-比较计数 0x0000-T1CC0 11-PWM 方式 0x0000-T1CC0-0X0000

中断标志寄存器 IRCON 是一个 8 位的特殊功能寄存器(SFR),作用是指示各个中断源发生的中断事件,其中包括各端口输入的中断、定时器中断、DMA 中断等,具体见下表(4.14)。

表 4.14 IRCON

位	位名	复位值	操作性	功能描述
7	STIF	0	可读/写	STIF－休眠定时器中断标志 0 无中断未决 1 中断未决
6	—	0	可读/写	没有使用
5	P0IF	0	可读/写	P0IF －端口 0 中断标志 0 无中断未决 1 中断未决
4	T4IF	0	可读/写	T4IF －计数器 4 中断标志。当计数器 4 中断发生时并且当 CPU 指向中断向量服务例程清除时设为 1 0 无中断未决 1 中断未决
3	T3IF	0	可读/写	T3IF －计数器 3 中断标志。当计数器 4 中断发生时并且当 CPU 指向中断向量服务例程清除时设为 1 0 无中断未决 1 中断未决
2	T2IF	0	可读/写	T2IF －计数器 2 中断标志。当计数器 4 中断发生时并且当 CPU 指向中断向量服务例程清除时设为 1 0 无中断未决 1 中断未决
1	T1IF	0	可读/写	T1IF －计数器 1 中断标志。当计数器 4 中断发生时并且当 CPU 指向中断向量服务例程清除时设为 1 0 无中断未决 1 中断未决
0	DMAIF	0	可读/写	DMAIF －DMA 完成中断标志 0 无中断未决 1 中断未决

4.4.2.2 关键函数

```c
void Initial(void)
{
    //初始化 P1
    P1DIR = 0x03; //P10 P11 为输出
    RLED = 1;
    YLED = 1;//灭 LED
    //用 T1 来做实验,CLCON 默认 2 分频;TICKSPD=16MHz
    T1CTL = 0x3d;// 128 分频;自动重装模式(0x0000->0xffff);
}
```

该函数功能是将 P10、P11 设为输出,将其初始值设为逻辑高电平,并将定时器 1 设为自动重装模式,计数时钟为 0.125MHz。

```c
void main()
{
    Initial(); //调用初始化函数
    RLED = 0; //点亮红色 LED
    while(1)       //查询溢出
    {
        if(IRCON > 0)
        {
            IRCON = 0;        //清溢出标志
            TempFlag = ! TempFlag;
        }
        if(TempFlag)
        {
            YLED = RLED;
            RLED = ! RLED;
            Delay(6000);
        }
    }
}
```

函数功能:通过循环扫描 CC2430 的中断标志寄存器 IRCON 中定时器 1 的溢出标志位,对 CC2430 模块上的 LED 的状态标志位进行设置,然后根据标志位控制 CC2430 模块上 LED 灯的状态。

4.4.3 思考与拓展

1. 试改变延时时间 t,观察在不同的延时值下,闪烁效果有何不同? 取三组 t 值,比较其闪烁效果。
2. 不断增大延时时间 t,观察 t 的值在取多少时,灯的闪烁效果不明显? 记录此时的延时值,并分析闪烁效果不明显的原因。
3. 不断减小延时时间,观察 t 的值大多少时,灯闪烁效果消失? 记录下此时的延时值,并分析闪烁消失的原因。
4. 当观察到两个灯的闪烁切换周期为 0.52*2 S 左右时,意味着什么? 此时灯的闪烁功能是否正常?

4.5 定时器模块 T3 的使用

4.5.1 实验要求

本实验的目的是让用户学会使用 CC2430 定时器 T3。通过定时器 T3 来改变 CC2430 模块上 LED 灯的状态,T3 每发生 200 次中断小灯改变状态一次。CC2430 模块上的一个 LED 灯常亮,另一个 LED 灯闪烁。

4.5.2 关键知识

定时器 T3 与定时器 T1 和定时器 T2 都有所区别。定时器 T3 和定时器 T4 为 8 位寄存器,而定时器 T1 与定时器 T2 为 16 位寄存器。在此实验中操作的关键寄存器有 T3CTL、T3CCTL0、T3CC0、T3CCTL1、T3CC1 等。程序中没有用到的寄存器都使用其默认值。部分寄存器介绍如下。

表 4.15　T3CTL(T3 控制寄存器)

位	位名	复位值	操作性	功能描述
7:5	DIV[2:0]	000	读/写	定时器时钟再分频数(对 CLKCON、TICKSPD 分频后再次分频) 000-不再分频 001-2 分频 010-4 分频 011-8 分频 100-16 分频 101-32 分频 110-64 分频 111-128 分频
4	START	0	读/写	T3 起停位 0 暂停计数,1 正常运行
3	OVFIM	1	读/写 0	溢出中断掩码 0 关溢出中断,1 开溢出中断
2	CLR	0	R0/W1	清计数值,写 1 使 T3CNT=0x00
1:0	MODE[1:0]	00	读/写	T3 模式选择 00-自动重装 01-DOWN(从 T3CC0 到 0x00 计数一次) 10-模计数(反复从 0x00 到 T3CC0 计数) 11-UP/DOWN(反复从 0x00 到 T3CC0 再到 0x00)

CC2430 定时计数器有以下几种定时/计数模式,见图 4.13－4.17。

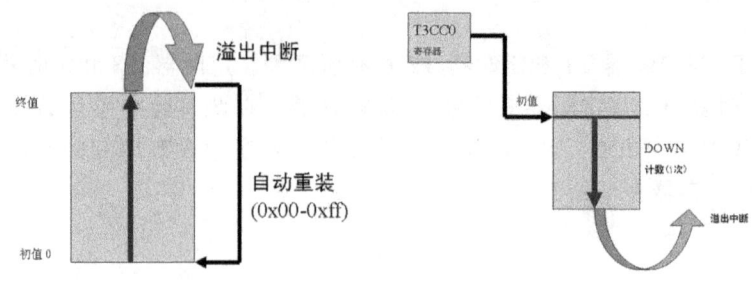

图 4.13　T3 自动重装定时/计数模式　　图 4.14　T3 DOWN 定时/计数模式

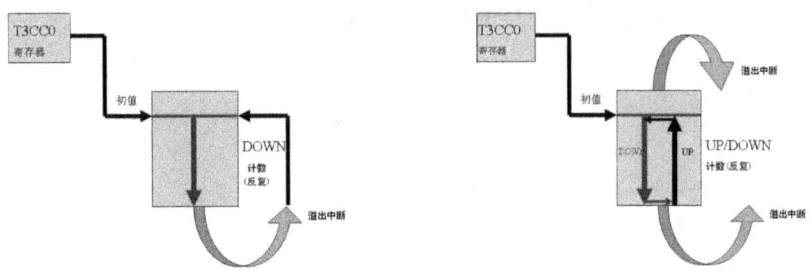

图 4.15　T3 模(Modulo)定时/计数模式　　图 4.16　T3 UP/DOWN 定时/计数模式

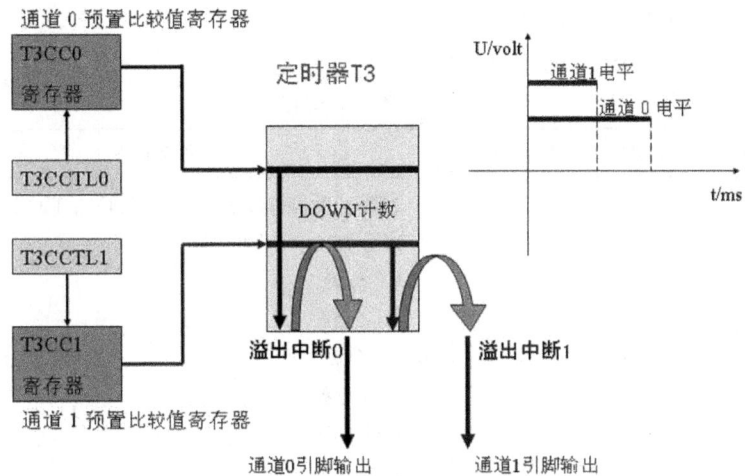

图 4.17　T3 通道定时/计数模式

4.5.3　关键函数

```
void Initial(void)
{
    P1DIR = 0X03；
    RLED = 1；
    YLED = 1；
    TIMER34_INIT(3)；              //初始化 T3
    TIMER34_ENABLE_OVERFLOW_INT(3,1)；   //开 T3 中断
    //时钟 16 分频 101
    TIMER3_SET_CLOCK_DIVIDE(16)；
    TIMER3_SET_MODE(T3_MODE_FREE)；     //自动重装 00->0xff
    TIMER3_START(1)；              //启动
}
```

函数功能：启用 CC2430 模块上两个 LED 灯,使其两个 LED 可控。设定时器 T3 的时钟频率为系统时钟频率的 16 分频,工作方式为自动重装模式,开中断,启用定时器 T3。
相关宏定义:

```
#define TIMER34_INIT(timer)     \
  do {                          \
      T##timer##CTL    = 0x06; \
      T##timer##CCTL0  = 0x00; \
      T##timer##CC0    = 0x00; \
      T##timer##CCTL1  = 0x00; \
      T##timer##CC1    = 0x00; \
  } while (0)
```
设定溢出周期

功能:定时器 T3 的配置寄存器复位

表 4.16 T3 CTL 寄存器

位	位名	复位值	操作性	功能描述
7:5	DIV[2:0]	000	可读/写	定时器时钟再分频数(对 CLKCON. TICKSPD 分频后再次分频)000 不再分频 001 2 分频 010 4 分频 011 8 分频 100 16 分频 101 32 分频 110 64 分频 111 128 分频
4	START	0	可读	T3 起停位 0 暂停计数 1 正常运行
3	OVFIM	1	可读/写 0	溢出中断掩码 0 关溢出中断 1 开溢出中断
2	CLR	0	可读 0/写 1	清计数值,写 1 使 T3CNT=0x000
1:0	MODE[1:0]	00	可读/写	T3 模式选择 00 自动重装 01 DOWN(从 T3CC0 到 0x00 计数一次) 10 模计数(反复从 0x00 到 T3CC0 计数) 11 UP/DOWN(反复从 0x00 到 T3CC0 再到 0x00)

表 4.17 T3CCTL0 寄存器

位	位名	复位值	操作性	功能描述
7	—	0	可读 0	保留
6	IM	1	可读/写	通道 0 中断掩码 0 关中断 1 开中断
5:3	CMP[7:0]	000	可读/写	通道 0 比较输出模式选择,指定计数值过 T3CC0 时的发生事件 000 输出置 1(发生比较时) 001 输出清 0(发生比较时) 010 输出翻转 011 输出置 1(发生上比较时)输出清 0(计数值为 0 或 UP/DOWN 模式下发生下比较) 100 输出清 0(发生上比较时)输出置 1(计数值为 0 或 UP/DOWN 模式下发生下比较) 101 输出置 1(发生比较时)输出清 0(计数值为 0xff 时) 110 输出清 0(发生比较时)输出置 1(计数值为 0x00 时) 111 保留
2	MODE—	0	可读/写	T3 通道 0 模式选择 0 捕获 1 比较
1:0	CAP	00	可读/写	T3 通道 0 捕获模式选择 00 没有捕获 01 上升沿捕获 10 下降沿捕获 11 边沿捕获

表 4.18 T3CC0 寄存器

位	位名	复位值	操作性	功能描述
7:0	VAL[7:0]	0x00	可读/写	T3 通道 0 比较/捕获值

表 4.19　T3CCTL1 寄存器

位	位名	复位值	操作性	功能描述
7	—	0	可读 0	保留
6	IM	1	可读/写	通道 0 中断掩码 0 关中断 1 开中断
5:3	CMP[7:0]	000	可读/写	通道 1 比较输出模式选择,指定计数值过 T3CC0 时的发生事件 000 输出置 1(发生比较时) 001 输出清 0(发生比较时) 010 输出翻转 011 输出置 1(发生上比较时)输出清 0(计数值为 0 或 UP/DOWN 模式下发生下比较) 100 输出清 0(发生上比较时)输出置 1(计数值为 0 或 UP/DOWN 模式下发生下比较) 101 输出置 1(发生比较时)输出清 0(计数值为 0xff 时) 110 输出清 0(发生比较时)输出置 1(计数值为 0x00 时) 111 保留
2	MODE	0	可读/写	T3 通道 1 模式选择 0 捕获 1 比较
1:0	CAP	00	可读/写	T3 通道 1 捕获模式选择 00 没有捕获 01 上升沿捕获 10 下降沿捕获 11 边沿捕获

表 4.20　T3CC1 寄存器

位	位名	复位值	操作性	功能描述
7:0	VAL[7:0]	0x00	可读/写	T3 通道 1 比较/捕获值

```
#define TIMER34_ENABLE_OVERFLOW_INT(timer,val) \
do{T##timer##CTL = (val)？T##timer##CTL | 0x08：T##timer##CTL & ~0x08; \
    EA = 1;                                          \
    T3IE = 1;                                        \
}while(0)
```

功能:使能指定定时器 T3 或 T4 的溢出中断。

◆ ##timer## 表示宏定义的数字代换,如果 timer 为 3,则 T##timer##CTL 应被替换为 T3CTL。

◆ (a)？(b):(c),是三目运算符,表示如果 a 为 TRUE,则运算结果为 b,反之为 c,

其优先级高于赋值运算"="。

因此，上面的程序段首先判断 val 的值，如果为 TRUE，则执行 T3CTL | 0x08，再将运算结果赋给 T3CTL，否则执行 T3CTL= T3CTL & ~0x08 操作。

```
#define TIMER3_SET_CLOCK_DIVIDE(val)                \
  do{                                               \
    T3CTL &= ~0XE0;                                 \
     (val==2)? (T3CTL|=0X20):                       \
     (val==4)? (T3CTL|=0x40):                       \
     (val==8)? (T3CTL|=0X60):                       \
     (val==16)?(T3CTL|=0x80):                       \
     (val==32)?(T3CTL|=0xa0):                       \
     (val==64)?(T3CTL|=0xc0):                       \
     (val==128)?(T3CTL|=0XE0):                      \
  (T3CTL|=0X00);            /* 1 */                 \
  }while(0)
```

功能：分频选择时钟。

◆ 这是个多重嵌套的三目运算表达式。在第三个运算对象中又嵌入了另一个三目运算表达式，依次类推。

如果 val 值为 2，则运算结果为 T3CTL|=0X20，否则执行下面的判断内容。如果 val 的值不为 2、4、6、8、16、32、64，则执行 T3CTL|=0X00。

```
#define TIMER3_SET_MODE(val)                        \
  do{                                               \
    T3CTL &= ~0X03;                                 \
     (val==1)? (T3CTL|=0X01):  /* DOWN        */ \
     (val==2)? (T3CTL|=0X02):  /* Modulo      */ \
(val==3)? (T3CTL|=0X03):  /* UP/DOWN     */ \
    (T3CTL|=0X00);             /* free runing */   \
  }while(0)
```

功能：设置定时器 T3 的工作方式。

中断函数：

```
#pragma vector = T3_VECTOR
__interrupt void T3_ISR(void)
{
//IRCON = 0x00;//清中断标志，硬件自动完成
      if(counter<200)counter++;//10 次中断 LED 闪烁一轮
      else
      {
```

```
            counter = 0;                    //计数清零
            RLED = ! RLED;        //改变小灯的状态
        }
}
```

功能：统计中断次数。当中断次数达到 200 时，以改变 RLED（红灯）状态，同时将中断次数清零。

主函数：

```
void main()
{
    Init_T3_AND_LED();
    YLED = 0;
    while(1);                            //等待中断
}
```

功能：LED 指示系统工作。

4.5.4 实验设备

基础 RF2 教学平台内基础 RF2-WSN 系统的 C51RF-3 仿真器 1 台，模块 1 块，USB 接线 1 条，液晶扩展板 1 块。

4.5.5 实验效果

CC2430 模块上的 LED2（红灯）闪烁，LED1（绿灯）始终处于点亮状态。

4.5.6 思考与拓展

1. 请计算在本实验中定时器的计时溢出周期及 LED 灯的闪烁周期（两次点亮之间的时间间隔）。

2. 使 LED 灯的闪烁周期为 1 秒和 2.5 秒，请对程序进行修改。

4.6 外部中断实验

4.6.1 功能描述

4.6.1.1 实验目的

本实验的目的是让用户学会使用外部中断。此实验使用按键产生中断触发信号来翻转LED状态。按下液晶扩展板上"OK"键S6或者"CANCEL"键S7,CC2430模块上一个LED灯改变当前状态。

4.6.1.2 功能描述

每按下一次液晶扩展板上的按键S6,CC2430模块上LED1(绿灯)的状态变为与前一次相反的状态。同样,每按下一次液晶扩展板上的按键S7,CC2430模块上LED1(绿灯)的状态变为与前一次相反的状态。当这两个按键的按下次数总数为奇数次时,LED1(绿灯)为点亮状态;为偶数次时,LED1(绿灯)为熄灭状态。

4.6.2 实验原理及代码

4.6.2.1 实验原理

对于此实验,关键在于怎么将普通的I/O口配置作为一个中断源。在此过程中应注意,除了使能其中断以外,还必须使能其相应的中断屏蔽位。部分I/O口的配置寄存器介绍如表4.21—4.23所示。

表4.21 P1IEN(P1口中断掩码)

位	位名	复位值	可操作性	功能描述
7	P1_7IEN	0	读/写	P17中断掩码 0 关中断,1 开中断
6	P1_6IEN	0	读/写	P16中断掩码 0 关中断,1 开中断
5	P1_5IEN	0	读/写	P15中断掩码 0 关中断,1 开中断
4	P1_4IEN	0	读/写	P14中断掩码 0 关中断,1 开中断

位	位名	复位值	可操作性	功能描述
3	P1_3IEN	0	读/写	P13 中断掩码 0 关中断,1 开中断
2	P1_2IEN	0	读/写	P12 中断掩码 0 关中断,1 开中断
1	P1_1IEN	0	读/写	P11 中断掩码 0 关中断,1 开中断
0	P1_0IEN	0	读/写	P10 中断掩码 0 关中断,1 开中断

表 4.22 PICTL（P 口中断控制寄存器）

位	位名	复位值	可操作性	功能描述
7	—	0	读	预留
6	PADSC	0	读/写	输出驱动能力选择 0 最小驱动能力,1 最大驱动能力
5	P2IEN	0	读/写	P2(0—4)中断使能位 0 关中断,1 开中断
4	P0IENH	0	读/写	P0(4—7)中断使能位 0 关中断,1 开中断
3	P0IENL	0	读/写	P0(0—3)中断使能位 0 关中断,1 开中断
2	P2ICON	0	读/写	P2(0—4)中断配置 0 上升沿触发,1 下降沿触发
1	P1ICON	0	读/写	P1(0—7)中断配置 0 上升沿触发,1 下降沿触发
0	P0ICON	0	读/写	P0(0—7)中断配置 0 上升沿触发,1 下降沿触发

表 4.23 P1IFG(P1 口中断标志寄存器)

位	位名	复位值	可操作性	功能描述
7:0	P1IF[7:0]	0x00	读/写	P1(0-7)中断标志位,在中断条件发生,相应位自动置 1

4.6.2.2 关键函数

```
void Init_IO_AND_LED(void)
{
    P1DIR = 0X03；//0 为输入(默认),1 为输出
    RLED = 1；
    GLED = 1；
    P0SEL &= ~0X30；//P04 P05 作为普通 IO
    P0SEL |= 0XC0；  //P06,07 不作为普通 IO,也不会产生中断信号
    P0DIR &= ~0X30；//输入
    P0INP &= ~0x30；//
    PICTL |= 0X11；  //下降沿
    EA = 1；
    P0IE = 1；
    P0IFG = 0；   //P04 p05 中断标志清 0
    P0IF = 0；
}
```

函数功能：将 I/O P10、P11 设置为输出去控制 CC2430 模块上的 LED,使能 P1 中断,并且配置为下降沿触发。

中断函数

```
# pragma vector = P1INT_VECTOR
__interrupt void P1_ISR(void)
{
        if(P1IFG>0)          //按键中断
        {
          P1IFG = 0；
          RLED = ！RLED；
        }
        P1IF = 0；          //清中断标志
}
```

函数功能：在 P12、P13 触发中断的时候将 CC2430 模块上 LED1(绿灯)的状态翻转。

4.7 单片机串口发送数据实验

4.7.1 功能描述

4.7.1.1 实验目的

实验目的是让用户学会使用 CC2430 串口。实验使 CC2430 通过串口不断地向 PC 端发送字符串"UART0 TX Test"。

4.7.1.2 功能描述

实验效果如下图所示。开始时,CC2430 模块向 PC 端发送无线龙公司的相关信息,如 www.wxlmcu.com;然后不断向 PC 端发送"UART0 TX test"字符串。

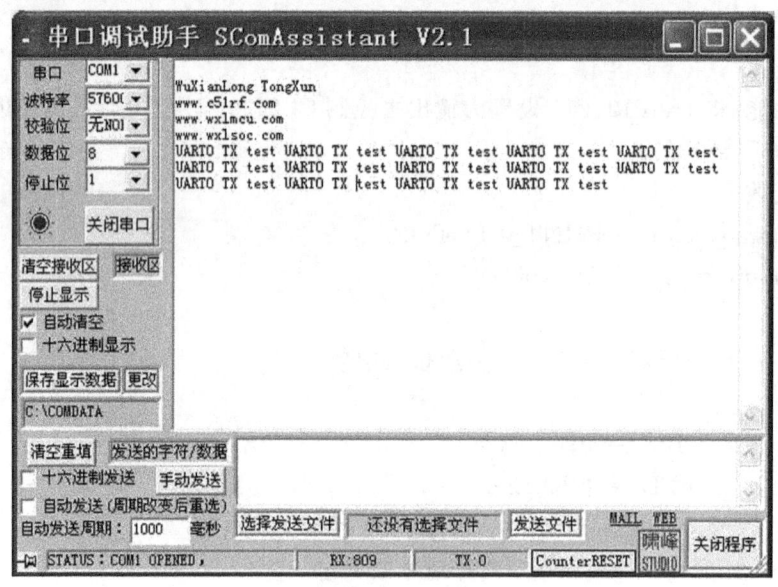

图 4.18 实验效果

4.7.2 实验原理及代码

4.7.2.1 实验原理

CC2430 与串口调试助手参数设置应该一致,这里设置为波特率:57600,校验位:无,数据位:8,停止位:1。字符显示。

关于系统主时钟源和定时器主时钟的设置,见表 4.24。

第四章 收发器芯片(CC2430)基础实验

表 4.24 CLKCON(时钟控制寄存器)

位	位名	复位值	可操作性	功能描述
7	OSC32K	1	读/写	32kHz 时钟源选择 0 32K 晶振,1 32K RC 振荡
6	OSC	1	读/写	主时钟源选择 0-32M 晶振,1-16M RC 振荡
5:3	TICKSPD[2:0]	001	读/写	定时器计数时钟分频(该时钟频不大于 OSC 决定频率) 000-32M 001-16M 010-8M 011-4M 100-2M 101-1M 110-0.5M 111-0.25M
2:0	—	001	读/写	保留,写 0

CLKCON &= ~0x40;   //晶振
相当于 CLKCON =CLKCON & 1011 1111B
选择主时钟源为 32MHz 的晶振
CLKCON |= ~0x47;   //TICHSPD128 分频
相当于 CLKCON =CLKCON | 1011 1000 B   //或运算
分频之后的定时器计数频率为 0.25MHz。
关于 CC2430 功耗模式的设置,见表 4.25。

表 4.25 SLEEP(睡眠模式控制寄存器)

位	位名	复位值	可操作性	功能描述
7	—	0	读	预留
6	XOSC_STB	0	读	低速时钟状态 0-没有打开或者不稳定,1- 打开且稳定
5	HFRC_STB	0	读	主时钟状态 0-没有打开或者不稳定,1- 打开且稳定
4:3	RST[1:0]	XX	读	最后一次复位指示 00-上电复位,01-外部复位,10 看门狗复位

续表

位	位名	复位值	可操作性	功能描述
2	OSC_PD	0	读/写	节能控制,OSC 状态改变的时候硬件清0 0 不关闭无用时钟,1 关闭无用时钟
1:0	MODE[1:0]	0	读/写	功能模式选择 00-PM0 01-PM1 10-PM2 11-PM3

SLEEP |= 0x04; //关闭不用的 RC 振荡器

相当于 SLEEP=SLEEP | 0000 0100 B

CC2430 有四种主要的供电模式,即 PM0、PM1、PM2 和 PM3。PM0 是活动模式,而 PM3 具有最低功耗。供电模式及稳压器和振荡器选择显示如下图所示。

电源模式	高速振荡器	低速振荡器	电压调节器（数字）
配置	A None B 32 MHz XOSC C HS RCOSC D Both	A None B 32.768kHz RCOSC C 32.768kHz XOSC	A Off B On
PM0	B, C, D	B, C	B
PM1	A	B, C	B
PM2	A	B, C	A
PM3	A	A	A

图 4.19 供电模式及稳压器和振荡器选择显示

关于串口(USART)引脚位置分布(即串口使用哪些 MCU 端口作为数据通信口)设置,见表 4.26。

表 4.26 PERCFG(外设控制寄存器)

位	位名	复位值	可操作性	功能描述
7	—	0	读	未用
6	T1CFG	0	读/写	T1 I/O 位置选择 0 位置 1,1 位置 2

续表

位	位名	复位值	可操作性	功能描述
5	T3CFG	0	读/写	T3 I/O 位置选择 0 位置 1,1 位置 2
4	T4CFG	0	读/写	T4 I/O 位置选择 0 位置 1,1 位置 2
3:2	—	00	读	未用
1	U1CFG	0	读/写	串口 1 位置选择 0 位置 1,1 位置 2
0	U0CFG	0	读/写	串口 0 位置选择 0 位置 1,1 位置 2

PERCFG = 0x00;//位置 1 P0 口

T1、T2、T3、T4、串口 0、串口 1 的 I/O 口都位于位置 1(P0.2－P0.5 作为通信口)，如下图所示。

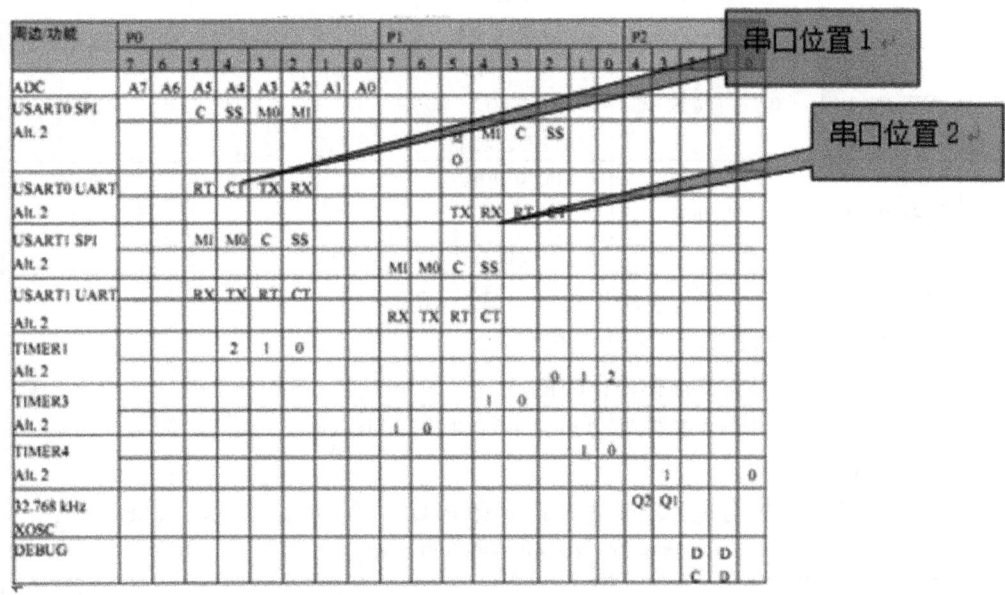

图 4.20 串口引脚位置分布

关于 P0 口引脚功能的设置，见表 4.27。

表 4.27 P0SEL 寄存器

位	位名	复位值	操作性	功能描述
7	SELP0_7	0	可读/写	P0_7 功能 0:普通 I/O 1:外设功能
6	SELP0_6	0	可读/写	P0_6 功能 0:普通 I/O 1:外设功能
5	SELP0_5	0	可读/写	P0_5 功能 0:通 I/O 1:外设功能
4	SELP0_4	0	可读/写	P0_4 功能 0:普通 I/O 1:外设功能
3	SELP0_3	0	可读/写	P0_3 功能 0:普通 I/O 1:外设功能
2	SELP0_2	0	可读/写	P0_2 功能 0:普通 I/O 1:外设功能
1	SELP0_1	0	可读/写	P0_1 功能 0:通 I/O 1:外设功能
0	SELP0_0	0	可读/写	P0_0 功能 0:普通 I/O 1:外设功能

P0SEL = 0x3c;//P0 相关引脚用作串口(USART)功能

相当于 P0SEL = P0SEL = 0011 1100B;

P0_5、P0_4、P0_3、P0_2 选择外设功能

P0_5、P0_4、P0_3、P0_2 的外设功能为串行通信口 USART

RT、CT、TX、RX

关于 P0 口引脚外设功能分配优先级的设置(P2DIR 的 7:6 位),见表 4.28。

表 4.28 P2DIR 寄存器(7:6 位)

位	位名	复位值	操作性	功能描述
7:6	PR1P0[1:0]	0	可读/写	端口 P0 外设优先级控制,当 PERCFG 分配给一些外设相同引脚的时候,这些位将确定优先级 00 USART0—USART1 01 USART1—USART0 10 定时器 1 通道 0 和 1—USART1 11 定时器 1 通道 2—USART0

续表

位	位名	复位值	操作性	功能描述
5	—	0	可读/写	不使用
4	DIRP2_4	0	可读/写	0 输入 1 输出
3	DIRP2_3	0	可读/写	0 输入 1 输出
2	DIRP2_2	0	可读/写	0 输入 1 输出
1	DIRP2_1	0	可读/写	0 输入 1 输出
0	DIRP2_0	0	可读/写	0 输入 1 输出

P2DIR &= ~0XC0;   //P2 优先作为串口 0

相当于 P2DIR=P2DIR& 0011 1111B

由 P2DIR 寄存器的高两位确定 P0 口引脚功能的优先级。优先级设置为 P0 口引脚优先分配给 USART0,其次分配给 USART1,再次分配给其他外设功能。

关于串行口(USART)通信模式的设置,见表 4.29。

表 4.29　U0SCR 寄存器

位	位名	复位值	操作性	功能描述
7	MODE	0	可读/写	串口模式选择 0 SPI 模式 1 UART 模式
6	RE	0	可读/写	接收使能 0 关闭接收 1 允许接收
5	SLAVE	0	可读/写	SPI 主从选择 0 SPI 主 1 SPI 从
4	FE	0	可读/写 0	串口帧错误状态 0 没有帧错误 1 出现帧错误
3	ERR	0	可读/写 0	串口校验结果 0 没有校验错误 1 字节校验出错
2	RX_BYTE	0	可读/写 0	接收状态 0 没有接收到数据 1 接收到一字节数据
1	TX_BYTE	0	可读/写 0	发送状态 0 没有发送 1 最后一次写入 U0BUF 的数据已经发送
0	ACTIVE	0	可读	串口忙标志 0 串口闲 1 串口忙

U0CSR |= 0x80;//UART 方式

相当于 U0CSR = U0CSR | 1000 0000 B

选择 UART(普通串口)通信模式。

USART 有支持两种通信协议,UART(普通串口)和 SPI 两种通信模式。

关于串行通信速率(波特率;BAUD Rate)的设置,见表 4.30 和表 4.31。

表 4.30 U0GCR 寄存器

位	位名	复位值	操作性	功能描述
7	CPOL	0	可读/写	SPI 时钟极性 0 低电平空闲 1 高电平空闲
6	CPHA	0	可读/写	SPI 时钟相位 0 由 CPOL 跳向非 CPOL 时采样,由非 CPOL 跳向 CPOL 时输出 1 由非 CPOL 跳向 CPOL 时采样,由 CPOL 跳向非 CPOL 时输出
5	ORDER	0	可读/写	传输位序 0 低位在先 1 高位在先
4:0	BAUD_E[4:0]	0x00	可读/写 0	波特率指数值,与 BAUD_F 决定波特率

U0GCR |= 10;   //BAUD_E

相当于 U0GCR = U0GCR | 0000 1010 B

U0GCR 低四位即 BAUD_E,与 U0BAUD 寄存器中的 BAUD_M(8 位)共同决定了串行通信的波特率。

表 4.31 U0BAUD 寄存器

位	位名	复位值	操作性	功能描述
7:0	BAUD_M[7:0]	0x00	可读/写	波特率尾数,与 BAUD_E 决定波特率

U0BAUD |= 216;   // BAUD_M,波特率设为 57600

$$波特率 = \frac{(256 - BAUD\_M) * 2^{BAUD\_E}}{2^{28}} * F$$

式中,F 是系统时钟频率,等于 16MHz 或者 32MHz。

第四章 收发器芯片(CC2430)基础实验

> U0BAUD 和 U0GCR 共同决定波特率

波特率 (bps)	UxBAUD.BAUD_M	UxGCR.BAUD_E	Error (%)
2400	59	6	0.14
4800	59	7	0.14
9600	59	8	0.14
14400	216	8	0.03
19200	59	9	0.14
28800	216	9	0.03
38400	59	10	0.14
57600	216	10	0.03
76800	59	11	0.14
115200	216	11	0.03
230400	216	12	0.03

关于串行中断标志的初始化设置,见表 4.32。

表 4.32 IRCON2 寄存器

位	位名	复位值	操作性	功能描述
7:5	—	00	可读/写	没有使用
4	WDTIF	0	可读/写	WDTIF－看门狗定时器中断标志 0 无中断未决 1 中断未决
3	P1IF	0	可读/写	P1IF －端口 1 中断标志 0 无中断未决 1 中断未决
2	UTX1IF	0	可读/写	UTX1IF － USART1 发送中断标志 0 无中断未决 1 中断未决
1	UTX0IF	0	可读/写	UTX0IF － USART0 发送中断标志 0 无中断未决 1 中断未决
0	P2IF	0	可读/写	P2IF －端口 2 中断标志 0 无中断未决 1 中断未决

UTX0IF = 0; //将串行中断标志位清 0

UTX0IF 是串行中断标志位,在发生串行中断时置 1,表示有串行(发送或接收)事件发生,通知程序进行处理;在系统进行初始化时,此位应当确保被清 0,以免造成误触发。

4.7.2.2 关键函数

void main(void)
{

```
P1DIR = 0x03; //P1 out ,控制 LED
led1 = 0;
led2 = 1;//关 LED
initUARTtest();                              //初始化串口
UartTX_Send_String(Txdata,29);               //wu xian long tong xun
memset(Txdata,′′,30);
strcpy(Txdata,"www. c51rf.com\n");
UartTX_Send_String(Txdata,sizeof("www. c51rf.com "));
memset(Txdata,′′,30);          //清除显存
strcpy(Txdata,"www. wxlmcu.com\n");    //写显存
UartTX_Send_String(Txdata,sizeof("www. wxlmcu.com "));
memset(Txdata,′′,30);              //清除显存
strcpy(Txdata,"www. wxlsoc.com\n");    //写显存
UartTX_Send_String(Txdata,sizeof("www. wxlsoc.com "));
memset(Txdata,′′,30);
strcpy(Txdata,"UART0 TX test ");    //将 UART0 TX test 赋给 Txdata;
while(1)
{
        UartTX_Send_String(Txdata,sizeof("UART0 TX Test"));//串口发
//送数据
        Delay(50000);                          //延时
        Delay(50000);
        Delay(50000);
}
}
```

功能：进行字符串处理,通过串口不断向 PC 发送字符串"UART0 TX Test"。

4.8 片内温度检测实验

4.8.1 功能描述

4.8.1.1 实验目的

本实验的目的是让用户学会使用 CC2430 的 AD 数模转换(片内温度)。本实验通过 AD 数模转换取片内温度传感器为 AD 源,并将转换得到温度通过串口送至电脑,通过串口调试助手显示。

4.8.1.2 功能描述

实验效果如图 4.21 所示。其中,23C 表示 CC2430 当前片内温度为 23 摄氏度。

图 4.21 实验效果

4.8.2 实验原理及代码

4.8.2.1 CC2430 芯片内的 AD 转换原理

CC2430 内的 ADC 模块的额外(单次)转换模式,见图 4.22。

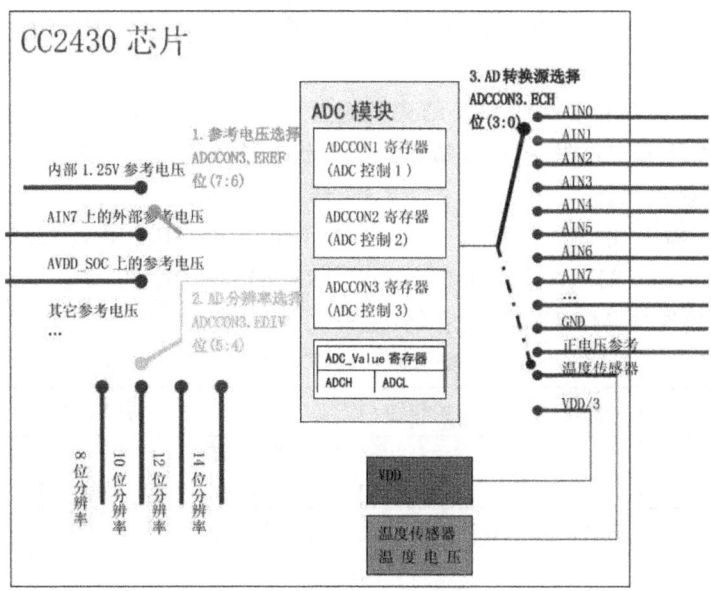

图 4.22 单片机 ADC 模块原理

CC2430 中 ADC 模块的寄存器,如表 4.33。

表 4.33 CC2430 关于 AD 转换的 SFR 概述

寄存器名称	SFR 地址	模块	描述
ADCCON1	0XB4	ADC	ADC 控制 1
ADCCON2	0XB5	ADC	ADC 控制 2
ADCCON3	0XB6	ADC	ADC 控制 3
ADCL	0XBA	ADC	ADC 低数据
ADCH	0XBB	ADC	ADC 高数据
RNDL	0XBC	ADC	随机数发生器低位数据

AD 转换的模式:序列转换;额外(单次)转换。

ADC 可以设置为自动执行一个序列转换,当这个序列转换完成后,可选择从任何通道执行一个额外转换。ADC 将执行一系列顺序通道的转换,并把结果移动到存储器(通过 DMA),不需要任何 CPU 干预。ADCCON2.SCH 寄存器位用于定义 ADC 转换序列的结束通道号,它来自 ADC 输入。转换序列包含从每个通道从 0 开始递增的转换,还包括 ADCCON2.SCH 设置为小于 8 时 ADCCON2.SCH 编程的通道号码。当 ADCCON2.SCH 设置为 8 到 12 之间的值,转换序列将从通道 8 开始。对于更高值的设置,只能执行单个转换。

除了这个序列转换,ADC 可以通过编程执行单个转换,从最快完成序列转换的任何通道开始,这叫作额外转换,由 ADCCON3 寄存器控制。

ADCCFG 寄存器也可以影响序列转换。ADC 的 8 位模拟输入来自 IO 引脚,不需要经过编程转变为模拟输入。如果正常情况下,一个通道应作为一个序列的一部分,但是 ADCCFG 禁用了相应的模拟输入,那么该通道将被忽略。对于通道 8 到 12,输入引脚都必须使能。

ADCCON1.EOC 位是一个转换结束状态标志位,当一个转换结束时,设置为高电平;当读取 ADCH 寄存器时,它就被清除。这个状态位既可用于序列转换也可用于额外转换,来指示转换结束。

本实验中操作的寄存器有 CLKCON、SLEEP、PERCFG、U0CSR、U0GCR、U0BAUD、IEN0、U0DUB、ADCCON1、ADCCON3、ADCH、ADCL 等。

(1) ADC 模块的 ADCCON1 寄存器(见表 4.34)

表 4.34 ADCCON1

位	位名	复位值	可操作性	功能描述
7	EOC	0	读/写	ADC 结束标志位 ADC 进行中,1 ADC 转换结束

续表

位	位名	复位值	可操作性	功能描述
6	ST	0	读/写	手动启动 AD 转换(读 1 表示当前正在进行 AD 转换) 0 没有转换,1 启动 AD 转换(STSEL=11)
5:4	STSEL[1:0]	11	读/写	AD 转换启动方式选择 00 外部触发 01 全速转换,不需要触发 10 T1 通道 0 比较触发 11 手工触发
3:2	RCTRL[1:0]	00	读/写	16 位随机数发生器控制位(写 01,10 会在执行后返回 00) 00 普通模式(13x 打开) 01 开启 LFSR 时钟一次 10 生成调节器种子 11 信用随机数发生器
1:0	-	11	读/写	保留,总是写设置为 1

ADC_SAMPLE_SINGLE();

#define ADC_SAMPLE_SINGLE() \

do { ADC_STOP(); ADCCON1 |= 0x40; } while (0)

//先将 ADCCON1 第 4、5 位置 1,然后启动 AD 转换。

//ADCCON1 第 4、5 位为 ADC 的启动条件选择。

#define ADC_STOP() \

 do { ADCCON1 |= 0x30; } while (0)

ADCCON1 |= 0x30;   //将 ADCCON1 第 4、5 位置 1

ADCCON1.EOC 位是一个状态位,当一个转换结束时,设置为高电平;当读取 ADCH 时,它就被清除。

ADCCON1.ST 位用于启动一个转换序列。当这个位设置为高电平 ADCCON1.STSEL="11"且当前没有转换正在运行时,就启动一个序列。当这个序列转换完成,这个位就被自动清除。

(2) ADC 模块的 ADCCON2 寄存器

ADCCON2 寄存器用于设置序列转换模式,见表 4.35。

表 4.35　ADCCON2 寄存器

位	位名	复位值	操作性	功能描述
7:6	SREF[1:0]	00	可读/写	选择单次 AD 转换参考电压 00 内部 1.25V 电压 01 外部参考电压 AIN7 输入 10 模拟电源电压 11 外部参考电压 AIN6－AIN7 输入
5:4	SDIV[1:0]	01	可读/写	选择单次 A/D 转换分辨率 00 8 位(64dec) 01 10 位(128dec) 10 12 位(256dec) 11 14 位(512dec)
3:0	SCH[3:0]	00	可读/写	单次 A/D 转换选择,如果写入时 ADC 正在运行,则在完成序列 A/D 转换后立刻开始,否则写入后立即开始 A/D 转换,转换完成后自动清 0 0000 AIN0 0001 AIN1 0010 AIN2 0011 AIN3 0100 AIN4 0101 AIN5 0110 AIN6 0111 AIN7 1000 AIN0－AIN1 1001 AIN2－AIN3 1010 AIN4－AIN5 1011 AIN6－AIN7 1100 GND 1101 正电源参考电压 1110 温度传感器 1111 1/3 模拟电压

(3) ADC 模块的 ADCCON3 寄存器

这个寄存器用于设置 ADC 的转换模式,见表 4.36。

表 4.36 ADCCON3 寄存器

位	位名	复位值	可操作性	功能描述
7:6	EREF[1:0]	00	可读/写	选择单次 AD 转换参考电压 00 内部 1.25V 电压 01 外部参考电压 AIN7 输入 10 AVDD_SOC 电压 11 外部参考电压 AIN6－AIN7 输入
5:4	EDIV[1:0]	01	可读/写	选择单次 A/D 转换分辨率 00 8 位(64dec) 01 10 位(128dec) 10 12 位(256dec) 11 14 位(512dec)
3:0	ECH[3:0]	00	可读/写	单次 A/D 转换选择,如果写入时 ADC 正在运行,则在完成序列 A/D 转换后立刻开始,否则写入后立即开始 A/D 转换,转换完成后自动清 0 0000 AIN0 0001 AIN1 0010 AIN2 0011 AIN3 0100 AIN4 0101 AIN5 0110 AIN6 0111 AIN7 1000 AIN0－AIN1 1001 AIN2－AIN3 1010 AIN4－AIN5 1011 AIN6－AIN7 1100 GND 1101 正电源参考电压 1110 温度传感器 1111 VDD3

```
#define ADC_SINGLE_CONVERSION(settings) \
    do{ ADCCON3 = (settings);}while(0)
#define ADC_REF_1_25_V        0x00
#define ADC_14_BIT            0x30
#define ADC_TEMP_SENS         0x0E
ADCCON3=0x3E
//设置 AD 转换为 14 位分辨率,温度传感器功能
```

(4) ADC 模块的 ADC 值寄存器(见表 4.37)

表 4.37 ADC 转换值(Value)寄存器

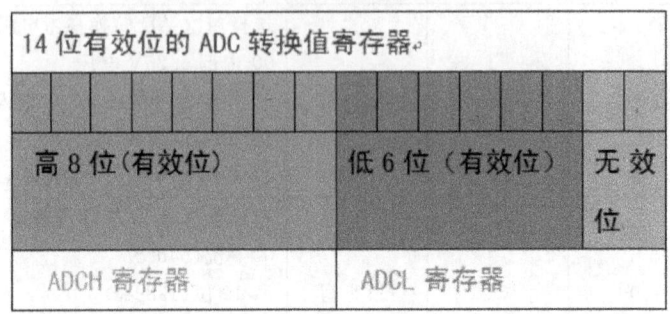

value = ADCL >> 2;
value |= (((UINT16)ADCH) << 6);

将 ADCL 和 ADCH 寄存器组装成一个 14 位二进制的数值。

CC2430 芯片检测到的温度值与片内 ADC 值寄存器代表的 AD 值的关系：

$$温度值 = \frac{ADC\_Value}{256} - 315$$

4.8.2.2 关键函数分析

```
void initUARTtest(void)
{
    CLKCON &= ~0x40;              //晶振
    while(!(SLEEP & 0x40));       //等待晶振稳定
    CLKCON &= ~0x47;              //TICHSPD128 分频,CLKSPD 不分频
    SLEEP |= 0x04;                //关闭不用的 RC 振荡器
    PERCFG = 0x00;                //位置 1 P0 口
    P0SEL = 0x3c;                 //P0 用作串口
    U0CSR |= 0x80;                //UART 方式
    U0GCR |= 10;                  //baud_e = 10;
    U0BAUD |= 216;                //波特率设为 57600
    UTX0IF = 1;
    U0CSR |= 0X40;                //允许接收
    IEN0 |= 0x84;                 //开总中断,接收中断
}
```

功能：将引脚 P10、P11 设置为输出去控制 CC2430 模块上的 LED 灯,将系统时钟设为高速晶振(32MHz),将 P0 口设置为串口 0 功能引脚,串口 0 使用 UART 模式,波特率设为 57600,允许接收。在使用串口之前调用。

```
void UartTX_Send_String(char * Data,int len)
{
```

```
    int j;
    for(j=0;j<len;j++)
    {
      U0DBUF = *Data++;
      while(UTX0IF == 0);
      UTX0IF = 0;
    }
}
```
功能:串口发送数据, *data 为发送缓冲的指针,len 为发送数据的长度,在初始化串口后才可以正常调用。

```
void initTempSensor(void)
{
    DISABLE_ALL_INTERRUPTS();
    SET_MAIN_CLOCK_SOURCE(0);
    *((BYTE __xdata *) 0xDF26) = 0x80;
}
```
功能:将系统时钟设为晶振,设 AD 通道为片内温度传感器。

```
INT8 getTemperature(void){
    UINT8 i;
    UINT16   accValue;
    UINT16   value;
    accValue = 0;
    for( i = 0; i < 4; i++ )
    {
ADC_SINGLE_CONVERSION(ADC_REF_1_25_V | ADC_14_BIT | ADC_TEMP_SENS);
    //设置 AD 为 1.25 参考电压,14 位分辨率,温度通道采集模式
        ADC_SAMPLE_SINGLE();
        while(! ADC_SAMPLE_READY());
        value =   ADCL >> 2;
        value |= (((UINT16)ADCH) << 6);
        accValue += value;
    }
    value = accValue >> 2; // devide by 4
    return ADC14_TO_CELSIUS(value);
}
```
功能:连续进行 4 次 AD 转换,将得到的结果求均值后将 AD 结果转换为温度返回。
重要的宏定义:

```c
#define ADC14_TO_CELSIUS(ADC_VALUE)     (((ADC_VALUE) >> 4) - 315)
```
功能：将片内温度传感器 AD 转换的结果转换成温度。
```c
void main(void)
{
char i;
char temperature[10];
INT16 avgTemp;
initUARTtest();                          //初始化串口
initTempSensor();                        //初始化 ADC
    while(1)
    {
avgTemp = 0;
    for(i = 0 ; i < 64 ; i++)
    {
        avgTemp += getTemperature();
        avgTemp >>= 1;
    }
    // avgTemp /= 64;
     sprintf(temperature,(char *)"%dC",(INT8)avgTemp);
     UartTX_Send_String(temperature,4);
     UartTX_Send_word(0x0A);
     Delay(60000);
     Delay(30000);
    }
}
```
功能：将采集到的温度进行数据处理，并将处理后的数据发送至 PC 机。

4.8.3　实验注意事项

检查液晶扩展板上 J5 的短接线是否短接正确。当液晶扩展板与 PC 机通过 RS232 连接线相连时，J5 应短接至 UART 端；若液晶扩展板与 PC 机通过 USB 线相连时，J5 应短接至 USB 端。

串口调试助手上的 COM 口是否选择正确、串口是否打开，以及相关设置是否与 CC2430 串口的配置相一致，如：波特率：57600，校验位：无，数据位：8，停止位：1，字符显示。

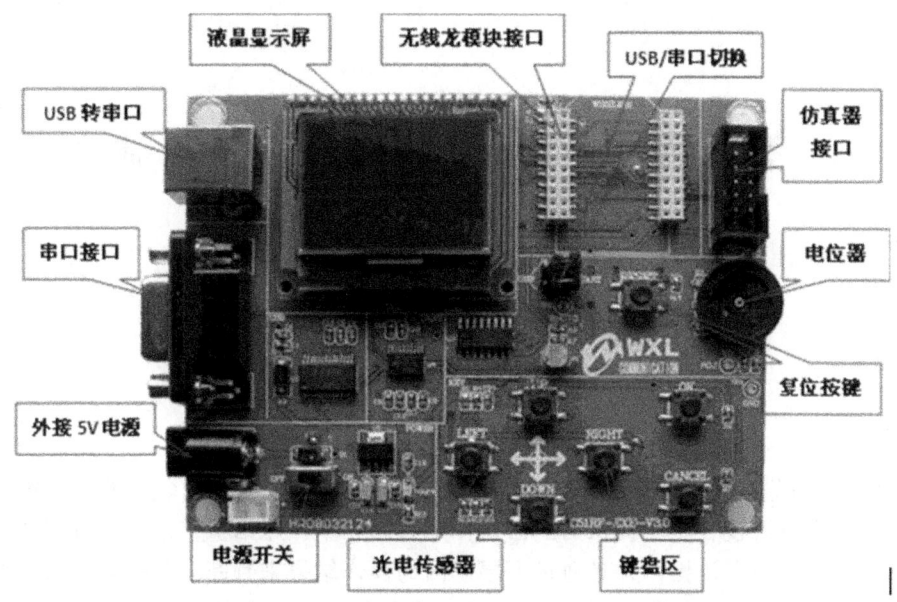

图 4.23 注意电路板上 USB/串口切换开关

4.8.4 思考与拓展

1. 请修改串行通信程序,间隔约 3S 向 PC 发送"你的学号＋姓名的汉语拼音"的字符串。

2. 试修改串口通信波特率为 115200bps,向 PC 发送"BaudRate＝115200bps Now"字符串。

本章思考题

1. 简述 CC2430 芯片的主要特点。
2. 简述 CC2430 芯片的引脚功能。
3. 试画出 CC2430 芯片的典型应用电路。
4. 简述 CC24308051 内核比标准 8051 速度更快的原因。
5. 简述 CC24308051CPU 的存储空间。
6. 简述为使用 CC2430 中的中断功能,应当执行什么步骤?

第五章　Z-Stack 架构及开发基础

5.1　Z-Stack 简介

ZigBee 协议栈依据 IEEE 802.15.4 标准和 ZigBee 协议规范。ZigBee 网络中的各种操作需要利用协议栈各层所提供的原语操作来共同完成。原语操作的实现过程往往需要向下一层发起一个原语操作并且通过下层返回的操作结果来判断出下一条要执行的原语操作。IEEE 802.15.4 标准和 ZigBee 协议规范中定义的各层原语操作多达数十条,原语的操作过程也比较复杂,它已经不是一个简单的单任务软件。对于这样一个复杂的嵌入式通信软件来说,其实现通常需要依靠嵌入式操作系统来完成。

挪威半导体公司 Chipcon(目前已经被 TI 公司收购)作为业界领先的 ZigBee 一站式方案供应商,在推出其 CC2530 开发平台时,也向用户提供了自己的 ZigBee 协议栈软件 Z-Stack。这是一款业界领先的商业级协议栈,使用 CC2530 射频芯片,可以使用户很容易的开发出具体的应用程序来。Z-Stack 使用瑞典公司 IAR 开发的 IAR Embedded Workbench for MCS-51 作为它的集成开发环境。Chipcon 公司为自己设计的 Z-Stack 协议栈中提供了一个名为操作系统抽象层 OSAL 的协议栈调度程序。对于用户来说,除了能够看到这个调度程序外,其他任何协议栈操作的具体实现细节都被封装在库代码中。用户在进行具体的应用开发时只能够通过调用 API 接口来进行,而无权知道 ZigBee 协议栈实现的具体细节。

系统软件设计是在硬件设计的基础上进行的,良好的软件设计是实现系统功能的重要环节,也是提高系统性能的关键所在。节点设计基于通用性及便于开发的考虑,移植了 TI 公司的 Z-Stack 协议栈,其主要特点就是兼容性,完全支持 IEEE 802.15.4/ZigBee 的 CC2430 片上系统解决方案。Z-Stack 还支持丰富的新特性,如无线下载,可通过 ZigBee 网状网络(Mesh Network)下载节点更新。

TI 的 Z-Stack 装载在一个基于 IAR 开发环境的工程里。强大的 IAR Embedded Workbench 除了提供编译下载功能外,还可以结合编程器进行单步跟踪调试和监测片上寄存器、Flash 数据等。Z-Stack 根据 IEEE 802.15.4 和 ZigBee 标准分为以下几层:API(Application Programming Interface),HAL(Hardware Abstract Layer),MAC(Media Access Control),NWK(ZigBee Network Layer),OSAL(Operating System Abstract System),Security Service,ZDO(ZigBee Device Objects)。使用 IAR 打开工程文 SampleApp.eww 后,即可查看整个协议栈从 HAL 层到 APP 层的文件夹分布。该协议

栈可以实现复杂的网络链接,在协调器节点中实现对路由表和绑定表的非易失性存储,因此网络具有一定的记忆功能。

Z-Stack 采用操作系统的思想来构建,采用事件轮循机制,当各层初始化之后,系统进入低功耗模式,当事件发生时,唤醒系统,开始进入中断处理事件,结束后继续进入低功耗模式。如果同时有几个事件发生,判断优先级,逐次处理事件。这种软件构架可以极大地降级系统的功耗。

5.2 Z-Stack 软件架构

Z-Stack 的 main 函数在 ZMain.c 中,总体上来说,它一共做了两件工作,一个是系统初始化,即由启动代码来初始化硬件系统和软件架构需要的各个模块,另外一个就是开始执行操作系统实体,如图 5.1 所示。

图 5.1 协议栈主要流程

5.2.1 系统初始化

系统启动代码需要完成初始化硬件平台和软件架构所需要的各个模块,为操作系统的运行做好准备工作,主要分为初始化系统时钟、检测芯片工作电压、初始化堆栈、初始化各个硬件模块、初始化 FLASH 存储、形成芯片 MAC 地址、初始化非易失变量、初始化 MAC 层协议、初始化应用帧层协议、初始化操作系统等部分。

5.2.2 操作系统的执行

启动代码为操作系统的执行做好准备工作后,就开始执行操作系统入口程序 osal_start_system();;并由此彻底将控制权移交给操作系统,完成新老更替,自己则光荣地退出舞台。其实,操作系统实体只有一行代码:可以看到这句代码有句注释,意思是本函数不会返回,也就是说它是一个死循环,永远不可能执行完。操作系统从启动代码接到程序的控制权之后,就大权在握,不肯再把这个权力拱手相让给别人了。这个函数就是轮转查询试操作系统的主体部分,它所做的就是不断地查询每个任务中是否有事件发生,如果发生,就执行相应的函数;如果没有发生,就查询下一个任务。

函数的主体部分代码见程序清单5.1。

程序清单5.1:

```
for(;;)
{
  do
  {
      if(tasksEvents[idx]) // Task is highest priority that is ready
      break;
  }while(++idx<tasksCnt);//得到了待处理的具有最高优先级的任务索引号idx
  if(idx<tasksCnt) //确认本次有任务需要处理
  {
    uint16 events;
    halIntState_t intState;
    //进入/退出临界区,来提取出需要处理的任务中的事件
    HAL_ENTER_CRITICAL_SECTION(intState);
    events=tasksEvents[idx];
    tasksEvents[idx]=0;//Clear the Events for this task
    HAL_EXIT_CRITICAL_SECTION(intState);
    events=(tasksArr[idx])(idx,events);//通过指针调用来执行对应的任务处理//函数
      //进入/退出临界区,保存尚未处理的事件
      HAL_ENTER_CRITICAL_SECTION(intState);
      tasksEvents[idx] |= events;
      HAL_EXIT_CRITICAL_SECTION(intState);
  }
    //本次事件处理函数执行完,继续下一个循环
}
```

操作系统专门分配了存放所有任务事件的tasksEvents[]这样一个数组,每一个单元对应存放着每一个任务的所有事件。在这个函数中,首先通过一个do-while循环来遍历tasksEvents[],找到第一个具有事件的任务(即具有待处理事件的优先级最高的任务,因为序号低的任务优先级高),然后跳出循环,此时,就得到了有事件待处理的具有最高优先级的任务的序号idx,然后通过events=tasksEvents[idx]语句,将这个当前具有最高优先级的任务的事件取出,接着就调用(tasksArr[idx])(idx,events)函数来执行具体的处理函数了。tasksArr[]是一个函数指针的数组,根据不同的idx就可以执行不同的函数。

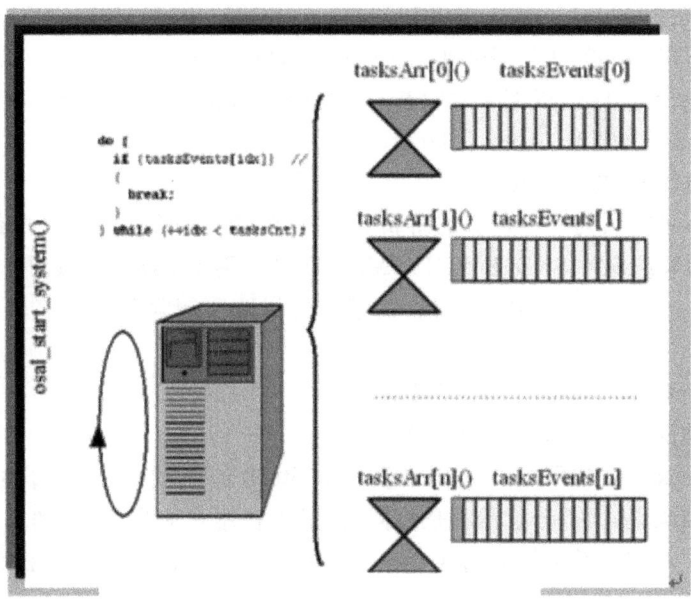

图 5.2 任务调度

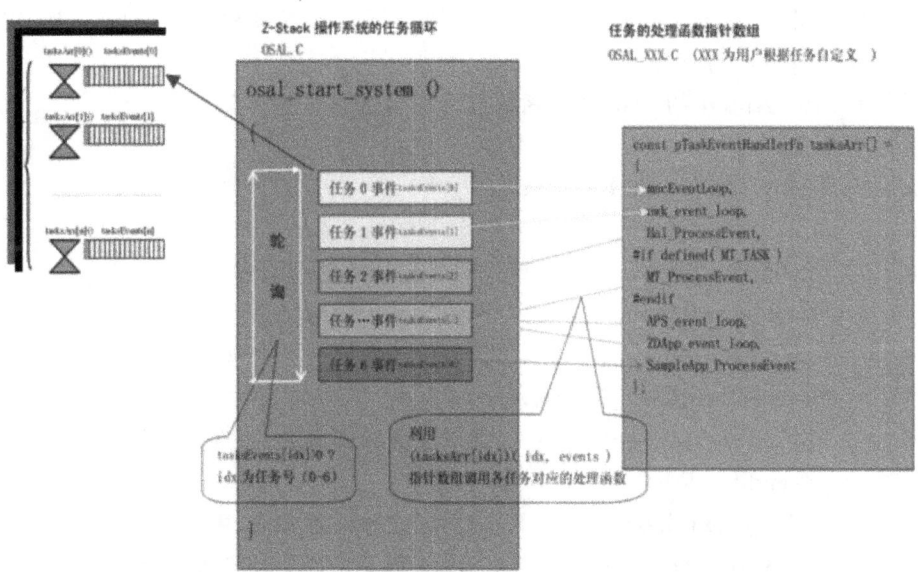

图 5.3 Z-Stack 的操作系统(OSAL)任务调度和事件处理

(1) 任务事件的编码

事件号是一个 16bit 的常量,使用独热码(one-hot code)编码,方便进行事件的提取。独热码,直观来说就是有多少个状态就有多少比特,而且只有一个比特为 1,其他全为 0 的一种码制。通常,在 ZigBee 协议栈中,使用十六位状态的独热码,且系统事件占用其中一个状态码,余下的可以供用户任务事件使用。例如有十六个状态的独热码状态编码应该是：0000000000000001,0000000000000010,0000000000000100,0000000000001000,0000000000010000,0000000000100000,……,1000000000000000。为了方便书写,通常用十六进制表示上述状态,以上十六状态的独热码可以表示成 0x0001,0x0002,0x0004,0x0008,0x0010,0x0020,……,0x8000。

(2) 任务事件的的提取和清除

使用独热码的方式对每个任务的所属事件进行编码,那么一个任务中最多可以有 16 个事件(event),系统事件 SYS_EVENT_MSG 已经占用了 0x8000,故用户自定义的事件只能有 15 个。由于事件号使用独热码,故事件的提取和清除可以用简单的位操作指令实现：

   事件提取——events & 事件宏
   事件清除——events ^ 事件宏

TI 的 Z-Stack 中给出了几个例子来演示 Z-Stack 协议栈,每个例子对应一个项目。对于不同的项目来说,大部分代码都是相同的,只是在用户应用层,添加了不同的任务及事件处理函数。本节以其中最通用的 GeneralApp.C 为例来解释任务在 Z-Stack 中是如何安排的。

首先,明确系统要执行的几个任务。在 GeneralApp 这个例子中,几个任务函数组成了上述的 tasksArr 函数数组(这个数组在 Osal-GeneralApp.C 中,前缀 Osal 表明这是和操作系统接口的文件,osal-start-system()函数中通过函数指针(tasksArr[idx])(idx,events)调用具体的相应任务处理函数)。

项目 GeneralApp 中的 tasksArr 函数数组代码见程序清单 5.2。

程序清单 5.2：

```
const pTaskEventHandlerFn tasksArr[]=
{
        macEventLoop,              //MAC 层任务处理函数
        nwk_event_loop,            //网络层任务处理函数
        Hal_ProcessEvent,          //板硬件抽象层任务处理函数
        #if defined(MT_TASK)
        MT_ProcessEvent,           //调试任务处理函数,可选
        #endif
        APS_event_loop,            //应用层任务处理函数,用户不要更改
        ZDApp_event_loop,          //ZigBee 设备应用层任务处理函数
        Generickpp_ProcessEvent    //用户应用层任务处理函数,用户自己生成
};
```

由上可见,如果不算调试的任务,操作系统一共要处理 6 项任务,分别为 MAC 层、网络层、板硬件抽象层、应用层、ZigBee 设备应用层以及可完全由用户处理的应用层,其优先级由高到低,即 MAC 层具有最高的优先级,用户层具有最低的优先级。如果 MAC 层任务有事件无法处理完,用户层任务就永远不会得到执行。当然,这是属于极端的情况,这种情况一般是程序出了问题。

Z-Stack 已经编写了对从 MAC 层（macEventLoop）到 ZigBee 设备应用层（ZDApp_event_loop）这五层任务的事件的处理函数，一般情况下无须修改这些函数，只需要按照自己的需求编写应用层的任务及事件处理函数就可以。

再看另外一个项目 SampleApp 中任务的安排（本数组在 Osal_SampleApp.C 中）。项目 SampleApp 中的 tasksArr 函数数组代码见程序清单 5.3。

程序清单 5.3：

```
const pTaskEventHandlerFn tasksAr[]=
{
  macEventLoop,              //MAC 层任务处理函数
  nwk_event_loop,            //网络层处理函数
  Hal_ProcessEvent,          //板硬件抽象层任务处理函数
#if_defined(MT_TASK)
  MT_ProcessEvent,           //调试任务处理函数,可选
#endif
  APS_event_loop,            //应用层任务处理函数,用户不要更改
  ZDApp_event_loop,          //zigBee 设备应用层任务处理函数
  SampleApp_ProcessEvent     //SerialApp 的用户任务处理函数
};
```

将 SampieAPP 和 GeneralAPP 的任务函数数组对比一下，可以发现它们唯一的不同在于用户层的处理函数，一个为 GenericAPP_ProcessEvent，一个为 sampleAPP_ProeessEvent。

因此可以将 Z-Stack 的协议栈架构及操作系统实体归纳为图 5.4。

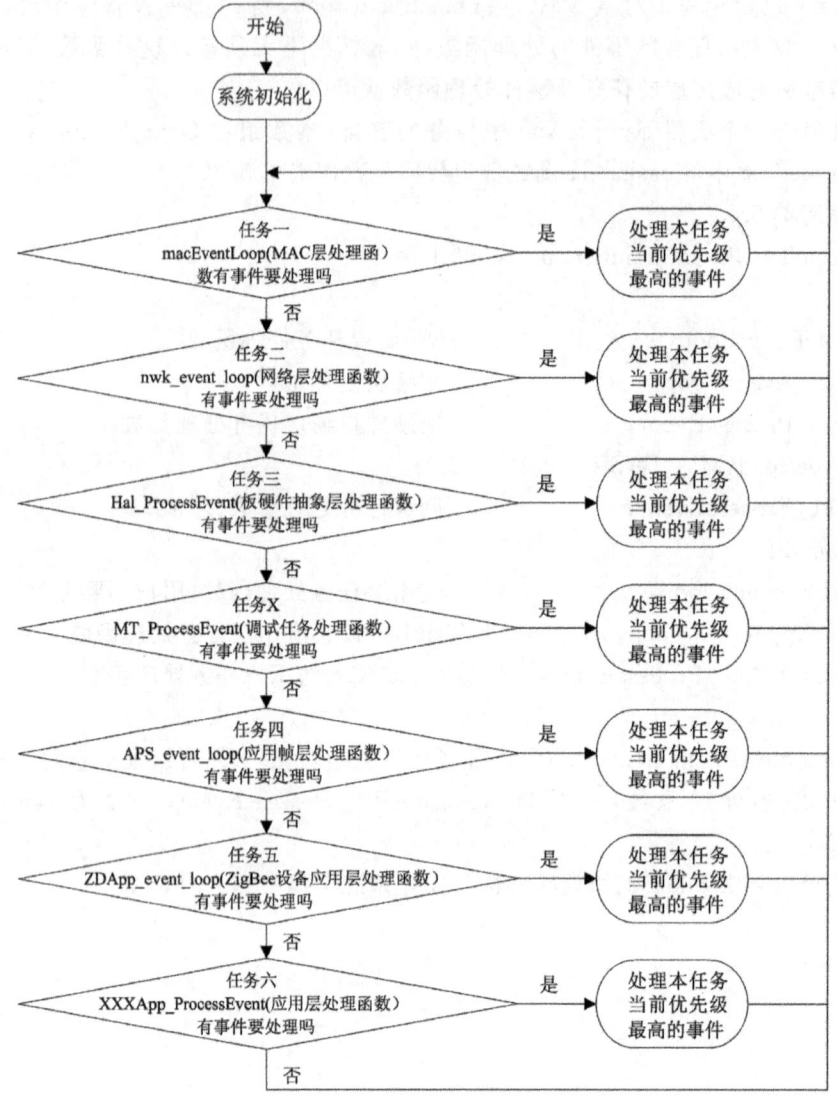

图 5.4 Z-Stack 协议栈架构和操作系统实体

一般情况下，用户只需额外添加三个文件就可以完成一个项目，一个是主文件，存放具体的任务事件处理函数（如 GenericAPP_ProcessEvent 或 SampleAPP_ProcessEvent），一个是这个主文件的头文件，另外一个是操作系统接口文件（以 Osal 开头），是专门存放任务处理函数数组 tasksArr[] 的文件。对于 GeneralApp 来说，主文件是 GeneralAPP.c，头文件是 GeneralApp.h，操作系统接口文件为 Osal_GeneralAPP.c；对于 SerialAPP 来说，主文件是 SampleApp.c，头文件是 SampleApp.h，操作系统接口文件为 Osal_SampleAPP.c。

通过这种方式，Z-Stack 就实现了绝大部分 Stack 核心代码，大大增加了项目的通用性和易移植性。

5.2.3 Z-Stack 操作系统的管理功能

5.2.3.1 消息管理 api

消息管理所包含的功能函数(api),可以使各任务以及事件之间进行消息交互变得更容易。例如,从中断传消息到某个任务或者从任务 1 传递信息到任务 n。

osal_msg_send:

```
uint8 osal_msg_send(uint8 destination_task, uint8 *msg_ptr )
```

通过调用该函数向指定的任务发送消息,消息结构可以自定义。接收信息的任务会通过 SYS_EVENT_MSG 体现。

函数入口值:任务 ID 与消息首地址。

函数返回值:发送是否成功。

osal_msg_receive

```
uint8 *osal_msg_receive(uint8 task_id )
```

该函数用来接收一个在 OS 中调度的消息。

函数入口值:任务 ID。

函数返回值:接收是否成功,如果成功即得到消息地址。

5.2.3.2 内存管理 api

为了合理、有效地让 RAM 达到最大的利用率,协议栈采用了动态内存分配机制,让尽量小的内存容量能做更多的事。

主要包含以下函数:

osal_msg_allocate

osal_msg_deallocate

任务管理增加任务到操作系统,每一个任务拥有一个初始化程序和一个进程程序,任务管理通过调用函数 osalInitTasks() 对任务初始化,该函数主要由用户编制增加。

5.2.3.3 任务管理 api

任务函数列表(const pTaskEventHandlerFn tasksArr[]),该列表中的函数必须是任务进程函数而且与任务初始化一一对应。

```
void osalInitTasks( void )
{
  uint8 taskID = 0;

  tasksEvents = (uint16 *)osal_mem_alloc( sizeof( uint16 ) * tasksCnt);
  osal_memset( tasksEvents, 0, (sizeof( uint16 ) * tasksCnt));

  macTaskInit( taskID++ );
  nwk_init( taskID++ );
  Hal_Init( taskID++ );
  MT_TaskInit( taskID++ );
  APS_Init( taskID++ );
  ZDApp_Init( taskID++ );
}
```

任务处理函数指针数组：

```
const pTaskEventHandlerFn tasksArr[] =
{
  macEventLoop,
  nwk_event_loop,
  Hal_ProcessEvent,
  MT_ProcessEvent,
  APS_event_loop,
  ZDApp_event_loop,
};
const uint8 tasksCnt = sizeof( tasksArr ) / sizeof( tasksArr[0] );
```

5.2.3.4 任务事件管理 api

(1) 任务事件的系统触发与清除 api

```
uint8 osal_set_event(uint8 task_id, uint16 event_flag )
```

任务系统 api 可以直接触发某个任务事件。

函数入口值：任务 ID 与事件编号

函数返回值：触发任务是否成功

uint8 osal_clr_event(uint8 task_id, uint16 event_flag);

(2) 任务事件的时间触发及停止 api

时间管理 api 在协议栈调度以及各种任务完成中起着至关重要的作用，这些 api 可以开启一个超时定时器，让系统超时时间到即产生某个任务事件，同时也可以取消一个超时定时器。例如，按键的扫描事件即通过超时定时器触发任务完成。

主要有以下函数：

osal_start_timerEx( )

osal_stop_timerEx( )

```
uint8 osal_start_timerEx( uint8 taskID, uint16 event_id, uint16 timeout_value);
```

在某个任务中开启一个超时计数器。

函数入口值：任务 ID，事件 ID，超时时间长度

函数返回值：返回开启超时定时器是否成功

```
uint8 osal_stop_timerEx( uint8 task_id, uint16 event_id );
```

停止一个超时计数器。
函数入口值：任务 ID，事件 ID
函数返回值：返回停止超时定时器是否成功

5.2.3.5　Flash 管理 api

osal_nv_init

osal_nv_item_init

osal_nv_read

osal_nv_write

osal_nv_item_len

5.2.3.6　其他常用管理 api

osal_strlen

osal_memcpy

osal_memcmp

osal_memset

osal_build_uint16

osal_build_uint32

5.2.4　在项目中组织 Z-Stack 文件

为了更好地从整体上认识 Z-Stack 架构，本节以 GeneralAPP 为例来看在具体项目中怎样把 Z-Stack 中的文件组织起来，如图 5.5 所示。

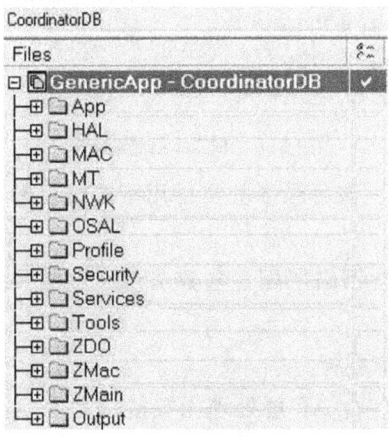

图 5.5　Z-Stack 在项目中的目录结构

图 5.3 中各个目录含义如下：

① App：应用层目录，其目录结构如图 5.6 所示。这个目录下的三个文件就是创建一个新项目时要主要添加的文件。当要创建另外一个新项目时，也只需要主要换掉这三个文件。

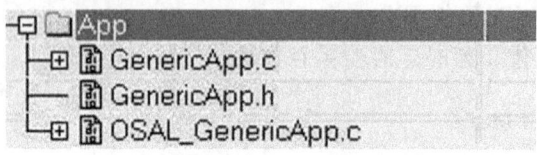

图 5.6　App 目录结构

② HAL：硬件层目录，其目录结构如图 5.7 所示。Common 目录下的文件是公用文件。

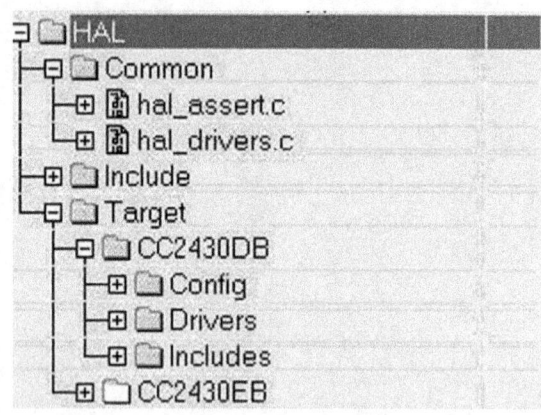

图 5.7　HAL 目录结构

③ MAC：MAC 层目录，其目录结构如图 5.8 所示，High Level 和 Low Level 两个目录表示 MAC 层分为高层和底层两层，Include 目录下包含了 MAC 层的参数配置文件及其 MAC 的 LIB 库的函数接口文件。

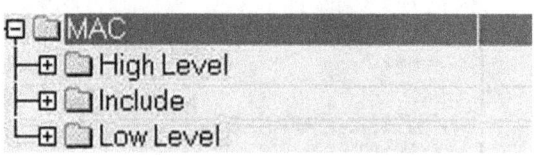

图 5.8　MAC 目录结构

④ MT：监控调试层目录，该目录下的文件用于调试目的，即实现通过串口调试各层，与各层进行直接交互。

⑤ NWK：网络层目录，含网络层配置参数文件及网络层库的函数接口文件，及 APS 层库。

⑥ OSAL：协议栈的操作系统。

⑦ Profile：AF 层目录，包含 AF 层处理函数接口文件。

⑧ Security：安全层目录，包含安全层处理函数接口文件。

⑨ Services：ZigBee 和 802.15.4 设备的地址处理函数目录，包括地址模式的定义及

地址处理函数。

⑩ Tools：工程配置目录，包括空间划分及 Z-Stack 相关配置信息。

⑪ ZDO：指 ZigBee 设备对象，可认为是一种公共的功能集，方便用户用自定义的对象使用 APS 子层的服务和 NWK 层的服务。

⑫ ZMac：zmac.c 是 Z-Stack MAC 导出层接口文件，zmac_cb.C 是 ZMAC 需要调用的网络层函数。

⑬ ZMain：在 ZMain.c 主要包含了整个项目的入口函数 main()，在 OnBoard.c 中包含对硬件开发平台各类外设进行控制的接口函数。

⑭ Output：输出文件目录，这个 EW8051 IDE 是自动生成的。

5.2.5 如何在 Z-Stack 中增加一个新的任务

第一步：编写任务初始化函数，将任务 ID 分配至当前任务；
第二步：编写任务进程函数并处理任务。

处理 OS 信息及正确编写需要的事件。一个是主文件（NewApp.c），存放具体的任务事件处理函数：NewAPP_ProcessEvent，任务初始化函数、键值处理函数，一个是主文件的头文件（NewApp.h），另外一个是操作系统接口文件（以 Osal 开头），是专门存放任务处理函数数组 tasksArr[] 的文件。如果在协议栈中已有操作系统接口文件，则不必重复添加，只需将当前任务的事件处理函数添加到接口文件中的任务处理函数数组 tasksArr[] 中即可。

原工程的主文件是 GenerelAPP.c，原工程的头文件是 GeneralApp.h，原工程的操作系统接口文件为 Osal_GeneralAPP.c；对于新增加任务，则只需新添加两个文件就可以了：一个是主文件 NewApp.c，一个是主文件的头文件 NewApp.h。接着要把 NewApp_ProcessEvent() 函数（NewApp.c）添加到 Osal_GeneralAPP.c 中的任务处理函数数组 tasksArr[] 中去，把新任务的初始化函数添加到 Osal_GeneralAPP.c 的 osalInitTasks() 中去。

完整的步骤如下：
①编写初始化函数：

```
void NewApp_Init( byte task_id )
{
  NewApp_TaskID = task_id;
  NewApp_NwkState = DEV_INIT;
  NewApp_TransID = 0;
```

②登记初始化函数并分配对应的任务 ID：

```
void osalInitTasks( void )
{
  uint8 taskID = 0;

  tasksEvents = (uint16 *)osal_mem_alloc( sizeof( uint16 ) * tasksCnt);
  osal_memset( tasksEvents, 0, (sizeof( uint16 ) * tasksCnt));

  macTaskInit( taskID++ );
  nwk_init( taskID++ );
  Hal_Init( taskID++ );
#if defined( MT_TASK )
  MT_TaskInit( taskID++ );
#endif
  APS_Init( taskID++ );
  ZDApp_Init( taskID++ );
  GenericApp_Init( taskID++ );
  NewApp_Init( taskID );
}
```

③编写一个任务事件处理函数:

```
UINT16 NewApp_ProcessEvent( byte task_id, UINT16 events )
{
  afIncomingMSGPacket_t *MSGpkt;
  afDataConfirm_t *afDataConfirm;
```

④登记一个任务事件处理函数到任务指针数组:

```
// The order in this table must be identical to the task initial:
const pTaskEventHandlerFn tasksArr[] = {
  macEventLoop,
  nwk_event_loop,
  Hal_ProcessEvent,
#if defined( MT_TASK )
  MT_ProcessEvent,
#endif
  APS_event_loop,
  ZDApp_event_loop,
  GenericApp_ProcessEvent,
  NewApp_ProcessEvent
};
```

实践:在 Z-Stack 中 GenericApp 工程中的基础上添加一个新的用户任务 xxx(需要在 OSAL_GenericApp.c 前声明 xxx.h)。

5.2.6 如何在上述的用户任务中增加一个新的事件

①编写事件触发函数并制定响应处理方式。
事件触发点:

```
case ZDO_STATE_CHANGE:
  NewApp_NwkState = (devStates_t)(MSGpkt->hdr.status);
  if ( (NewApp_NwkState == DEV_ZB_COORD)
     || (NewApp_NwkState == DEV_ROUTER)
     || (NewApp_NwkState == DEV_END_DEVICE) )
  {
     osal_start_timerEx( NewApp_TaskID,      //在网络状态改变事件中触发事件
                         NEWAPP_SEND_MSG_EVT,
                         NEWAPP_SEND_MSG_TIMEOUT );
```

该事件被触发后的响应方式：

```
if ( events &NEWAPP_SEND_MSG_EVT )
{
    HalLedSet(HAL_LED_1, HAL_LED_MODE_TOGGLE);  //切换绿色LED的状态
    osal_start_timerEx( NewApp_TaskID,
                        NEWAPP_SEND_MSG_EVT,
                        NEWAPP_SEND_MSG_TIMEOUT );
    return (events ^ NEWAPP_SEND_MSG_EVT);
}
```

② 编写触发点的事件触发函数。

在事件触发点调用开启超时定时器触发事件，超时时间为 3S：

```
osal_start_timerEx( NewApp_TaskID,           //在网络状态改变事件中触发事件
                    NEWAPP_SEND_MSG_EVT,
                    NEWAPP_SEND_MSG_TIMEOUT );
```

③ 编写超时定时器的响应处理函数。

在 NewApp 任务事件处理函数中中响应超时事件，切换绿色 LED 的状态，并调用定时函数重复发射事件。

```
if ( events &NEWAPP_SEND_MSG_EVT )
{
    HalLedSet(HAL_LED_1, HAL_LED_MODE_TOGGLE);  //切换绿色LED的状态
    osal_start_timerEx( NewApp_TaskID,
                        NEWAPP_SEND_MSG_EVT,
                        NEWAPP_SEND_MSG_TIMEOUT );
    return (events ^ NEWAPP_SEND_MSG_EVT);
}
```

实践：思考在 5.2.5 的 Z-Stack 中新增的任务里添加一个事件，并添加其事件处理函数。

5.2.7 如何在用户任务层中调用硬件驱动

在 Z-Stack 的用户任务层中，能够调用多种硬件模块驱动是完成无线传感器网络丰富的传感和控制功能的必要条件。用户层在调用硬件模块驱动之前，必须保证该硬件模块已经完成了初始化，否则很可能出现各种问题。各个硬件模块的初始化工作是在系统上电复位时完成的，此后将进入操作系统轮循。

这里以 GenericApp 工程中 LedDriver 对用户任务层调用硬件驱动的一般流程进行

分析。

5.2.7.1 Led驱动的初始化

在Z-Stack中,任何驱动在调用前都必须初始化。初始化流程在是协议栈的main函数中进入操作系统入口之前进行的。初始化函数是HalDriverInit(),其中包含了系统的各个硬件模块如定时器、AD转换器、DMA、AES、液晶屏、串口、按键,以及本节要使用的LED的初始化。HalDriverInit()函数位于HAL层Common目录下的hal_driver.C文件内,以下是其内容:

```
void HalDriverInit (void)
{
  /* TIMER */
  HalTimerInit();

  /* ADC */
  #if (defined HAL_ADC) && (HAL_ADC == TRUE)
  HalAdcInit();
  #endif
  ..............

  /* LED */
  #if (defined HAL_LED) && (HAL_LED == TRUE)
  HalLedInit();
  #endif
  .........

  /* KEY */
  #if (defined HAL_KEY) && (HAL_KEY == TRUE)
  HalKeyInit();
  #endif
}
```

上述代码中有这几行与LED驱动初始化有关:

```
#if (defined HAL_LED) && (HAL_LED == TRUE)
  HalLedInit();
#endif
```

这是条件编译控制语句,里面涉及的条件编译宏是HAL_LED,从上面的语句可以看到,当且仅当HAL_LED宏被定义,且其值为TRUE时,LED的驱动初始化代码才会被编译进协议栈。

所以,接下来应当定义这个条件编译宏,具体路径在菜单Project/Options/C/C++ Compiler/Preprocessor/选项卡的Defined Symbols文本框里定义,如图5.9所示。

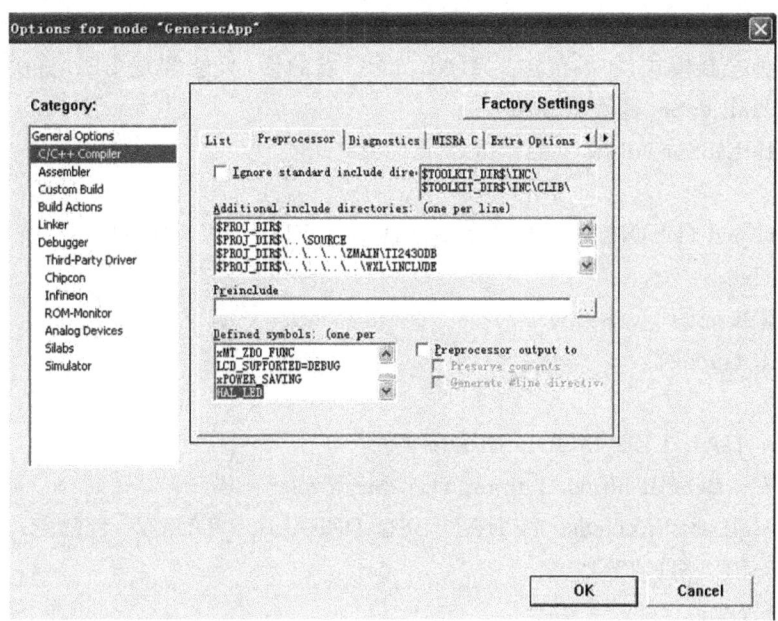

图 5.9

在上图的 Defined symbols 中添加"HAL_LED=TRUE",使初始化代码被编译进协议栈。

5.2.7.2 LED 驱动的调用

(1) LED 驱动代码所在路径

HAL/Target/CC2430EB/Drivers/hal_led.C。

(2) LED 驱动的控制模式

这个函数的编译由条件编译宏 HAL_LED 控制。

```
void HalLedInit (void)
{
#if (HAL_LED== TRUE)
  /* Initialize all LEDs to OFF */
  HalLedSet (HAL_LED_ALL, HAL_LED_MODE_OFF);
  /* Initialize sleepActive to FALSE */
  HalLedStatusControl. sleepActive = FALSE;
#endif /* HAL_LED */
}
```

这里有一个 LED 的控制函数 HalLedSet (HAL_LED_ALL, HAL_LED_MODE_OFF),作用是将所有的 LED 关掉。这个函数要求传递两个参数,第一个参数是 LED 选择,第二个参数是对应的 LED 的亮灭状态。HAL_LED_ALL 代表选择所有的 LED,HAL_LED_MODE_OFF 代表灭灯。

在 HalLedSet 函数中,同时定义了 BLINK_LEDS 和 HAL_LED 条件编译宏的情况下,它可以实现 LED 的开(On)、关(Off)、连续闪烁(Blink)、间歇闪烁(Flash)、状态切换(Toggle)五种控制模式;如果仅定义 HAL_LED 宏的话,只能实现 LED 开关的开、关控制。下面是 HalLedSet 函数的原型:

```
uint8 HalLedSet (uint8 leds, uint8 mode)
{
#if (defined (BLINK_LEDS)) && (HAL_LED == TRUE)
  uint8 led;
  HalLedControl_t * sts;
  switch (mode)
  {
    case HAL_LED_MODE_BLINK:
      /* Default blink, 1 time, D% duty cycle */
      HalLedBlink(leds, 1, HAL_LED_DEFAULT_DUTY_CYCLE, HAL_LED_DEFAULT_FLASH_TIME);
      break;

    ……
#elif (HAL_LED == TRUE)
  LedOnOff(leds, mode);
#endif /* BLINK_LEDS && HAL_LED    */
  return ( HalLedState );
}
```

如上节所述,HAL_LED 条件编译宏在 Project/Options/C/C++ Compiler/Preprocessor/选项卡的 Defined Symbols 文本框里定义。如果定义了 HAL_LED==TRUE,BLINK_LEDS 条件编译宏也将被定义,因为在 C:\Texas Instruments\ZStack-1.4.3-1.2.1\-COMPONENTS\HAL\TARGET\CC2430EB 的 hal_board_cfg.h 文件里有如下宏定义:

```
#if (! defined BLINK_LEDS) && (HAL_LED == TRUE)
#define BLINK_LEDS
#endif
```

上面代码显示,如果在定义了 HAL_LED==TRUE 且没有定义 BLINK_LEDS 的情况下,将会定义 BLINK_LEDS 宏。所以 GenericApp 工程将会满足 HAL_LED 和 BLINK_LEDS 同时定义的条件,LED 驱动将会支持 LED 的开、关、连续闪烁、间歇闪烁和状态切换五种控制模式。

(3) LED 驱动的调用

① 驱动调用格式。

LED 驱动函数的原型是 uint8 HalLedSet (uint8 leds, uint8 mode)函数。这个函数需要传入两个参数 leds 和 mode。Leds 是要操作的 LED,mode 是对 LED 的操作模式

(开、关、闪烁、状态切换)。

下面以 LED1 的开、状态切换这两个控制模式为例说明。

◆ 打开 LED1,第一个参数是"LED1",第二个参数是"开"。系统对两个参数已经做了宏定义：

第一个参数"LED1"对应的宏定义是 HAL_LED_1,在 C:\Texas Instruments\ZStack-1.4.3-1.2.1\COMPONENTS\HAL\INCLUDE 的 hal_led.h 文件中定义：

#define HAL_LED_1   0x01

第二个参数"开"对应的宏定义是 HAL_LED_MODE_ON,在 C:\Texas Instruments\ZStack-1.4.3-1.2.1\COMPONENTS\HAL\INCLUDE 中的 hal_led.h 文件中定义：

#define HAL_LED_MODE_ON   0x01

所以要实现上述第一个控制模式,需要按如下模式调用 HalLedSet()函数：
HalLedSet(HAL_LED_1, HAL_LED_MODE_ON);

◆ 切换 LED1 的状态,第一个参数是"LED1",第二个参数是"状态切换",对应的系统宏定义分别是 HAL_LED_1 和 HAL_LED_MODE_TOGGLE,所以这个控制模式的调用格式如下：

HalLedSet(HAL_LED_1, HAL_LED_MODE_TOGGLE);

② 开发板上 LED 引脚与 LED 驱动中宏定义的对应关系。

PK 液晶板的 CC2430 模块上有两个 LED,一个绿色(P1.0 引脚控制),一个红色(P1.1 引脚控制)。现在开发一个基于 Z-Stack 的应用,需要控制这两个 LED 灯,显然需要调用协议栈中的 LED 驱动函数 HalLedSet()。开发者关心的是这两个 LED 控制引脚对应的系统宏定义的名称,以便正确传递驱动参数。在 Z-Stack 中,P1.0(绿色 LED)引脚对应的宏是 HAL_LED1,P1.1(红色 LED)引脚对应的宏是 HAL_LED2。所以,如果想控制绿色 LED 话,需要向 HalLedSet()函数第一参数传递 HAL_LED1 参数。以下是调用示例：

◆ HalLedSet(HAL_LED1,HAL_LED_MODE_OFF);   //关绿色 LED
◆ HalLedSet(HAL_LED1,HAL_LED_MODE_ON);   //开绿色 LED
◆ HalLedSet(HAL_LED1,HAL_LED_MODE_BLINK);   //绿色 LED 闪烁
◆ HalLedSet(HAL_LED1,HAL_LED_MODE_TOGGL);   //绿色 LED 状态切
//换一次

5.2.7.3 实践

在 Z-Stack 中的 GenericApp 示例(CoordinatorEB 工程)的用户应用层(APP)中添加一个用户自定义事件,要求在 ZigBee 入网成功后发射这个事件,然后每 3 秒重复发射,在这个事件的处理函数中需要调用 LED 驱动函数 uint8 HalLedSet(uint8 leds, uint8 mode),使 CC2430PK 液晶板上的红色 LED 的状态切换一次(由亮→灭,或由灭→亮)。

【任务提示】用户自定义任务事件的处理函数在 GenericApp.C 文件中的 UINT16 GenericApp_ProcessEvent(byte task_id, UINT16 events)中。这个函数里既有系统事

件/消息的处理程序,也包括用户自定义事件的处理程序。

ZigBee 节点入网成功是一个系统事件消息,它是在节点成功建立一个网络(作为协调器),或成功加入一个网络(作为路由器或终端设备)时发生。这个消息是"ZDO_STATE_CHANGE",它的处理也是在 GenericApp_ProcessEvent 中。所以,应当把初次发射自定义的事件代码放到 GenericApp.C 中的系统消息"ZDO_STATE_CHANGE"的处理程序中,作为条件触发自定义事件的发射,参见如下代码:

```
         case ZDO_STATE_CHANGE：
             GenericApp_NwkState = (devStates_t)(MSGpkt->hdr.status);
             if ( (GenericApp_NwkState == DEV_ZB_COORD)
                 || (GenericApp_NwkState == DEV_ROUTER)
                 || (GenericApp_NwkState == DEV_END_DEVICE) )
             {
                 // Start sending "the" message in a regular interval.
                 osal_start_timerEx( GenericApp_TaskID,
                                     GENERICAPP_SEND_MSG_EVT,
                                     GENERICAPP_SEND_MSG_TIMEOUT );

                 osal_start_timerEx(          );
//添加你自己的自定义事件发射函数,正确填充其参数
//对于 Coordinator 来说 ZDO_STATE_CHANGE 即为建网成功事件
             }
//以下为你自己需要添加的自定义事件的处理代码
  if ( events & MY_SEND_MSG_EVT )       //用户自定义事件的提取
  {
    HalLedSet(       );           //LED 的驱动调用,注意要正确填充其参数
    osal_start_timerEx(       );//事件处理完后要重复发射当前自定义事件
    return (events ^ MY_SEND_MSG_EVT);
//事件处理完后清除 events 中自定义事件
  }
```

5.2.8 在自定义任务事件中实现片内温度采集和液晶显示

以 GenericApp 工程为基础,在 GnericApp 工程的设备节点中添加片内间隔 5 秒钟的温度电压采集,然后在本地液晶屏上显示其温度值的功能。

5.2.8.1 片内温度采集功能的添加

片内温度值是通过将 CC2430 内部的温度电压通过 ADC(模数转换器)转换为数字值后经过处理得到的。

所以这个任务的关键在于调用 HAL 层的 ADC 初始化函数和 ADC 转换函数 HalAdcRead(),但是在 Z-Stack 中 HalAdcRead 函数中,只有 ADIN0-7 的通道模拟电压输入功能,没有选择温度电压通道功能,所以要实现温度电压采集的功能,必须修改 HAL 层的 ADC 转换函数 HalAdcRead()来添加片内温度采集功能。

uint16 HalAdcRead (uint8 channel, uint8 resolution);

调用 HalAdcRead()时需要传递两个参数 channel、resolution,分别用于设置转换通道和转换分辨率,下面介绍设置上述参数以实现片内温度采集功能的方法。

(1) ADC 模块转换参数设置

ADC 模块的转换参数主要有四个,即转换通道所使用的引脚、转换参考电压、转换分辨率、转换通道,上述参数主要是通过设置如下的两个寄存器实现的:

◆ 使能 ADC 通道所使用的 I/O 口输入引脚,通过设置 ADCCFG 寄存器实现;

◆ 设置 ADC 模块的参考电压、转换分辨率、转换通道,通过设置 ADCCON3 寄存器实现。

HalAdcRead()中 ADC 模块转换参数设置的代码分析:

设置 ADC 通道所使用的输入引脚的原始代码(hal_adc.C 的 199 行开始):

```
if (channel < 8)
  {
    for (i=0; i < channel; i++)
    {
      adcChannel <<= 1;   //通道位左移,最终将其移动到通道号 channel 占据
//的二进制位
    }                     // adcChannel 的初始值为 0x01
  }
/* Enable channel */
ADCCFG |= adcChannel;
```

ADCCFG 是 ADC 输入通道的使能寄存器,用于选择 8 个外部 ADC 输入通道对应的引脚使能。由于本节任务中需要转换的是内部温度电压通道,所以并不需要上述代码中的外部输入引脚使能,也就是说 Z-Stack 中的上述原始代码对片内温度采集功能来说并不是必要的。

表 5.1　ADCCFG 寄存器

位	名称	复位	R/W	描述
7:0	ADCCFG[7:0]	0x00	R/W	ADC输入配置。ADCCFG[7:0]选择 P0_7 - P0_0 作为 ADC输入的 AIN7 – AIN0 0　ADC输入禁用 1　ADC 输入使能

设置 ADC 模块的参考电压、转换分辨率、转换通道的原始代码。

上述参数配置是通过设置 ADCCON3 寄存器来完成的。ADCCON3 寄存器是用于控制额外 ADC 转换模式的寄存器，见表 5.2。

表 5.2　ADCCON3 寄存器

位号	位名	复位值	操作性	功能描述
7:6	EREF[1:0]	00	可读/写	选择单次 AD 转换参考电压 00 内部 1.25V 电压 01 外部参考电压 AIN7 输入 10 AVDD_SOC 电压 11 外部参考电压 AIN6－AIN7 输入
5:4	EDIV[1:0]	01	可读/写	选择单次 A/D 转换分辨率 00 8 位(64dec) 01 10 位(128dec) 10 12 位(256dec) 11 14 位(512dec)
3:0	ECH[3:0]	00	可读/写	单次 A/D 转换选择,如果写入时 ADC 正在运行,则在完成序列 A/D 转换后立刻开始,否则写入后立即开始 A/D 转换,转换完成后自动清 0 0000 AIN0 0001 AIN1 0010 AIN2 0011 AIN3 0100 AIN4 0101 AIN5 0110 AIN6 0111 AIN7 1000 AIN0－ AIN1 1001 AIN2－ AIN3 1010 AIN4－ AIN5 1011 AIN6－ AIN7 1100 GND 1101 正电源参考电压 1110 温度传感器 1111 VDD3

以下是原始代码(hal_adc.C 233 行):

代码 5.2.8.1：
adctemp = ADCCON3;
　　adctemp &= ~(HAL_ADC_CHN_BITS | HAL_ADC_DEC_BITS | HAL_ADC_REF_BITS);
　　adctemp |= channel | resbits | HAL_ADC_REF_VOLT; //通道选择、分辨率、
//参考电压位或操作
　　/* writing to this register starts the extra conversion */
　　ADCCON3 = adctemp;

从上述代码可以看到，程序首先将 ADCCON3 寄存器内容读入了一个 adctemp 变量，然后使用与操作将 adctemp 中值清零；接着使用或操作将通道选择位、分辨率位和参考电压位值写入 adctemp 变量，最后将设置好的 adctemp 变量写入 ADCCON3 寄存器中完成转换参数的设置。在 Z-Stack 的代码中，通道选择是通过调用 HalAdcRead() 时的第一个参数传递给 channel 变量的，转换分辨率是通过 HalAdcRead() 时的第二个参数传递给 resbits 变量的，参考电压选择是直接调用已经定义好的 HAL_ADC_REF_VOLT。上述的三个关键参数最后通过 channel、resbits 和 HAL_ADC_REF_VOLT 相或之后赋值给 adctemp 变量，最后再给 ADCCON3 寄存器赋值。

通过分析 Z-Stack 中的 hal_adc.C 的原始代码发现以下几个问题：

◆ ADC 模块转换通道选择参数 channel 变量只能在 0－7 之间取值，即只能选择 AIN0－AIN7 的八个外部输入通道的电压值进行转换；

◆ ADC 模块转换参考电压选择 HAL_ADC_REF_VOLT 是将外部引脚输入的电压当作参考电压。

本节我们要实现的片内温度采集功能所调用的 ADC 功能，需要选择片内温度通道、参考电压为内部 1.25V、转换分辨率 14 位。选择片内温度通道，就需要修改原始代码的转换通道选择代码，使 channel 变量可以取温度电压通道值（14）。选择 1.25V 参考电压，需要修改原始代码的参考电压选择代码，使用内部 1.25V。选择 14 位转换分辨率就需要在调用 HalAdcRead() 时传入 resbits 选择 14 位分辨率取值，或直接置位 ADCCON3 寄存器中的分辨率设置位值。

（2）对 HalAdcRead() 代码的适应性修改

适应性修改有两方面含义：其一，上述修改能够实现片内温度采集功能；其二，上述修改又不能破坏协议栈的原始功能。将我们添加的修改代码限制在某种编译条件中，只有在定义了这种编译条件宏的情况下才能编译，取消了这个这种编译条件宏的情况下，修改后的代码不会编译。这样就可以实现上述代码修改的适应性。

通道选择设置：

通道选择位信息保存在 channel 变量中，这个变量是 HalAdcRead() 的第一个参数传入的。Channel 是一个 8 位变量，有效位只有低四位，对应 ADCCON3 寄存器的低四位 ECH[3:0]（通道选择位）。所以其有效值的范围在 0－15，其中 0－8 的值用于名称为 AIN0-AIN7 外部电压输入通道的选择，9－15 的值用于选择其他的通道。在 channel 值 9－15 对应的转换通道中，有一个芯片内的温度电压通道选择，其值是 14。因此，如果选

择转换片内的温度通道的话,就需要给 channel 赋值 14,对应的二进制值为 0000 1110 B。

分辨率设置:

分辨率选择位在 resbits 变量中存储。resbits 通过 HalAdcRead( )函数的 resolution 参数传入,其值应设置为 0011 0000 B,对应 ADCCON3 寄存器的第 5 和第 4 位(EDIV 位),表示 ADC 转换器使用 14 位分辨率。

参考电压设置:

参考电压选择位存储在 HAL_ADC_REF_VOLT 中。这是一个系统定义的宏,其值应设置为 0000 0000B,是把 ADCCON3 寄存器的高 2 位清零,即选择内部 1.25V 参考电压。

为了不破坏 TI-ZSTACK 驱动层原始代码功能,可以使用一个自定义的宏 TEMP_ADC 对 HalAdcRead 函数中有关 ADCCON3 寄存器设置的代码进行条件编译。

首先在 Project/Options/C/C++Compiler/Preprocessor/Defined Symbols 编译选项中添加 HAL_ADC 和 TEMP_ADC 两个宏。

在 hal_adc.C 的 235 行添加如下代码:
#if defined (TEMP_ADC)   //如果定义了 TEMP_ADC 宏 使用修改后代码功能
ADCCON3 =0x3E;   //REF_1_25_V | ADC_14_BIT | ADC_TEMP_SENS
//直接配置 ADC 为 1.25V 参考电压、14 位分辨率、温度电压通道选择
#elif ! defined (TEMP_ADC)
ADCCON3 = adctemp;   //如果没有定义 TEMP_ADC 宏 保留原始代码功能
#endif

(3) ADC 模块模数转换的启动

按模数转换过程时间连续性可将 CC2430 的 ADC 转换模式分为序列转换和单次(额外)转换两种。序列转换和单次转换的启动条件不同。

序列转换是按顺序对一系列通道进行连续转换,并把结果移动到存储器(通过 DMA),不需要任何 CPU 干预,通过查询 ADCCON1 寄存器的 EOC 位来确定是否转换完成。它是由 ADCCON2 寄存器进行控制。

单次(额外)转换是对一个或几个通道进行单次转换,通过查询 ADCCON1 寄存器的 EOC 位来确定是否转换完成。它是由 ADCCON3 寄存器进行控制。

通过分析 Z-Stack 的 HalAdcRead 函数,其使用的 AD 转换模式采用单次转换。额外转换过程的启动是由写 ADCCON3 的写通道选择位而触发的。

所以,我们可以通过对 ADCCON3 寄存器的含有通道选择位的赋值操作实现 ADC 模块转换过程的启动:
ADCCON3 =0x3E;   //REF_1_25_V | ADC_14_BIT | ADC_TEMP_SENS

(4) HalAdcRead 代码 bug"解决"

Z-Stack 中 HAL 层的 HalAdcRead 原始函数中有一处错误需要修改:
/* Read the result */   //将转换结果存入一个 16 位变量
reading = (int16)(ADCL);
reading |= (int16)(ADCH << 8);

ADCL 的低两位没有实际意义,应该处理掉,但这里却把它加入到转换结果 reading 中了,这将导致温度转换结果读出的错误。

应该对此做如下修改：
/* Read the result */   //将转换结果存入一个 16 位变量
reading =（int16）(ADCL>>2);   //结果低位右移两位,屏蔽掉低两位
reading |=（int16）(ADCH <<6);

(5) 在用户任务中调用 ADC 函数的格式

uint16 AdcVal; //定义一个 16 位变量以存储转换后的温度电压值(14 位)
AdcVal=HalAdcRead(14, HAL_RESOLUTION_14);
//选择读取 ADC 通道 14(温度通道),分辨率 14 位

这个 AdcVal 的值还不是实际的温度值,它是热敏传感器上的温度电压值。所以还需要一个公式把它转化成实际的温度值：

实际温度=(AdcVal>>4)-315

5.2.8.2 液晶显示功能调用

(1) 液晶显示函数原理

液晶的显示函数是 Print8(),位于 HAL/Target/CC2430EB/Drivers/CC2430.C 文件的 385 行。此函数最多可在 PK 液晶板的 OCM12864-9 图形点阵液晶显示器上显示出 8 行×16 列的 8×8 点阵大小的字符。

void Print8(INT16U y, INT16U x, INT8U ch[ ], INT16U yn)

上述函数调用时需要传递 y,x,ch[ ],yn 四个参数：
① y 为行坐标；
② x 为列坐标；
③ yn 为点阵像素极性标志:yn=1,值为 1 的像素点为亮点;yn=0,值为 1 的像素点为暗点；
④ ch[ ]为显示数据缓冲区,缓冲区内数据为要显示字符的 ASCII 码。Print8 只能显示 ASCII 码,如果要直接将 int 型的数据填入 ch[ ]中,显示的将是 ASCII 值等于这个 int 值的字符。因此要正常显示出一个 int 数据的值,而不是 ASCII 值同这个 int 值的那个字符,需要将其转化为一个字符串,使用如下函数：

void _itoa(uint16 num, byte * buf, byte radix)

① num 为要转化为字符串的 int 值；
② buf 为转化后字符串存放的缓冲区地址
③ radix 字符串格式参数,10 表示以 10 进制显示字符,16 表示以 16 进制显示。

(2) 液晶显示函数调用实例

uint16 AdcVal=100;
unsigned char theMessageData[5]={0,0,0,0,0};
_itoa(AdcVal,theMessageData,10); //将 AdcVal 的值 100 转化为字符串"１００"
Print8(HAL_LCD_LINE_2,10,theMessageData,1);//在屏幕的第二行显示字符串

//"100"

5.2.8.3 用户自定义事件的添加

(1) 在终端节点上添加用户自定义事件 GENERIC_VOLT_COLLECT_EVT
♯define GENERICAPP_VOLT_COLLECT_EVT   0x0002

(2) 在终端节点上的 ZDO_STATE_CHANGE 中添加用户事件的发射函数,每隔三秒钟采集一次本地温度值

```
case ZDO_STATE_CHANGE:
    GenericApp_NwkState = (devStates_t)(MSGpkt->hdr.status);
        if ((GenericApp_NwkState == DEV_ZB_COORD)
            || (GenericApp_NwkState == DEV_ROUTER)
            || (GenericApp_NwkState == DEV_END_DEVICE))
        {
            osal_start_timerEx( GenericApp_TaskID,
                GENERICAPP_VOLT_COLLECT_EVT,
                GENERICAPP_VOLT_COLLECT_TIMEOUT );
        }
        break;
```

(3) 在用户自定义事件 GENERIC_VOLT_COLLECT_EVT 的处理函数中添加温度采集程序

```
uint16 AdcVal;
unsigned char theMessageData[5]={0,0,0,0,0};
AdcVal=HalAdcRead(14,HAL_ADC_RESOLUTION_14);
//Temperature Channel,14BITS RES
AdcVal=(uint8)((AdcVal>>4)-315);
_itoa(AdcVal,theMessageData,10);
```

(4) 在本地节点的液晶屏上显示出本地采集的温度值

```
Print8(HAL_LCD_LINE_2,10,"              ", 1);
Print8(HAL_LCD_LINE_3,10,"              ", 1);
Print8(HAL_LCD_LINE_2,16, "Local Temp:", 1);
Print8(HAL_LCD_LINE_3,10,theMessageData, 1);
```

5.2.9 Z-Stack 中的其他关键流程

以 GenericApp 工程为例进行分析。

5.2.9.1 APP(应用层)的初始化

在 GenericApp.c 中的 GenericApp_Init 函数(179 行)中执行用户任务层的初始化工

作。这个初始化里面主要包含四个工作。

（1）地址模式的设置

为了向一个在 ZigBee 网络中的目的设备发送数据，Z-Stack 使用一个 afAddrType_t（在 ZComDef.h 中定义）类型的数据结构描述目的设备的地址信息。这个地址信息里包括设备的网络地址，也即短地址（16 位）。应用程序通常使用 AF_DataRequest()函数将数据包发送给 afAddrType_t 数据结构所描述的目标设备。

```
typedef struct
{
union
{
uint16 shortddr;
} addr;
afAddrMode_t addrMode;
byte endPoint;
} afAddrType_t;
```

我们看到地址模式类型 afAddrType 这个数据结构体中包含了三个成员，一个是联合体（union）的 addr 成员，一个是 afAddrMote 类型的 addrMode 地址，一个是单字节的端口号成员 endPoint。

Addr 数据成员用于存储目的节点的网络短地址（16 位），endPoint 成员存储目的节点的端口号（0-240），addrMode 用于存储发送数据的目换地址模式，是一个 afAddrMode 类型的枚举（enum）结构。addrMode 可以取 AddrNotPresent、Addr16Bit、AddrGroup、AddrBroadcast 这几个值。

目的地址模式可以设置为以下几个值：

```
typedef enum
{
afAddrNotPresent = AddrNotPresent,      //Indirect 间接传送
afAddr16Bit = Addr16Bit,                //Unicast 单点传送（16 位地址模式）
afAddrGroup = AddrGroup,                //组寻址模式
afAddrBroadcast = AddrBroadcast         //广播寻址模式
}afAddrMode_t;
```

因为在 ZigBee 中，数据包可以单点传送（Unicast）、多点传送（Multicast）或者广播传送，所以必须有地址模式参数。一个单点传送数据包只发送给一个设备，多点传送数据包则要传送给一组设备，而广播数据包则要发送给整个网络的所有节点。

① 单点传送（Unicast）。

Uicast 是标准寻址模式，它将数据包发送给一个已经知道网络地址的网络设备。将 afAddrMode 设置为 Addr16Bit 并且在数据包中携带目标设备地址。

② 间接传送（Indirect）。

当应用程序不知道数据包的目标设备在哪里的时候使用的模式。将模式设置为

AddrNotPresent 并且目标地址没有指定。取代它的是从发送设备的栈的绑定表中查找目标设备。这种特点称之为源绑定。

当数据向下发送到达栈中,从绑定表中查找并且使用该目标地址。这样,数据包将被处理成为一个标准的单点传送数据包。如果在绑定表中找到多个设备,则向每个设备都发送一个数据包的拷贝。

ZigBee(ZigBee2004)有一个选项可以将绑定表保存在协调器(Coordinator)当中。发送设备将数据包发送给协调器,协调器查找它栈中的绑定表,然后将数据发送给最终的目标设备。这个附加的特性叫作协调器绑定(Coordinator Binding)。

③ 广播传送(Broadcast)。

当应用程序需要将数据包发送给网络的每一个设备时,使用这种模式。地址模式设置为 AddrBroadcast。目标地址可以设置为下面广播地址的一种:

NWK_BROADCAST_SHORTADDR_DEVALL(0xFFFF)——数据包将被传送到网络上的所有设备,包括睡眠中的设备。对于睡眠中的设备,数据包将被保留在其父亲节点直到查询到它,或者消息超时(NWK_INDIRECT_MSG_TIMEOUT 在 f8wConifg.cfg 中)。

NWK_BROADCAST_SHORTADDR_DEVRXON(0xFFFD)——数据包将被传送到网络上的所有在空闲时打开接收的设备(RXONWHENIDLE),也就是说,除了睡眠中的所有设备。

NWK_BROADCAST_SHORTADDR_DEVZCZR(0xFFFC)——数据包发送给所有的路由器,包括协调器。

④ 组寻址(Group Addressing)。

当应用程序需要将数据包发送给网络上的一组设备时,使用该模式。地址模式设置为 afAddrGroup 并且 addr.shortAddr 设置为组 ID。

在使用这个功能呢之前,必须在网络中定义组。组可以用来关联间接寻址。在绑定表中找到的目标地址可能是是单点传送或者是一个组地址。另外,广播发送可以看作是一个组寻址的特例。

下面的代码是一个设备怎样加入到一个 ID 为 1 的组当中:

aps_Group_t group;
// Assign yourself to group 1
group.ID = 0x0001;
group.name[0] = 0; // This could be a human readable string
aps_AddGroup(SAMPLEAPP_ENDPOINT, &group);
GenericApp 中地址模式的初始化(GenericApp 186 行)
GenericApp_DstAddr.addrMode = (afAddrMode_t)AddrNotPresent;//间接寻址
GenericApp_DstAddr.endPoint = 0;   //端口置 0
GenericApp_DstAddr.addr.shortAddr = 0;   //短地址置 0

(2)端口描述符的填充及注册

端口(EndPoint)是一种网络通信中的虚拟数据通道,它是无线通信节点的一个通信部件，如果选择"绑定"方式实现节点间的通信，那么可以直接面对端口操作，而不需要知道绑定的两个节点的地址信息。每个 ZigBee 设备支持多达 240 个这样的端口，每一个用户自定义任务占用唯一的一个端口。

端口的值和 IEEE 长地址、16 位短地址一样，是唯一确定的网络地址，通常结合绑定功能一起使用。它是 ZigBee 无线通信的一个重要参数。

在 Z-Stack 中使用一个 endPointDesc_t（端口描述符）类型的数据结构来描述当前任务所用的端口信息。每一个任务在初始化时，必须填充它所属的端口信息并需要把其注册到协议栈中去。这个数据结构包括 endpoint、task_id、SimpleDescriptionFormat_t、afNetworkLatencyReq_t 四个成员。

```
typedef struct
{
    byte endPoint;                              //端口号
    byte * task_id;      //任务号指针
    SimpleDescriptionFormat_t * simpleDesc;     //简单描述符结构
    afNetworkLatencyReq_t latencyReq;           //延时请求
}endPointDes
```

这四个成员中，endpoint、task_id 都是我们在前面比较熟悉的。SimpleDescriptionFormat_t（简单描述符结构）较为特殊。它也是一个数据结构，里面包含了对当前端口的更多描述信息，如 AppDeviceId（任务设备 ID）、AppDevVer（任务设备版本）、pAppInClusterList（任务簇列表指针）等。

```
typedef struct
{
    byte            EndPoint;                   //端口号
    uint16          AppProfId;                  //任务框架号
    uint16          AppDeviceId;                //任务设备 ID
    byte            AppDevVer:4;                //任务设备版本
    byte            Reserved:4;                 // AF_V1_SUPPORT
    byte            AppNumInClusters;           //任务输入簇数量
    cId_t           * pAppInClusterList;        //任务输入簇列表
    byte            AppNumOutClusters;          //任务输出簇数量
    cId_t           * pAppOutClusterList;       //任务输出簇列表
} SimpleDescriptionFormat_t;
```

我们应该首先填充简单描述符结构，再去填充端口描述符结构。端口描述符的初始化可见 GenericApp.C 的 191 行：

```
// Fill out the endpoint description.
    GenericApp_epDesc.endPoint = GENERICAPP_ENDPOINT;//填充当前任务端口
    GenericApp_epDesc.task_id = &GenericApp_TaskID;          //填充当前任务号
```

```
    GenericApp_epDesc.simpleDesc                //填充端口简单描述符
        =(SimpleDescriptionFormat_t *)&GenericApp_SimpleDesc;
GenericApp_epDesc.latencyReq = noLatencyReqs;
```

从上述代码可见,对端口描述符的初始化包括了对端口号、任务 ID、简单描述符结构充、延时请求等数据结构成员信息的填充。

对每一个应用任务来说,要使用一个属于它的端口向网络中发送数据,必须事先注册它,这个注册过程一般在是应用层任务的初始化函数中完成的,看如下代码:

```
afRegister( &SampleApp_epDesc );
```

功能:对 SampleApp 的 EP 描述符进行初始化,即对该应用进行初始化,并在 AF 层中进行登记。当通知应用层有这么一个 EP 可以使用时,下层有关于该应用的信息,或者该应用要对下层做哪些操作,就会自动得到下层的响应。

(3) 键盘事件的注册

大部分的 FFD 设备上一般都设置有键盘,因此 Z-Stack 中提供了较完备的键盘驱动功能。完整的键盘驱动流程比较复杂,需要注意一点:一个应用任务要使用按键功能,必须首先进行注册,这样一旦有按键发生,这个任务才能得到键值进行相应的处理,而协议栈中唯一一个用户应用任务 GenericApp 就对其进行了注册,具体在 GenericApp_Init() 函数中(在 GenericApp.C 的 201 行)有这么一句:

```
// Register for all key events - This app will handle all key events
RegisterForKeys(GenericApp_TaskID);    //注册键盘到当前任务号任务
```

即可由这个任务 GenericApp 来处理按键事件。

(4) ZDO 消息的注册

ZDO 是 ZigBee 设备对象,是驻留于应用层(APL)的一种应用解决方案,它位于 ZigBee 协议栈的应用支持子层(APS)之上,使用端口 0。ZDO 就是跟 ZigBee 网络中设备相关的应用程序,它负责设备角色定义,设备发现绑定等。为了实现上述功能,ZDO 需要使用一系列的消息来与网络进行交互,这些消息因而被称为 ZDO 消息。

例如,绑定操作,为了实现当前设备与网络中另一台设备的绑定,当前设备的 ZDO 需要发送一个绑定请求消息(End_Device_Bind_rsp)到网络中。另一台设备接收到这个请求后,经过判断可以允许这个绑定后将会发送一个绑定响应(Match_Desc_rsp)。这里的绑定请求和绑定响应消息都属于 ZDO 消息。

在 Z-Stack 用户任务层中是可以处理 ZDO 消息的,但是默认情况下并不会处理 ZDO 消息,必须在任务初始化时把 ZDO 消息注册到协议栈的应用层任务中后,在相关消息事件发生后才会得到处理。Z-Stack 对待 ZDO 消息如同对待其他任务事件或系统事件一样,也是把它们放于消息队列中,当消息产生后,由事件轮循机制抽取应用层任务中 ZDO 消息处理函数进行处理。

以 GericApp 工程为例,它为了实现绑定功能使用了两个 ZDO 消息 End_Device_Bind_rsp、Match_Desc_rsp。在任务初始化代码(GenericApp.C210 行)进行注册:

```
    ZDO_RegisterForZDOMsg( GenericApp_TaskID, End_Device_Bind_rsp );
    ZDO_RegisterForZDOMsg( GenericApp_TaskID, Match_Desc_rsp );
```

5.2.9.2 APP(应用层)发送数据

发送数据是指从 WSN 中的一个节点到另一个节点的 OTA(Over The Air)方式的发送。在 Z-Stack 中,无论是单播(Unicast)、组播(Group)、间接传送(Indirect)还是广播(BroadCast)的数据发送,都是通过调用 AF_DataRequest 这个系统函数来实现的。该函数会调用协议栈里面与硬件相关的函数最终将数据通过天线发送出去。

```
afStatus_t AF_DataRequest(afAddrType_t *dstAddr,  //目的地址指针
                endPointDesc_t *srcEP,  //发送节点的端点描述符指针
                uint16 cID,      //ClusID 簇 ID 号
                uint16 len,      //发送数据的长度
                uint8 *buf,      //指向存放发送数据的缓冲区指针
                uint8 *transID,  // 传输序列号,该序列号随着信息的发送而
                uint8 options,   //发送选项
                uint8 radius     //最大传输半径(发送的跳数)
                )
```

参数 1:afAddrType_t *dstAddr 该参数包含了目的节点的网络地址、端点号及数据传送的模式,如单播、广播或多播等。

```
typedef enum
{
    afAddrNotPresent = AddrNotPresent,  //表示通过绑定关系指定目的地址
    afAddr16Bit = Addr16Bit,     //单播发送
    afAddrGroup = AddrGroup,     //组播
    afAddrBroadcast = AddrBroadcast //广播
} afAddrMode_t;
enum
```

因为在 ZigBee 中,数据包可以单点传送(Unicast)、多点传送(Multicast)或者广播传送,所以必须有地址模式参数。一个单点传送数据包只发送给一个设备,多点传送数据包则要传送给一组设备,而广播数据包则要发送给整个网络的所有节点。因此,上述结构体中的 afAddrMode_t addrMode 就是用于指定数据传送模式,是个枚举类型,可以设置为以下几个值:

```
enum
{
    AddrNotPresent = 0,
    AddrGroup = 1,
    Addr16Bit = 2,
    Addr64Bit = 3,
    AddrBroadcast = 15
};
```

注意:ZigBee 设备有两种类型的地址。一种是 64 位 IEEE 地址(物理),即 MAC 地址,另一种是 16 位网络地址。64 位地址使全球唯一的地址,设备将在它的生命周期中一直拥有它,通常由制造商或者被安装时设置。这些地址由 IEEE 来维护和分配。16 为网络地址是当设备加入网络后由协调器或路由器分配的,它在网络中是唯一的,用来在网络中鉴别设备和发送数据。

参数 2:endPointDesc_t * srcEP 是发送节点的端口描述符指针,在 ZigBee 网络中,可以通过网络地址找到某个具体的节点,但是具体到某个节点,还有不同的端口(每个节点上最多可支持 240 个端口),不同节点的端口间可以相互通信。如节点 1 的端口 1 可以给节点 2 的控制端口 1 发 led 控制命令,也可以给节点 2 的端口 2 发采集命令,但是同一个节点上的端口的网络地址是相同的,所以,仅仅通过网络地址无法区分节点 1 的端口 1 是与节点 2 的哪个端口进行通信,因此,在发送数据时不但要指定网络地址,还要指点端口号。

参数 3 uint16 cID 是 ClusID 簇 ID 号,一个 ZigBee 节点有很多属性,一个簇实际上是一些相关命令和属性的集合,在整个网络中,每个簇都有唯一的簇 ID,也就是用来标识不同的控制操作的命令号。

参数 4 uint16 len 是送数据的长度。

参数 5 uint8 * buf 指向发送数据缓冲的指针。

参数 6 uint8 * transID 该参数是指向发送序号的指针,每发送一个数据包,该发送序号会自动加 1,因此在接收端可以查看接收数据包的序号来计算丢包率。

参数 7 uint8 options 是发送选项,有如下选项:

```
＃defineAF_FRAGMENTED      0x01
＃defineAF_ACK_REQUEST     0x10 //要求 APS 应答,这是应用层的应答,只在
//直接发送(单播)时使用。
＃defineAF_DISCV_ROUTE     0x20 //总要包含这个选项
＃defineAF_EN_SECURITY     0x40
＃defineAF_SKIP_ROUTING    0x80 //设置这个选项将导致设备跳过路由而
//直接发送消息。终点设备将不向其父亲发送消息。在直接发送(单播)和广播消息时很
//好用。
```

参数 8 uint8 radius 最大的跳数,取默认值 AF_DEFAULT_RADIUS

返回值:afStatus_t 类型 枚举型,

```
typedef enum
{
    afStatus_SUCCESS,
    afStatus_FAILED = 0x80,
    afStatus_MEM_FAIL,
    afStatus_INVALID_PARAMETER
} afStatus_t;
```

5.2.9.3 APP(应用层)接收数据

afIncomingMSGPacket_t(应用层输入消息包)

一个 ZigBee 节点在接收到其他节点的应用层发送过来的数据后,将会产生一个 AF_INCOMING_MSG_CMD 的系统事件并进入事件循环中,通知当前应用层任务来提取并进行处理。Z-Stack 会将此事件连同应用数据一起封装在 afIncomingMSGPacket_t(应用层输入消息包)的数据结构中,发给应用层任务。

在 Z-Stack 中,所有由底层发往应用层任务的系统消息、系统事件、数据都封装在一个 afIncomingMSGPacket_t 的数据结构中,这个结构的定义为:

```
typedef struct
{
    osal_event_hdr_t hdr;        //系统事件
    uint16 groupId;              //组寻址的组 ID
    uint16 clusterId;            //簇 ID
    afAddrType_t srcAddr;        //寻址模式
    byte endPoint;               //源节点端口号
    byte wasBroadcast;
    byte LinkQuality;            //链接质量
    byte SecurityUse;            //网络安全标志
    uint32 timestamp;            //时间戳
    afMSGCommandFormat_t cmd;    //消息命令格式
} afIncomingMSGPacket_t;
```

数据结构里面有 osal_event_hdr、groupId、clusterId 等类型的成员。其中,osal_event_hdr_t 成员也是一个数据结构,用于存储系统消息、系统事件类型等信息,AF_INCOMING_MSG_CMD(应用层输入数据)事件就存储在这个数据结构中,osal_event_hdr_t 结构的定义如下:

```
typedef struct
{
    uint8  event;
    uint8  status;
} osal_event_hdr_t;

typedef void * osal_msg_q_t;
```

afMSGCommandFormat_t 也是一个数据结构,用于存储发送给应用层任务的数据:

```
typedef struct
{
    byte   TransSeqNumber;       //数据包发送序号
    uint16 DataLength;           //数据长度
```

```
    byte  * Data;                    //数据指针
} afMSGCommandFormat_t;
```

我们得到在上述信息中包括发送数据包的序号、数据长度、有效数据载荷指针等信息。

5.2.9.4 应用层输入数据的处理流程

系统事件循环在查询到有外部节点的数据输入事件后，将会通知应用层任务的事件处理函数进行处理。因为所有发送到应用层任务的系统事件、消息以及数据都封装在afIncomingMSGPacket_t这个数据结构中，所以应用层任务的事件处理函数要做的第一件工作就是把这个数据结构拆开，首先提取出存储系统事件的osal_event_hdr_t类型的hdr成员，判断其值，确定具体的事件类型。对于应用层接收外部数据这个事件，其值应是AF_INCOMING_MSG_CMD。如果是这个事件，将会进入这个事件的处理函数中去，进行具体的处理。例如，提取输入的数据，可通过指针操作选择afIncomingMSGPacket_t包中的cmd的Data成员来获取输入数据的指针。

以GenericApp工程中的接收应用层数据并处理的代码为例进行分析（GenericApp.C 227行）：

```
    if ( events & SYS_EVENT_MSG )
    {
        MSGpkt = （afIncomingMSGPacket_t *）osal_msg_receive（GenericApp_TaskID）；
        while（MSGpkt）
        {
          switch（MSGpkt->hdr.event）
          {
……
            case AF_INCOMING_MSG_CMD：
              GenericApp_MessageMSGCB（MSGpkt）；
              break;
```

上面代码首先通过osal_msg_receive()系统函数接收发送到应用层的afIncomingMSGPacket_t(应用层输入消息包)，存储到MSGpkt中去；然后通过指针操作选择包中的系统事件类型：

```
MSGpkt->hdr.event
```

接着判断事件类型（应用层输入数据事件），转入应用层输入数据事件的处理代码中：

```
    case AF_INCOMING_MSG_CMD：
      GenericApp_MessageMSGCB（MSGpkt）；
```

接着看事件处理函数GenericApp_MessageMSGCB（MSGpkt）：

```
void GenericApp_MessageMSGCB（afIncomingMSGPacket_t * pkt）
{
```

```
    switch（pkt->clusterId）        //提取出输入数据包中的簇 ID
    {
      case GENERICAPP_CLUSTERID：
        // "the" message
#if defined( LCD_SUPPORTED )
    //  HalLcdWriteScreen((char*)pkt->cmd.Data, "rcvd" ); //
    Print8(HAL_LCD_LINE_2,10,"                ", 1);
      Print8(HAL_LCD_LINE_3,10,"                ", 1);
        Print8(HAL_LCD_LINE_2,10,(INT8U *)pkt->cmd.Data, 1);
//提取出包中的数据,并显示在液晶屏上
    Print8(HAL_LCD_LINE_3,16, "WXL Welcome", 1);
#endif
      break；
    }
}
```

任务与思考

1. 应用层输入消息包结构中包括哪些成员？系统事件类型存储在哪个成员中,是怎么提取出来的？传输到应用层的数据是存储在哪个成员中的？

2. ZigBee 设备的地址有几种？ZigBee 的寻址模式有哪些？这些寻址模式是在哪个数据结构中的？

3. AF_INCOMING_MSG_CMD 事件是一个系统事件吗？它的含义是什么？

4. 端口描述符数据结构包括哪些数据成员？端口描述符需要向系统注册吗？如果需要,其注册方法是什么？

5. 键盘消息和 ZDO 消息需要向系统注册吗,原因是什么？注册函数是什么？

6. 请举一例子说明簇数据和簇 ID 的区别与联系。簇数据与簇 ID 存储在应用层输入消息包结构的哪个位置,在接收时又是如何被提取出来的？

本章思考题

1. 简述 TI 公司的 Z-Stack 协议栈特点。
2. Z-Stack 的 main 函数主要做哪两件工作？
3. 系统初始化主要包括哪几部工作？
4. ZigBee 网络中的设备类型分为哪几种？简述各种类型设备的功能。
5. 简述在 Z-Stack 中建立自己任务的步骤。

第六章 ZigBee 基础实验

6.1 与 Z-Stack 相关的 IAR 工程选项设置

用户打开 SampleApp 工程后，选中工程名，然后选择 Project→Options。如图 6.1 所示，选择 C/C++ Compiler 条目下的 Preprocessor 标签，如图 6.2 所示，便可以进入 Z-Stack 的编译选项设置界面。

要为工程添加一条编译选项，只需在 Defined symbols 框内添加一条新选项即可（另起一行）；要取消编译选项，只需在该编译选项的左侧添加"X"即可。

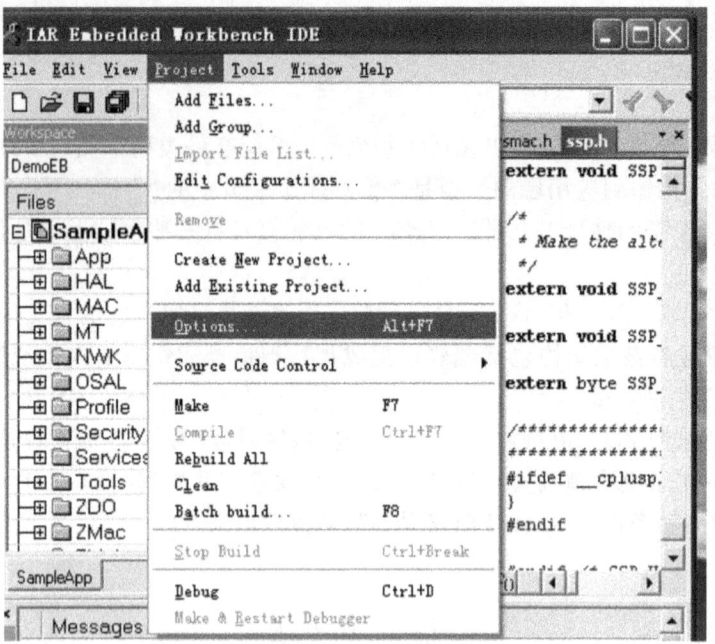

图 6.1 工程选项配置

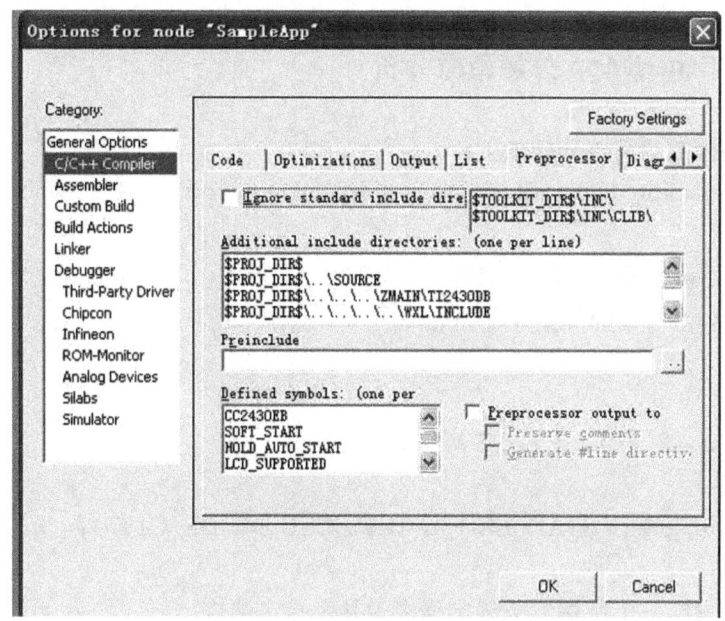

图 6.2　Z-Stack 编译选项

6.2　GenericApp 工程

6.2.1　实验介绍

实验工程路径为：
C:\TexasInstruments\ZStack-1.4.3-1.2.1\Projects\zstack\Samples\GenericApp\CC2520DB

这个实验是两个模块相互绑定后可以对传数据，模块绑定之后，两个模块之间相互传输字符串"Hello World"。

实验说明：首先启动一个网络协调器，协调器如果建立网络成功后，会在 LCD 上显示该节点为协调者同时显示网络 ID 号。然后打开一个终端节点或路由器的电源，此时节点会自动加入网络。加入网络成功后，节点会显示自己的节点类型、网络地址和父节点的网络地址。

节点加入网络成功后，首先把主机模块的摇杆往右拨一下，然后把要绑定模块的 RIGHT 按一下，如果两边的 LED4 都熄灭或是点亮后马上熄灭，表示绑定成功。绑定成功后，两个节点就开始相互定时发送数据，并在对方的 LCD 屏上显示出来，发送的数据为"Hello World"。此时，如果把相互绑定模块中的 left 按一下，可以发送 Match Description Request 命令，对方则显示 Match Description Request 信息。

6.2.2 GenericApp 关键函数分析

几个关键函数的简要分析如下：

```c
void GenericApp_HandleKeys( byte shift, byte keys )
{
  zAddrType_t dstAddr;
    if ( keys & HAL_KEY_SW_1 )
    {
    }
    if ( keys & HAL_KEY_SW_2 )
    {
      HalLedSet( HAL_LED_4, HAL_LED_MODE_OFF );

      //发起一个终端设备绑定请求为某个指定端口
      dstAddr.addrMode = Addr16Bit;
      dstAddr.addr.shortAddr = 0x0000; //协调器
      ZDP_EndDeviceBindReq(      &dstAddr, NLME_GetShortAddr(),
                  GenericApp_epDesc.endPoint,
          GENERICAPP_PROFID,
        GENERICAPP_MAX_CLUSTERS,(cId_t *)GenericApp_ClusterList,
                GENERICAPP_MAX_CLUSTERS,
                   (cId_t *)GenericApp_ClusterList,
                              FALSE );
    }
    if ( keys & HAL_KEY_SW_3 )
    {
    }
    if ( keys & HAL_KEY_SW_4 )
    {
      HalLedSet( HAL_LED_4, HAL_LED_MODE_OFF );
      //匹配描述符请求,服务发现
      dstAddr.addrMode = AddrBroadcast;
      dstAddr.addr.shortAddr = NWK_BROADCAST_SHORTADDR;
      ZDP_MatchDescReq( &dstAddr, NWK_BROADCAST_SHORTADDR,
              GENERICAPP_PROFID,
            GENERICAPP_MAX_CLUSTERS,
               (cId_t *)GenericApp_ClusterList,
```

第六章 ZigBee 基础实验

```
                    GENERICAPP_MAX_CLUSTERS,
              (cId_t *)GenericApp_ClusterList,
                                FALSE);
    }
}
```

这里只用到了 RIGHT(RIGHT)和 LEFT SW4)键。
RIGHT:ZDP_EndDeviceBindReq,绑定请求,这里指绑定到协调器。
LEFT:自动去寻求匹配描述符。

6.2.2.1 发送数据函数

```
void GenericApp_SendTheMessage( void )
{
    char theMessageData[] = "Hello World";

    if ( AF_DataRequest( &GenericApp_DstAddr, &GenericApp_epDesc,
                        GENERICAPP_CLUSTERID,
                        (byte)osal_strlen( theMessageData ) + 1,
                        (byte *)&theMessageData,
                        &GenericApp_TransID,
                        AF_DISCV_ROUTE, AF_DEFAULT_RADIUS ) ==
afStatus_SUCCESS )
    {
        // Successfully requested to be sent.
    }
    else
    {
        // Error occurred in request to send.
    }
}
```

这里发送了"Hello World"字符串。如果更改这里,是可以在接收端看到变化的。这里调用了 AF_DataRequest 函数,该函数为 AF 层请求发送数据函数。

```
afStatus_t AF_DataRequest(
    afAddrType_t * dstAddr,
endPointDesc_t * srcEP,
uint16 cID,
uint16 len,
uint8 * buf,
uint8 * transID,
```

uint8 options，uint8 radius)
几个参数：
(1) 目标地址：&GenericApp_DstAddr
typedef struct
{
  Union
  {
    uint16　shortAddr；
  }addr；
  afAddrMode_t addrMode；
  byte endPoint；
}afAddrType_t；
里面定义了目标地址模式、地址、EP 三个参数。
(2) 端口描述符：&GenericApp_epDesc
typedef struct
{
  byte endPoint；
  byte ＊task_id；　// Pointer to location of the Application task ID.
  SimpleDescriptionFormat_t ＊simpleDesc；
  afNetworkLatencyReq_t latencyReq；
} endPointDesc_t；
(3) 簇 ID
♯define GENERICAPP_CLUSTERID　　　　1
(4) 发送数据
数据长度：(byte)osal_strlen(theMessageData) ＋ 1，
数据载荷：(byte ＊)&theMessageData，
(5) 发送 ID：&GenericApp_TransID
(6) 选项：AF_DISCV_ROUTE
♯define　AF_DISCV_ROUTE　　0x20
(7) 发送半径：AF_DEFAULT_RADIUS
♯define　AF_DEFAULT_RADIUS　　DEF_NWK_RADIUS
网络路由深度，初始化为：
♯define DEF_NWK_RADIUS　10

6.2.2.2　接收处理函数

void GenericApp_MessageMSGCB(afIncomingMSGPacket_t ＊pkt)
{
  switch (pkt->clusterId)

```c
    {
      case GENERICAPP_CLUSTERID:
        // "the" message
#if defined( LCD_SUPPORTED )
        Print8(HAL_LCD_LINE_2,10,"              ", 1);
        Print8(HAL_LCD_LINE_3,10,"              ", 1);
        Print8(HAL_LCD_LINE_2,10,(INT8U *)pkt->cmd.Data, 1);
        Print8(HAL_LCD_LINE_3,16, "WXL Welcome", 1);
        break;
#endif
    }
}
```

接收到数据后,把收到的有效数据通过液晶显示出来。

6.2.2.3 ZDO 响应函数

```c
void GenericApp_ProcessZDOMsgs( zdoIncomingMsg_t *inMsg )
{
  switch ( inMsg->clusterID )
  {
    case End_Device_Bind_rsp:
      if ( ZDO_ParseBindRsp( inMsg ) == ZSuccess )
        {
          // Light LED
          HalLedSet( HAL_LED_4, HAL_LED_MODE_ON );
        }
#if defined(BLINK_LEDS)
      else
        {
          // Flash LED to 失败
          HalLedSet( HAL_LED_4, HAL_LED_MODE_FLASH );
        }
#endif
      break;
    case Match_Desc_rsp:
      {
        ZDO_ActiveEndpointRsp_t *pRsp = ZDO_ParseEPListRsp( inMsg );
        if ( pRsp )
          {
```

```
        if ( pRsp->status == ZSuccess && pRsp->cnt )
        {
            GenericApp_DstAddr.addrMode = (afAddrMode_t)Addr16Bit;
            GenericApp_DstAddr.addr.shortAddr = pRsp->nwkAddr;
     // Take the first endpoint, Can be changed to search through endpoints
            GenericApp_DstAddr.endPoint = pRsp->epList[0];
            // Light LED
            HalLedSet( HAL_LED_4, HAL_LED_MODE_ON );
        }
        osal_mem_free( pRsp );
      }
    }
    break;
  }
}
```

这里主要是针对两种按键操作的响应处理：绑定响应和描述符匹配响应。可以看到,当绑定成功,绿灯点亮,失败,绿灯闪烁。描述符匹配成功,绿灯点亮,此时液晶上也会有显示。

事件分析：

处理函数没有在关键函数里分析,是因为它不是关键函数,所以单独把里面的事件拿出来分析。

```
UINT16 GenericApp_ProcessEvent( byte task_id, UINT16 events )
{
……
    if ( events & SYS_EVENT_MSG )
    {
        MSGpkt = (afIncomingMSGPacket_t *) osal_msg_receive( GenericApp_TaskID );
        while ( MSGpkt )
        {
            switch ( MSGpkt->hdr.event )
            {
                case ZDO_CB_MSG:
                    GenericApp_ProcessZDOMsgs( (zdoIncomingMsg_t *)MSGpkt );
                    break;

                case KEY_CHANGE:
                    GenericApp_HandleKeys( ((keyChange_t *)MSGpkt)->state,
```

```
                  ((keyChange_t * )MSGpkt)->keys );
                break;

              case AF_DATA_CONFIRM_CMD:
......
                break;

              case AF_INCOMING_MSG_CMD:
                GenericApp_MessageMSGCB( MSGpkt );
                break;
              case ZDO_STATE_CHANGE:
                GenericApp_NwkState = (devStates_t)(MSGpkt->hdr.status);
                if ( (GenericApp_NwkState == DEV_ZB_COORD)
                    || (GenericApp_NwkState == DEV_ROUTER)
                    || (GenericApp_NwkState == DEV_END_DEVICE) )
                {
                    // Start sending "the" message in a regular interval. wxl
                    osal_start_timerEx( GenericApp_TaskID,
                                        GENERICAPP_SEND_MSG_EVT,
                                        GENERICAPP_SEND_MSG_TIMEOUT );
                }
                break;

              default:
                break;
            }

            osal_msg_deallocate( (uint8 * )MSGpkt );
            MSGpkt = (afIncomingMSGPacket_t * ) osal_msg_receive( GenericApp_TaskID);
        }
        return (events ^ SYS_EVENT_MSG);
    }
    if ( events & GENERICAPP_SEND_MSG_EVT )
    {
        return (events ^ GENERICAPP_SEND_MSG_EVT);
    }
    return 0;
```

}

下面介绍整个工作状态涉及的几个事件。

(1) 网络状态改变

```
case ZDO_STATE_CHANGE:
    GenericApp_NwkState = (devStates_t)(MSGpkt->hdr.status);
    if ( (GenericApp_NwkState == DEV_ZB_COORD)
        || (GenericApp_NwkState == DEV_ROUTER)
        || (GenericApp_NwkState == DEV_END_DEVICE) )
    {
        // Start sending "the" message in a regular interval.
        osal_start_timerEx( GenericApp_TaskID,
                            GENERICAPP_SEND_MSG_EVT,
                            GENERICAPP_SEND_MSG_TIMEOUT );
    }
    break;
```

一旦网络设备类型确定,就表示加入网络成功,那么就调用了 osal_start_timerEx 函数定期(GENERICAPP_SEND_MSG_TIMEOUT)触发发送事件,这里也是周期发送(GENERICAPP_SEND_MSG_EVT)。

(2) 周期发送信息

```
if ( events & GENERICAPP_SEND_MSG_EVT )
{
    // Send "the" message
    GenericApp_SendTheMessage();

    // Setup to send message again
    osal_start_timerEx( GenericApp_TaskID,
                        GENERICAPP_SEND_MSG_EVT,
                        GENERICAPP_SEND_MSG_TIMEOUT );

    // return unprocessed events
    return (events ^ GENERICAPP_SEND_MSG_EVT);
}
```

可以看到,该事件是一个用户事件,不在系统事件内。调用了发送函数 GenericApp_SendTheMessage();之后又调用了 osal_start_timerEx 函数触发定时发送数据,所以是一个周期发送。发送了,对方不一定能收到,只有匹配描述符的才能接收这个信息。

(3) ZDO 响应事件

```
case ZDO_CB_MSG:
    GenericApp_ProcessZDOMsgs( (zdoIncomingMsg_t *)MSGpkt );
```

break;

这里主要是对键盘事件操作后的一个 ZDO 层的响应。

(4) 接收信息处理事件

case AF_INCOMING_MSG_CMD：

        GenericApp_MessageMSGCB(MSGpkt)；

break；

调用了 GenericApp_MessageMSGCB 函数。

6.2.3 GenericApp 演示效果

这里仍然采用 EB 工程。

协调器：上电运行，地址检测如上面介绍的情况，通过之后，进行通道扫描，此时 R 灯闪烁，一旦协调器成功建立网络，R 灯停止闪烁，变为常亮，此时液晶上也会有相应指示，如图 6.3。

图 6.3 协调器建立网络

路由器：上电运行，仍然是地址检测在前，之后通道扫描寻求是否有存在的网络，一旦检测到存在网络并成功加入该网络，此时 R 灯点亮，表明路由器成功加入了网络，此时液晶同样会有相应指示，如图 6.4。

图 6.4 路由器加入网络

此时，按键无线控制 LED：

① 按下 LEFT 键，此时自动匹配描述符，如果按路由器 LEFT 键盘，协调器液晶有

如下显示效果,如图 6.5:

图 6.5　协调器发出匹配请求

② 按协调器 LEFT,那么路由器有类似效果。
③ 之后就会看到对方收到如图 6.6 液晶显示的"Hello World"。

图 6.6　协调器与路由器匹配成功

6.3　在 GenericApp 工程实现无线温度采集

在 GenericApp 工程添加片内温度采集功能的基础上,将采集到的片内温度值发送协调器节点。注意,这个任务中片内温度数据采集并发送功能是在终端节点(END_DEVICE)上添加的,接收温度数据并显示的功能是在协调器节点上添加的。

6.3.1　整体任务流程设计

① 在 GenericApp_ProcessEvent 用户任务事件处理函数中定义一个用户自定义事件 GENERIC_VOLT_COLLECT_EVT,实现每隔 5 秒钟发送一次此事件。事件的发送采用 osal_start_timerEx()函数。

在此事件的处理函数中进行一次电压采集,然后将其发送到绑定的节点上,在绑定节点的 LCD 上显示采集到的电压值。

② 电压采集的功能函数在 C:\TexasInstruments\ZStack-1.4.3-1.2.1\Components

\hal\target\CC2430EB 目录下,可选用 uint16 HalAdcRead（uint8 channel, uint8 resolution)函数。电压采集节点和接收显示节点均为 EndDevice 设备类型,可选择采集 8 位电压或 12 位电压值。

电压采集模块使用前需要进行初始化。

电压采集模块的初始化程序为 HalAdcInit（）函数,位于系统 main 函数中的 HalDriverInit();中,需要添加 HalAdcInit 初始化函数的条件编译宏。条件编译宏的添加位置在 Project/Optoin/C/C++ Compiler/Preprocessor 选项卡中。

③ 液晶显示函数可调用 Print8(HAL_LCD_LINE_x,10,buf,1);实现显示字符串功能。

参数含义：

HAL_LCD_LINE_x:为 LCD 显示的行控制,x 表示行值,范围在 0-4；

10:表示显示 10 进制格式数值；

Buf 表示显示数据的缓冲区；

④ 发送采集电压值的函数可在用户事件处理程序的 GenericApp_SendTheMessage();中调用 AF_DataRequest()完成。发送消息的簇可用 GENERICAPP_CLUSTERID,也可自己定义。如果自己定义,必须更改用户任务初始化函数中的端口描述符 GenericApp_SimpleDesc 中 MAX_CLUSTER,GenericApp_ClusterList 等项目的内容。

⑤ 绑定的节点在接收到温度消息后,OS 系统将会调用 GenericApp_ProcessEvent()函数进行处理,进入 AF_INCOMING_MSG_CMD 事件 Case,调用 GenericApp_MessageMSGCB(MSGpkt);判断输入消息的簇 ID,根据簇 ID,如果与前面发送簇 ID 一致,则进行温度值的提取和显示。温度值是存储在输入消息包的 pkt->cmd.Data 成员中的,根据电压采集的位数(8 或 12 位),其字节长度也不一样。

6.3.2　修改驱动层中 ADC 温度采集函数 HalAdcRead( )中的代码

这个示例的关键在于调用 HAL 层的 ADC 初始化函数和 ADC 转换函数 HalAdcRead(),但是在 Z-Stack 中,HalAdcRead 函数中只有 ADIN0－7 的通道模拟电压输入功能,没有选择温度电压通道功能,所以要实现温度电压采集的功能,必须修改 HAL 层的 ADC 转换函数 HalAdcRead()。

修改的主要步骤：

(1) 修改 hal_adc.c 中 HalAdcRead()函数中的代码

```
#if defined (TEMP_ADC)    //如果定义了 TEMP_ADC 宏
    ADCCON3 =0x3E;
//REF_1_25_V | ADC_14_BIT | ADC_TEMP_SENS
//配置 ADC 为 1.25V 参考电压、14 位分辨率、温度采集模式
#elif ! defined (TEMP_ADC)
    ADCCON3 = adctemp;    //如果没有定义 TEMP_ADC 宏
#endif
```

……………………
```
/* Read the result */           //将转换结果存入一个16位变量
reading = (int16)(ADCL>>2);     //结果低位右移两位,屏蔽掉低两位
reading |= (int16)(ADCH << 6);
```
……………………

(2) 添加宏

在 Project/Options/Preprocessor/Defined Symbols 编译选项中添加 HAL_ADC 和 TEMP_ADC 两个宏。

6.3.3 添加用户自定义的温度采集事件(在终端节点上添加)

(1) 在终端节点上添加用户自定义事件 GENERIC_VOLT_COLLECT_EVT
```
#define GENERICAPP_VOLT_COLLECT_EVT    0x0002
```
(2) 在终端节点上的 ZDO_STATE_CHANGE 中添加用户事件的发射函数,每隔三秒钟采集一次本地温度值,再发送给协调器

这里在 GenericApp 工程中由于协调器、路由器、终端设备共享了 Z-Stack 的应用层代码(GenericApp.C),如果不在 ZDO_STATE_CHANGE 事件中判断当前设备类型就发送温度采集事件的话,会造成协调器也发送温度值到自身的情况。因此需要修改原始代码,加入判断当前设备类型的代码,如果是终端设备,则发射温度采集事件:

```
        case ZDO_STATE_CHANGE:
            GenericApp_NwkState = (devStates_t)(MSGpkt->hdr.status);
            if ( ((GenericApp_NwkState == DEV_ZB_COORD)
     || (GenericApp_NwkState == DEV_ROUTER)
            || (GenericApp_NwkState == DEV_END_DEVICE) )
           {
                // Start sending "the" message in a regular interval.
                osal_start_timerEx( GenericApp_TaskID,
         GENERICAPP_SEND_MSG_EVT,
                    GENERICAPP_SEND_MSG_TIMEOUT );
    if (GenericApp_NwkState == DEV_END_DEVICE )   //判断当前设备是否是
//终端设备
                osal_start_timerEx( GenericApp_TaskID,
                    GENERIC_VOLT_COLLECT_EVT,
                    GENERICAPP_VOLT_COLLECT_TIMEOUT);
            }
```

6.3.4 添加用户自定义的温度采集事件的处理程序

当用户自定义的温度采集事件发射后,将会进入消息队列中,随后适当的时间内将会得到处理。用户自定义事件的处理程序需要由用户在 GenericApp.C 中的 UINT16 GenericApp_ProcessEvent(byte task_id, UINT16 events)中进行添加。添加代码如下:

```
if ( events & GENERIC_VOLT_COLLECT_EVT )
{
    uint16 AdcVal;
    unsigned char theMessageData[5]={0,0,0,0,0};
    AdcVal=HalAdcRead(14,HAL_ADC_RESOLUTION_14);    //读取温度电压值
    //Temperature Channel,14BITS RES
    AdcVal=(uint8)((AdcVal>>4)-315);                //温度电压值转换为温度值
    _itoa(AdcVal,theMessageData,10);
    Print8(HAL_LCD_LINE_2,10,"          ", 1);    //在本地液晶屏上显示出设备自己温
                                                  //度值
    Print8(HAL_LCD_LINE_3,10,"          ", 1);
    Print8(HAL_LCD_LINE_2,16, "Local Temp:", 1);
    Print8(HAL_LCD_LINE_3,10,theMessageData, 1);
      osal_start_timerEx( GenericApp_TaskID,       //重复发射用户自定义事件
                         GENERIC_VOLT_COLLECT_EVT,
                         GENERICAPP_VOLT_COLLECT_TIMEOUT);

    return (events ^ GENERIC_VOLT_COLLECT_EVT);
    //在消息变量中清除用户自定义温度事件
}
```

6.3.5 本地温度值发送给协调器(在终端节点上添加)

我们知道 Z-Stack 中调用 AF_DataRequest 函数实现基础的数据发送功能,这里我们使用上述函数将温度值数据发送给协调器节点。

(1) AF_DataRequest 函数中目的地址参数的填充

GenericApp_DstAddr.addrMode = Addr16Bit;   //单播方式,地址模式为 16 位网
                                           //络地址
GenericApp_DstAddr.addr.shortAddr = 0x0000;//发送给协调器
GenericApp_DstAddr.endPoint = GENERICAPP_ENDPOINT; //使用当前端口
                                                    //发送数据

在填充目的节点地址数据结构 GenericApp_DstAddr 时,使用了单点传送(Unicast)

方式发送的Addr16Bit地址模式。由于是发送给协调器，而协调器的默认网络地址是0x0000，所以应设置目的设备地址数据结构GenericApp_DstAddr中的短地址成员值为0x0000。

(2) 发送温度值数据

AF_DataRequest(&GenericApp_DstAddr，&GenericApp_epDesc，
　　　　　　　　GENERICAPP_VOLT_CLUSTERID，
　　　　　　　　(byte)osal_strlen(theMessageData) + 1，
　　　　　　　　(byte *)&theMessageData，
　　　　　　　　&GenericApp_TransID，
　　　　　　　　AF_DISCV_ROUTE，AF_DEFAULT_RADIUS)

从上面的AF_Data_Request发送函数中可以看到，在发送的数据包（APDU）中包括了目的设备（协调器）的地址、当前任务使用的端口、簇ID、温度数据（theMessageData）的长度、温度数据（theMessageData）指针、发送序列号（GenericApp_TransID）、路由方式（AF_DISCV_ROUTE）和发送半径（AF_DEFAULT_RADIUS）等信息。

通常一个设备的应用任务需要通过发射和接收多种类型的数据与其他设备的应用任务进行交互。例如，一个设备任务里可能要同时发出温度数据和光照度数据来控制另一个设备任务中的温控器和照明设备。假如这两种数据恰好又都是一个字节，而其他的发送参数比如目的地址、发送端口、路由方式等都完全相同，那么接收设备任务是怎么区分这两种类型的数据呢？在ZigBee协议栈中引入了簇(Cluster)和簇ID(ClusterID)的概念来解决这个问题。在上面例子中，温度数据就是这个应用任务中的一种（温度）属性，我们用一个簇去描述它；光照度数据是另一种（照度）属性，我们用另一个簇去描述它。为了区分这两个不同的簇，每一个簇使用一个专属于它的ID去描述，这就是簇ID。通过簇ID就可以区分不同的簇类型，也就是可以区分开同一个应用任务中发送或接收的不同类型的数据。

在这个工程中要发送给协调器的温度数据（theMessageData），就是当前用户任务中的温度簇。我们定义了一个簇ID(GENERICAPP_VOLT_CLUSTERID)去标识这个温度簇，其作用在于指示发送的APDU数据包中的数据属性（温度电压簇）。

表6.1　APDU结构

Octets: 1	0/1	0/2	0/2	0/2	0/1	1	0/Variable	Variable
Frame control	Destination endpoint	Group address	Cluster identifier	Profile identifier	Source endpoint	APS counter	Extended header	Frame payload
	Addressing fields							
APS header								APS payload

上表是应用层协议数据单元（APDU）的格式，APDU就是函数AF_Data_Request()从应用层发出数据的封装格式，可以看到发送函数AF_Data_Request()的各个参数都封装在APDU中。其中，簇ID位于APDU中的Cluster identifier域中，温度簇数据

(theMessageData)位于 APDU 的 Frame payload 域中,这是一个可变域,即它的长度是不确定的。

6.3.6 协调器接收及处理数据(在协调器设备上添加)

所有发送到应用层任务的系统事件、消息以及数据都封装在 afIncomingMSGPacket_t 这个数据包中,因此,终端节点发送给协调器的温度数据也被封装在上述数据包中传递到协调器的应用层,由其进行处理。当协调器接收到此数据包后将产生一个 AF_INCOMING_MSG_CM 类型的系统事件,我们的温度数据处理代码将在此事件的处理程序中添加。AF_INCOMING_MSG_CM 事件的处理程序位于 UINT16 GenericApp_ProcessEvent(byte task_id, UINT16 events)函数中。

```
UINT16 GenericApp_ProcessEvent( byte task_id, UINT16 events )
{
    ……
    case AF_INCOMING_MSG_CMD:
        GenericApp_MessageMSGCB( MSGpkt );
        break;
    ……
}
```

从上面程序中看到,在 GenericApp 工程对应用层接收数据事件的处理程序调用了 GenericApp_MessageMSGCB(MSGpkt)函数进行处理,这个函数在 GenericApp.C 中 483 行:

```
void GenericApp_MessageMSGCB( afIncomingMSGPacket_t * pkt )
{
  switch ( pkt->clusterId )   //抽取出包中的簇 ID 成员,对其类型进行判断
  {
    case GENERICAPP_CLUSTERID:
      // "the" message
#if defined( LCD_SUPPORTED )
      // HalLcdWriteScreen((char*)pkt->cmd.Data,"rcvd");  //取出包中的簇
//数据
        Print8(HAL_LCD_LINE_2,10,"                    ", 1);
        Print8(HAL_LCD_LINE_3,10,"                    ", 1);
        Print8(HAL_LCD_LINE_2,10,(INT8U *)pkt->cmd.Data, 1);
        Print8(HAL_LCD_LINE_3,16, "Remote Temp", 1);
#endif
      break;
  }
```

}

6.3.7 Z-Stack 中无线参数的设置

当一个 ZigBee 工程建立完成后,我们需要设置 Z-Stack 中的无线参数,以保证网络能够正常建立,无线信号能够可靠地进行传输,尽可能地抑制干扰。

6.3.7.1 PANID 的设置

(1) PANID 的作用

PANID 是无线个域网的标识,是为了区分不同的网络。它具有唯一性,即一个无线网络要有一个只属于它的网络标识,不能与同一区域内的其它无线个域网的标识相同。

(2) PANID 设置文件位置

PANID 是由网络协调器建立并广播出去的,所以对其的设置是非常重要的。在 Z-Stack 中基础的无线参数如 PANID、信道号等是在 Tools 中的 f8wConfig.cfg 文件中进行设置的,见图 6.7。

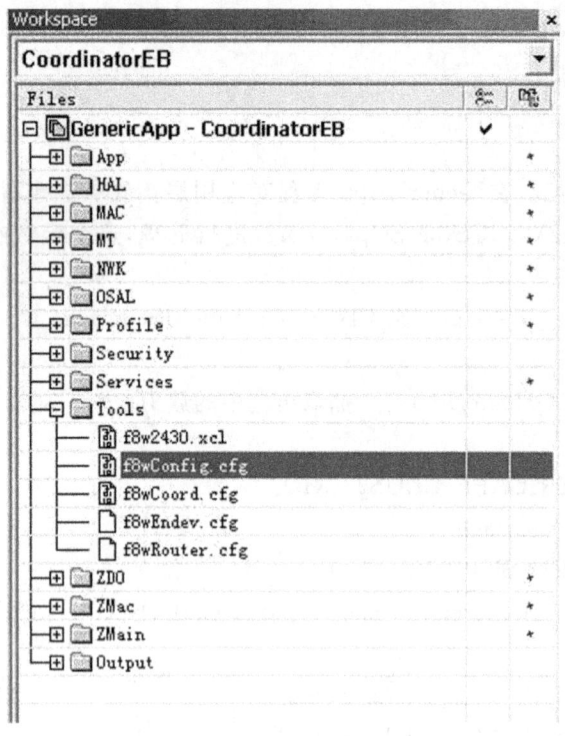

图 6.7 无线参数配置文件

按照 TI 的说明文档,PANID 的设置是在 f8wConfig.cfg 文件的第 55 行:

-DZDAPP_CONFIG_PAN_ID=0x00FF

-DZDAPP_CONFIG_PAN_ID 就是 Z-Stack 中定义的 PANID 的宏,我们只要对其进行赋值操作即可。

但是,在实验中发现,修改这个位置,并不能实际改变协调器或终端设备的 PANID 值。发现修改"*\Texas Instruments\ZStack-1.4.3-1.2.1\Components\stack\sys"这个路径下的 ZGlobals.C 文件第 159 行才能真正改变设备的 PANID 值,这个是 Z-Stack 中定义的全局 PANID,默认值是 255:

uint16 zgConfigPANID = 0x00ff;

(3) PANID 值的设置规则

PANID 值的设置有一定的规则,如果随意地给其赋值,很可能得不到我们预想的值。注意下面的 3 个规则:

① 如果协调器的-DZDAPP_CONFIG_PAN_ID 设置为 0xFFFF,则协调器将产生一个随机的 PANID,如果路由器和终端节点的-DZDAPP_CONFIG_PAN_ID 设置为 0xFFFF,路由器和终端节点将会在自己的默认信道上随机选择一个网络加入,网络协调器的 PANID 即为自己的 PANID;

② 如果协调器的 PAN_ID 设置为非 0xFFFF 值,则协调器根据自身的网络长地址(IEEE 地址)或-DZDAPP_CONFIG_PAN_ID 值随机产生 PANID,如果路由器和终端节点的 PAN_ID 值设置为非 0xFFFF 值,则会以-DZDAPP_CONFIG_PAN_ID 作为自己确定的 PANID;

③ 如果协调器的 PANIDDE 设置值为小于等于 0x3FFF 的有效值,协调器就会以这个特定的 PANID 值建立网络,但是,如果在默认信道上已经有该 PANID 值的网络存在,则协调器会继续搜寻其他的 PANID,直到找到网络不冲突为止。(这样,就有可能产生一些问题:如果协调器因为在默认信道上发生 PANID 冲突而更换 PANID,而终端节点并不知道协调器已经更换 PANID,还是会继续加入到 PANID 为-DZDAPP_CONFIG_PAN_ID 的错误网络中去)。

(4) 当前工程中 PANID 设置分析

在我们的这个任务中,至少需要两个节点,一个是协调器,负责建立网络,另一个是终端,负责采集温度并发送。要保证这两个节点的 PANID 一致,才能使它们在一个网络内,否则会造成这两个节点无法通信。所以规则①和②的设置值可以被排除,只能按照规则③进行设置。但是规则③的设置值有一个潜在的可能会造成两个节点的 PANID 不一致,导致两者无法通信,由于各分组同学在同一区域做实验,如果 PANID 设置冲突还是会造成上述情况。所以各分组在设置自己的-DZDAPP_CONFIG_PAN_ID 参数时应保证其唯一性,比如设置自己的学号的后 3 位值,这样既满足中了规则③中对 PANID 值的限定(小于 0x3FFF),又保证了其唯一性。

6.3.7.2 无线信道的设置

2.4GHz 的射频频段被分为 16 个独立的信道,协调器扫描自己的默认信道集并选择噪声最小的信道作为自己所建网络的信道,而终端和路由设备也会扫描信道并选择信道上已经存在的网络加入。

信道的设置是在 f8wConfig.cfg 文件的 31 行开始,有 16 个选择(信道号 11-26):

—DDEFAULT_CHANLIST=0x04000000   // 26 - 0x1A

```
//-DDEFAULT_CHANLIST=0x02000000    // 25 - 0x19
//-DDEFAULT_CHANLIST=0x01000000    // 24 - 0x18
//-DDEFAULT_CHANLIST=0x00800000    // 23 - 0x17
//-DDEFAULT_CHANLIST=0x00400000    // 22 - 0x16
//-DDEFAULT_CHANLIST=0x00200000    // 21 - 0x15
//-DDEFAULT_CHANLIST=0x00100000    // 20 - 0x14
//-DDEFAULT_CHANLIST=0x00080000    // 19 - 0x13
//-DDEFAULT_CHANLIST=0x00040000    // 18 - 0x12
//-DDEFAULT_CHANLIST=0x00020000    // 17 - 0x11
//-DDEFAULT_CHANLIST=0x00010000    // 16 - 0x10
//-DDEFAULT_CHANLIST=0x00008000    // 15 - 0x0F
//-DDEFAULT_CHANLIST=0x00004000    // 14 - 0x0E
//-DDEFAULT_CHANLIST=0x00002000    // 13 - 0x0D
//-DDEFAULT_CHANLIST=0x00001000    // 12 - 0x0C
//-DDEFAULT_CHANLIST=0x00000800    // 11 - 0x0B
```

应用中我们只要把自己选择的信道设置的注释去掉，同时把其余的信道设置加上注释即可。

由于是多个小组在同一区域做实验，为了避免邻近网络的干扰，最好是各小组协调器使用的信道互不冲突，即每个协调器的设置唯一的一个信道号，可以按照各组同学的学号后两位进行信道的选择。

6.3.8 程序的下载和测试

在这个任务中，我们需要两块 PK 液晶板，一块建立 CoordinatorEB 工程，添加相关代码，另一块建立 End_Deivce_EB 工程，添加相关代码。完成代码编写后，进行编译再分别下载到各自的板子中，上电，运行，观察实验现象。

第七章 ZigBee 高级实验

7.1 基础知识

7.1.1 端口的基础知识

端口（EndPoint）是一个 8 位的字段，描述一个物理设备所支持的不同应用层任务进行数据传输时使用的的虚拟通信链路。它解决了同一个设备应用层（AF）中并行运行的多个应用层任务对象（AO）复用同一个物理信道来传输各自应用数据的问题，降低了系统成本。如果选择"绑定"方式实现节点间的通信，那么可以直接面对端口操作，而不需要知道绑定的两个节点的地址信息。端口 0x00 被 ZDO（ZigBee 设备对象）所使用，ZDO 是应用层中的一个特殊的应用任务，用于定义设备对象、网络发现以及设备绑定等功能，端口 0x00 是进行数据传输时使用的通道，因此这是每个 ZigBee 设备都必须使用的端口。一个物理 ZigBee 射频端在端口 0x01—0xf0 上共支持 240 个应用层任务。端口的值和 IEEE 长地址、16 位短地址一样，是唯一确定的网络地址，通常结合绑定功能一起使用。它是 ZigBee 无线通信的一个重要参数。

7.1.2 绑定的基础知识

(1) 绑定（Binding）原理

绑定是一种两个（或者多个）应用设备之间信息流的控制机制。在 ZigBee2006 发布版本中，引入了源绑定（Source Binding），即必须在源设备（发送信息的设备）上存储一个绑定表（BindingTable）。绑定允许应用程序发送一个数据包而不需要知道目标地址。APS 层从它的绑定表中确定目标地址，然后将数据继续向目标设备（接收信息的设备）或者目标组发送。

绑定是在两个设备应用层上的逻辑链接。多重绑定能在一个设备上被创建，另外，一个绑定可能有多个目的设备（一个到多个绑定）。一旦绑定被创建，就可以不需要指定目标地址，在调用函数 Af_DataRequest() 时，只需要将 0xFFFE 作为目的设备的 16 位短地址就可以发送数据了，这是使用了间接寻址（AddrNotPresent）的方法。如果设定了 NV_RESTORE 编译选项，绑定信息将保存在非易失性存储器中。当设备意外复位或电池需要充电时，能够自动恢复绑定信息。绑定只能在"互为补充（complementary）"的设备间被创建。也就是说,当两个设备已经在他们的简单描述符结构中注册为一样的簇(Cluster)ID,并且一个作为输入,另一个作为输出时,绑定才能成功。

(2) 绑定表

绑定表格形式:(as,es,cs)={(ad1|,ed1|),(ad2|,ed2|),…(adn|,edn|)}

其中,as 为绑定源设备的地址;es 为绑定源设备 EP 的标识符;adi 为 i 绑定分配的目的地址或目的组地址;edi 为 i 绑定分配的 EP 标识符。

(3) 绑定建立的方法

有四种方法可以建立一个绑定表:

① 自动绑定(匹配描述符绑定)。

负责发送消息的设备在网络上广播带有如下参数的"个人公告"(Personal Advertisement),包括:地址,配置文件标识符,簇集合列表;描述符匹配请求- ZDP_MatchDescReq()。

匹配的设备会做出响应。由 ZDO 处理和验证响应。负责发送消息的设备建立绑定表并保存绑定记录。这种方法有时也称"服务发现""自动找寻"或者"自动匹配"。

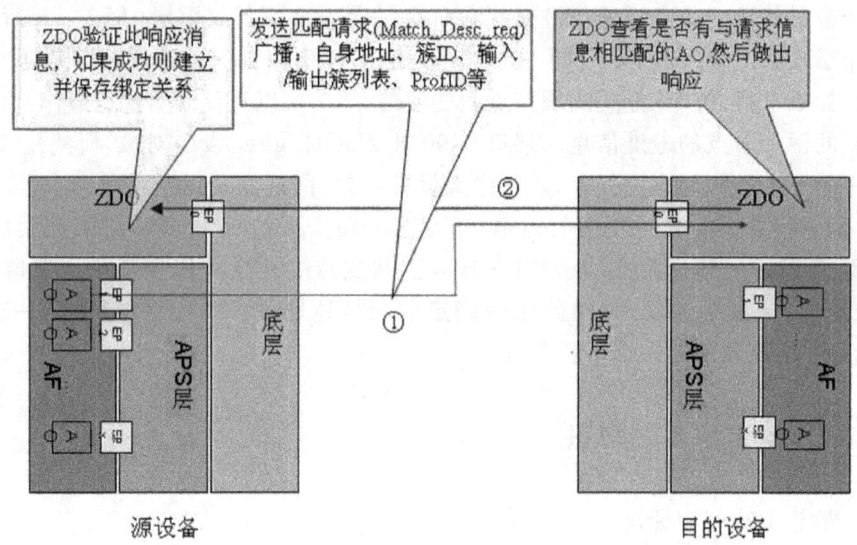

图 7.1 自动绑定

② ZDO(ZigBee 设备对象)绑定请求。

任何一个设备都可以发送一个 ZDO 绑定请求原语给网络中的另一个设备,用来在其上建立绑定表,称之为援助绑定,它可以为一个发送信息的设备(源设备)创建一个绑定记录,这种绑定方式属于源绑定,即在发送信息的设备上建立和维护一个绑定表。

委托绑定的申请:

启动申请(The Commissioning Application)

一个应用程序可以通过 ZDP_BindReq()函数(在 ZDProfile.h),并在绑定表中包含两个请求(地址和终点)以及想要的簇 ID。第一个参数(目标 dstAddr)是绑定源的短地址即 16 位网络地址。确定已经在 ZDConfig.h 允许了这个功能(ZDO_BIND_UNBIND_

REQUEST），你也可以使用 ZDP_UnbindReq()用同样的参数取消绑定记录。

目标设备发回 ZigBee Device Object Bind Response 或者 Unbind Response 信息，该信息是 ZDO 代码根据动作的状态，通过调用 ZDApp_BindRsq()或者 ZDApp_UnbindRsq()函数来分析和通知 ZDApp.c 的。

③ ZDO 终端设备绑定请求方法——ZDP_EndDeviceBindReq()。

两个设备可向协调器告知它们想建立一个绑定表记录，协调器通过安排配对并分别在这两个设备上建立绑定表条目，也称集中式绑定。这一机制规定在指定的时限内，通过按键或者其他类似动作对指定的设备实施绑定。在规定的时限内，协调器负责收集终端设备绑定请求消息，然后根据相同的配置文件标识号和簇标识号建立相应的绑定表格条目。默认的终端节点绑定时限（APS_DEFAULT_MAXBINDING_TIME）是 16 秒（在 nwk_globals.h 中定义），若要修改可在 f8wConfig.cfg 中新增数值。所有例子的应用服务中都有一个响应按键事件的函数（例如，TransmitApp.c 中的 TransmitApp_HandleKeys()）。这一响应函数调用 ZDApp_SendEndDeviceBindReq()[ZDApp.c 中]收集该应用服务端点的所有信息，然后再调用 ZDP_EndDeviceBindReq()[ZDProfile.c 中]把信息发送给协调器。或者，像 SampleLight 和 SampleSwitch 例程中，按键后直接调用 ZDP_EndDeviceBindReq()，仅把与开关灯函数相关的簇标识号发送出去。这一消息将会被协调器接收 ZDP_IncomingData()[in ZDProfile.c]和解析 ZDO_ParseEndDeviceBindReq()[ZDObject.c 中]，后调用 ZDO_MatchEndDeviceBind()[ZDObject.c 中]处理这一请求。当协调器接收到第一个绑定请求时，它会在一定的时限内保留这一请求并等待第二个请求的出现。（默认的最长时间间隔是 16 秒）。

一旦协调器接收到两个需要匹配的终端设备绑定请求时，它就会启动绑定过程，为发出请求的设备建立源绑定条目。

假设在 ZDO 终端设备绑定请求中找到匹配，协调器将采取以下步骤：

◆ 协调器发送一个 ZDO 解除绑定请求给第一个设备。终端设备绑定是一个切换过程，所以解除绑定请求需要发送给第一个设备，以便移除一个已有的绑定条目。

◆ 等待 ZDO 解除绑定的应答，如果返回的状态是 ZDP_NO_ENTRY，协调器可以发送一个 ZDO 绑定请求，在源设备（ZDP_EndDeviceBindReq() 第一个参数指定的地址）中建立绑定条目。假如此时返回的状态是 ZDP_SUCCESS，可继续处理第一个设备的簇标识符（解除绑定指令已经移除了绑定条目，即已经切换完成）。

◆ 等待 ZDO 绑定应答。收到以后，继续处理第一个设备的下一个簇标识符。

◆ 等第一个设备完成了以后，在第二个设备上实行同样的过程。

◆ 等第二个设备也完成了，协调器向两个设备发送 ZDO 终端设备绑定应答消息。

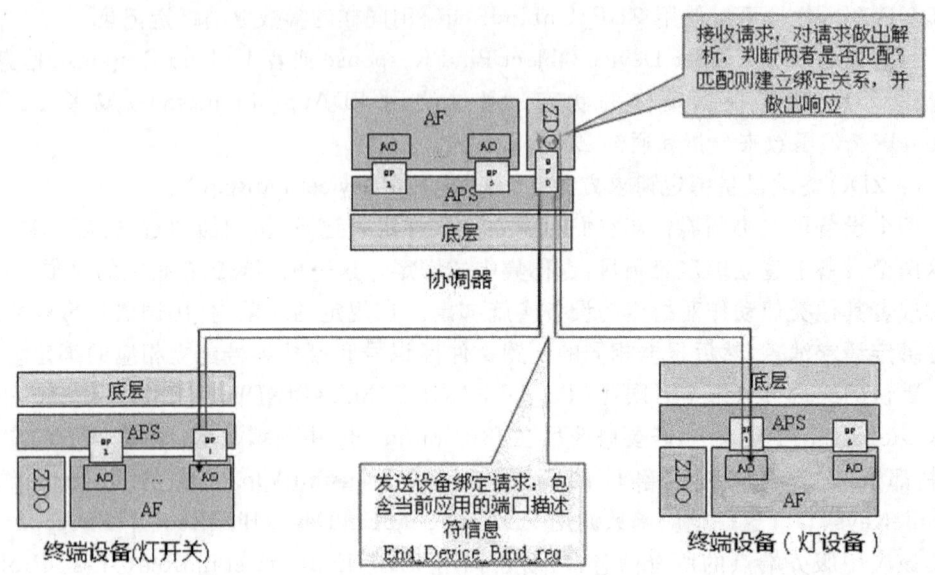

图 7.2 ZDO 终端设备绑定请求

注意打开编译选项：REFLECTOR 和 ZDO_COORDINATOR

ZDApp_SendEndDeviceBindReq()，在 GenericApp 工程中终端设备即调用这个函数向发出终端设备绑定请求。

优点：绑定信息保存在网络反射设备（例如协调器、路由器）中，可以节省目标设备的内存空间。网络反射设备总是处于监听网络的状态。所以，如果其中一个被绑定的节点广播网络地址改变的消息，网络反射设备就可以马上更新相应的绑定表条目。这样，其他被绑定的节点即使处于休眠状态（没有收到该节点网络地址改变的消息），随后向该节点（网络地址已改变）发送的消息，（在）网络反射设备（协助下）仍能准确定位。

缺点：一个与多个设备绑定的节点不能只向一个或若干个配对的设备发送消息。网络反射设备会向全部已绑定的设备本别发送单播消息。发送消息的设备无法收到目标设备接收情况的通告。（没有像 AF_ACK_REQUEST 标志位那样返回接收情况的功能。）所有的消息必须经过网络反射设备传输，降低了网络的带宽。

④ 设备应用层绑定管理器方法(Device Application Binding Manager)。

设备上的一个应用服务可以建立或者维护一个绑定表。进入设备上绑定条目的另一种方法是由应用服务本身去管理绑定表。这意味着应用服务通过调用以下的绑定表管理函数，可以在本地进入或者移除绑定表的条目。

管理绑定表使用的 API：

bindAddEntry()——绑定表中加条目

bindRemoveEntry()——绑定表中移除条目

bindRemoveClusterIdFromList()——从一个已有的绑定表条目中移除一个簇标识符

bindAddClusterIdToList()——在一个已有的绑定表条目中加入一个簇标识符

bindRemoveDev()——移除某目标地址的所有条目

bindRemoveSrcDev()——移除某源地址的所有条目
bindUpdateAddr()——更新条目到新的地址
bindFindExisting()——查找一个绑定条目
bindIsClusterIDinList()——在绑定条目中查找一个已有的簇标识符
bindNumBoundTo()——某一地址(源地址或目标地址)绑定条目的个数
bindNumOfEntries()——绑定表条目的个数
bindCapacity()——允许的最大绑定条目数
BindWriteNV()——在 NV 中保存新的绑定表

7.1.3 簇的基础知识

簇是一个应用层任务的消息(或命令),它里面可以容纳多种属性。一个应用层任务通常需要定义多个命令和消息来与网络中其他设备进行交互。每一个种消息或命令称为一个簇(Cluster)。除了簇之外,我们又引入了簇 ID 的概念,通过簇 ID 可以区分不同的簇类型,可以区分开同一个应用任务中发送或接收的不同类型的数据。另外,我们可以在一个簇中创建它的子类型(即所谓的属性),即一个簇的数据可能有多个子属性类型,代表这个簇的多个特性。在这种情况下,簇实际上是一个有着特定簇 ID 的一系列子属性类型的集合,就像箭簇是容纳了多个箭的集束。

在两个 ZigBee 设备之间传送簇数据时,通常簇 ID 会被附着在包含簇数据的数据包上,用于标识此数据包内簇的功能和属性。接收方通过分析此簇 ID 的值,确定簇数据的功能和属性,取出相关的簇数据。如果某个簇用于强制性的通信或控制目的就变成了我们下面要分析的命令。我们观察应用层协议数据单元 APDU 格式(下图),发现簇 ID (Cluster identifier)在应用层的 APDU 中就被封装了。

Octets: 1	0/1	0/2	0/2	0/2	0/1	1	0/ Variable	Variable
Frame control	Destination endpoint	Group address	Cluster identifier	Profile identifier	Source endpoint	APS counter	Extended header	Frame payload
	Addressing fields							
APS header								APS payload

图 7.3 APDU 格式

在间接寻址(绑定通信)中,对于可以建立绑定关系的两个节点,它们的 Cluster 的属性必须一个选择"输入",另一个选择"输出",而且 ClusterID 值相等,只有这样,它们彼此才能建立绑定。在直接寻址方式中,常用 ClusterID 作为簇数据的标识信息来将簇或命令数据发送到对应地址的设备上。

7.1.4 命令的基础知识

命令就是为了实现某种特定的通信而指定的一种强制性的通信方式。

这里的命令,其实就是簇 ID(ClusterID),它是簇 ID 在某些特殊的有强制性通信协议规范应用场合(由应用协议 Profile 定义)的规范性称呼。在这些应用场合,为了节约无线信道的带宽,在两节点通信时只传输簇 ID 而不传送簇数据。

例如,在 HomeAutomation 应用场景中,开关设备向灯光设备发送开关的命令,该命令定义在 zcl_ha.h 中:

＃define　　ZCL_HA_CLUSTER_ID_GEN_ON_OFF　　　0x0006

作为灯光设备来说,该命令为输入命令,所以定义在输入命令(簇)列表中:

Const cid_t zclSampleLight_InClusterList［ZCLSAMPLELIGHT_MAX_INCLUSTERS］=
{
　　ZCL_HA_CLUSTER_ID_GEN_BASIC,
　　ZCL_HA_CLUSTER_ID_GEN_SCENES,
　　ZCL_HA_CLUSTER_ID_GEN_GROUPS,
　　ZCL_HA_CLUSTER_ID_GEN_ON_OFF,
　　ZCL_HA_CLUSTER_ID_GEN_LEVEL_CONTROL
};

且灯光设备的简单描述符定义为:

SimpleDescriptionFormat_t zciSampleLight_SimpleDesc=
{
　　SAMPLELIGHT_ENDPOINT,　//端口号
　　ZCL_HA_PROFILE_ID,　　//Profile ID
　　ZCL_HA_DEVICEID_DIMMABLE_LIGHT, //设备 ID
　　SAMPLELIGHT_DEVICE_VERSION,　//设备版本
　　SAMPLELIGHT_FLAGS,　//标识
　　ZCLSAMPLELIGHT_MAX_INCLUSTERS,　//输入簇的数目
　　(cid_t *) zclSampleLight_InClusterList,　//输入簇数组
　　ZCLSAMPLELIGHT_MAX_OUTCLUSTERS,　//输出簇的数目
　　(cid_t *) zclSampleLight_OutClusterList　//输出簇数维
};
const cid_t zb_InCmdList[NUM_IN_CMD_CONTROILER]=
{
　　TOGGLE_LIGHT_CMD_ID
};

作为开关设备来说,该命令是输出命令,所以定义在输出命令列表中:

```
const cid_t zclSampleSw_OutClusterList [ ZCLSAMPLESW _ MAX _
OUTCLUSTERS]=
{
    ZCL_ HA_ CLUSTER_ID_GEN_ON_OFF
}
```

开关设备的简单描述符定义为：

```
SimpleDescriptionFormat_t zclSampleSw=
{
    SAMPLESW _ENDPOINT,                    // 端口号
    ZCL HA PROFILE_ID,                     // Proflle ID
    ZCL HA DEVICEIDON_OFFSWITCH,           //设备 ID
    SAMPLESW _DEVICE_VERSION,              //设备版本
    SAMPLESW FLAGS,                        //标识
    ZCLSAMPLESW MAX_INCLUSTERS,            //输入簇的数目
    (cid_t *) zciSampleSw_InClusterList,   //输入簇数组
    ZCLSAMPLESW MAX OUTCLUSTERS,           //输出簇的数目
    (cid_t *) zciSampleSw_OutClusterList   //输出簇数组
};
```

描述符定义好后,需要调用函数 afRegister()注册一个 EndPoint(端口)描述符：

```
afStatus_t afRegister( endPointDesc_t * apDesc )
{
    epList_t * ep = afRegisterExtended( epDesc,NULL );
    return ((ep == NULL) ? afStatus_MEM _FAIL : afStatus_SUCCESS)
}
```

该函数是在任务初始化函数 zcISampleSw_lnit 和 zclSampleLight_lnit 中被调用,这样就可以使用该端口了,从而可以使用该命令(簇)。

7.1.5 配置文件(Profile)的基础知识

Profile 又称配置文件,是对逻辑设备及其接口的描述组合,是面向某个应用场景类别的公约、准则。配置文件描述了对于某种应用场景的设备类型(比如家居自动化的 HA 类型),哪些簇是必备的,哪些是可选的。此外,配置文件可以将一些可选的 ZigBee 控制服务定义为必备服务。用户可以利用这些定义,编写自己的代码来使用它们。用户可以随意编写代码并组合各种函数,只要支持必备的簇和服务,并使用配置文件中定义的那些属性。这样,一个制造商的开关就可以和另一个制造商负载控制器配合使用。ZigBee 协议配置文件的架构如图 7.4 所示：

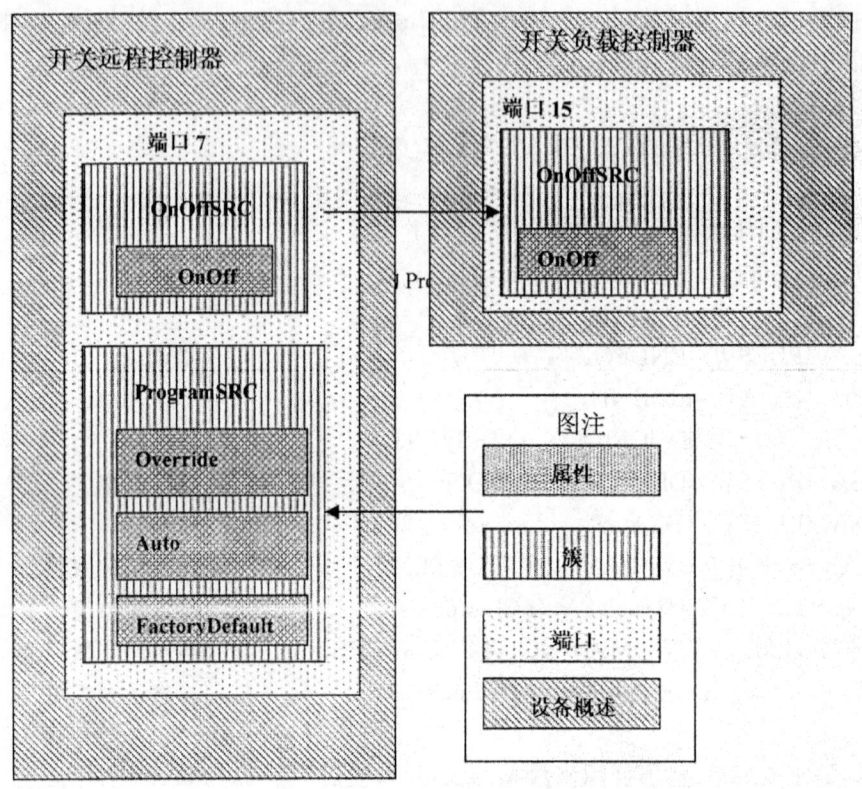

图 7.4 ZigBee 中的 Profile 的架构

7.2 GenericApp 中的描述符匹配请求绑定方式

7.2.1 源设备发送匹配描述符请求到网络中

(1) 按键检测

在 GenericApp 中,设置了 PK 液晶板上的 LEFT(左)键作为发送匹配描述符请求的触发按键。当此按按键按下将会触发一个系统的按键事件类型(KEY_CHANGE),相关的匹配描述符请求将在此按键事件的处理代码中添加。

```
UINT16 GenericApp_ProcessEvent( byte task_id, UINT16 events )
{
  afIncomingMSGPacket_t * MSGpkt;
……
  if( events & SYS_EVENT_MSG )
  {
```

```
        MSGpkt = (afIncomingMSGPacket_t *)osal_msg_receive( GenericApp_
TaskID);
      while ( MSGpkt )
      {
        switch ( MSGpkt->hdr.event )
        {
          case ZDO_CB_MSG：
            GenericApp_ProcessZDOMsgs( (zdoIncomingMsg_t *)MSGpkt );
      break;

          case KEY_CHANGE：
            GenericApp_HandleKeys( ((keyChange_t *)MSGpkt)->state,
((keyChange_t *)MSGpkt)->keys );
            break;
            ……………
```

在 KEY_CHANGE 事件中调用了 GenericApp_HandleKeys 来进行键值的处理。分析此函数：

```
void GenericApp_HandleKeys( byte shift, byte keys )
{
  zAddrType_t dstAddr;

  // Shift is used to make each button/switch dual purpose.
  /* if ( shift )
  {
  ……………………
    if ( keys & HAL_KEY_SW_2 )     //RIGHT 键用于 ZDO 终端设备绑定请求
    {
      HalLedSet ( HAL_LED_4, HAL_LED_MODE_OFF );

      // Initiate an End Device Bind Request for the mandatory endpoint
      dstAddr.addrMode = Addr16Bit;
      dstAddr.addr.shortAddr = 0x0000; // Coordinator
      ZDP_EndDeviceBindReq( &dstAddr, NLME_GetShortAddr(),
                    GenericApp_epDesc.endPoint,
                    GENERICAPP_PROFID,
                    GENERICAPP_MAX_CLUSTERS,
                    (cId_t *)GenericApp_ClusterList,
                    GENERICAPP_MAX_CLUSTERS,
```

```
                            (cId_t *)GenericApp_ClusterList,
                            FALSE );
    }
..................................

    if( keys & HAL_KEY_SW_4 )    //LEFT 键用于匹配描述符绑定请求
    {
        HalLedSet( HAL_LED_4, HAL_LED_MODE_OFF );

        // Initiate a Match Description Request (Service Discovery)
        dstAddr.addrMode= AddrBroadcast;      //地址模式为广播
        dstAddr.addr.shortAddr = NWK_BROADCAST_SHORTADDR;
        //设置广播的网络地址=0xFFFF
        ZDP_MatchDescReq( &dstAddr, NWK_BROADCAST_SHORTADDR,
                            GENERICAPP_PROFID,
                            GENERICAPP_MAX_CLUSTERS,
                            (cId_t *)GenericApp_ClusterList,
                            GENERICAPP_MAX_CLUSTERS,
                            (cId_t *)GenericApp_ClusterList,
                            FALSE );
    }
  }
}
```

(2) 匹配描述符请求的发送

代码中在按键键值为 HAL_KEY_SW_4(左键)时,调用 ZDP_MatchDescReq()函数来发出匹配描述符绑定请求。设备匹配的判断标准有 ProfileID、簇数量、簇 ID、簇方向等,这里把 GENERICAPP_PROFID(ProfileID)、GENERICAPP_MAX_CLUSTERS(输入簇数量)、GenericApp_ClusterList(输入簇列表)、GENERICAPP_MAX_CLUSTERS(输出簇数量)、GenericApp_ClusterList(输出簇列表)这些匹配参数传递入匹配请求的发送函数 ZDP_MatchDescReq()中,随后将其发送至网络中。发送的方式为广播,即网络中的所有其他节点都会接收到,在发送前需要填充目的地址信息:

```
dstAddr.addrMode = AddrBroadcast;    //广播方式
dstAddr.addr.shortAddr = NWK_BROADCAST_SHORTADDR;
//广播的短地址=0xFFFF
```

以下是匹配描述符请求发送函数 ZDP_MatchDescReq()的原型,其中的主要工作是将要发送的匹配参数按一定顺序写入发送缓冲区,然后将其发送出去:

```
afStatus_t ZDP_MatchDescReq(zAddrType_t * dstAddr, uint16 nwkAddr,
                            uint16 ProfileID,
```

```
                              byte NumInClusters, cId_t * InClusterList,
                              byte NumOutClusters, cId_t * OutClusterList,
                              byte SecurityEnable )
{
    byte * pBuf = ZDP_TmpBuf;
    // nwkAddr+ProfileID+NumInClusters+NumOutClusters.
    byte i, len = 2 + 2 + 1 + 1;    //目的设备网络地址+ProfileID+输入簇+输
//出簇的字节长度
    len += (NumInClusters + NumOutClusters) * sizeof(uint16);
    if ( len >= ZDP_BUF_SZ-1 )
    {
       return afStatus_MEM_FAIL;
    }
    *pBuf++ = LO_UINT16( nwkAddr ); // 将目的设备网络地址低地址写入发
//送缓冲区
    *pBuf++ = HI_UINT16( nwkAddr );      //将目的设备网络地址高地址写入
//发送缓冲区
    *pBuf++ = LO_UINT16( ProfileID );// 将 Profile ID 写入发送缓冲区
    *pBuf++ = HI_UINT16( ProfileID );
    *pBuf++ = NumInClusters; // Input cluster list
    if ( NumInClusters )
    {
       for (i=0; i<NumInClusters; ++i) {
          *pBuf++ = LO_UINT16( InClusterList[i] );   //将输入簇写入发送缓
//冲区
          *pBuf++ = HI_UINT16( InClusterList[i] );
       }
    }
    *pBuf++ = NumOutClusters; // Output cluster list
    if ( NumOutClusters )
    {
       for (i=0; i<NumOutClusters; ++i) {
          *pBuf++ = LO_UINT16( OutClusterList[i] );      //将输出簇写入发送
//缓冲区
          *pBuf++ = HI_UINT16( OutClusterList[i] );
       }
    }
    return fillAndSend( &ZDP_TransID, dstAddr, Match_Desc_req, len );
```

// dstAddr 是目的设备地址
}

在发送函数 ZDP_MatchDescReq() 中,首先是将目的地址、输入簇和输出簇等数据按顺序写入以 ZDP_TmpBuf 开始的内存缓冲区中,最后调用了 fillAndSend() 函数将上面的数据发送出去,传入 fillAndSend 函数的参数有目的设备的地址、匹配描述符请求(Match_Desc_req)、发送数据长度等。

这个函数的原型:
static afStatus_t fillAndSend(uint8 * transSeq, zAddrType_t * addr, cId_t clusterID, byte len)
{
　　afAddrType_t afAddr;
　　ZADDR_TO_AFADDR(addr, afAddr);　　//进行设备地址的格式转换
　　*(ZDP_TmpBuf-1) = *transSeq;　　　　　　//将发送数据包序列号写入 ZDP_TmpBuf-1 的内存地址
　　return AF_DataRequest(&afAddr, &ZDApp_epDesc, clusterID,
　　　　　　　　　　(uint16)(len+1), (uint8 *)(ZDP_TmpBuf-1),
　　　　　　　　　　transSeq, ZDP_TxOptions, AF_DEFAULT_RADIUS);
}

在 fillAndSend() 函数的最终调用了应用层的系统发送函数 AF_DataRequest() 完成应用层数据的基础发送:
　　return AF_DataRequest(&afAddr, &ZDApp_epDesc, clusterID,
　　　　　　　　　　(uint16)(len+1), (uint8 *)(ZDP_TmpBuf-1),
　　　　　　　　　　transSeq, ZDP_TxOptions, AF_DEFAULT_RADIUS);

上面的参数中,afAddr 是目的地址(广播地址),前面已经填充过了;ZDApp_epDesc(端口描述)在 APP 层初始化时也已经填充过了;clusterID 就是要发送的匹配描述符请求消息 Match_Desc_req,len+1(发送数据长度),我们在 ZDP_MatchDescReq() 函数中也已经计算过了;ZDP_TmpBuf-1 是发送数据(包含 transrq、ProfileID、输入/输出簇等)缓冲区的首地址,我们在前面已经按顺序填充好了。所有的应用层的数据最终就通过这个函数发送出去。

7.2.2　目的设备接收匹配描述符请求

因为匹配描述符请求是通过广播方式发送的,所以理论上网络中的所有其他设备都是目的设备。

由于在前面的源设备发送的匹配描述符请求消息 Match_Desc_req 属于 ZDO 消息,所以在目的设备接收到此 ZDO 消息后,会将此消息数据包发送给 ZDO(ZDO 是应用层中的一个特殊的应用任务,主要负责设备角色的定义、网络发现/加入、绑定等)。向 ZDO 发送消息数据包后,将会产生一个系统事件并将其推入消息队列,随后调用 ZDO 任务的

事件处理函数 ZDApp_event_loop()中进行处理此系统事件：

```
UINT16 ZDApp_event_loop( byte task_id, UINT16 events )
{
    uint8 * msg_ptr;
    if ( events & SYS_EVENT_MSG )    //判断是否是系统事件
    {
        while ( (msg_ptr = osal_msg_receive( ZDAppTaskID )) )        //接收发送
//至 ZDO 的消息数据包
        {
            ZDApp_ProcessOSALMsg((osal_event_hdr_t *)msg_ptr);//调用接收 ZDO
//消息的处理函数
            // Release the memory
            osal_msg_deallocate( msg_ptr );
        }
        // Return unprocessed events
        return (events ^ SYS_EVENT_MSG);
    }
```
……………

接着再看 ZDApp_ProcessOSALMsg()函数的原型：

```
void ZDApp_ProcessOSALMsg( osal_event_hdr_t * msgPtr )
{
    // Data Confirmation message fields
    byte sentEP;          // This should always be 0
    byte sentStatus;
    afDataConfirm_t * afDataConfirm;
    switch ( msgPtr->event )        //判断此系统事件的子类型
    {
        // Incoming ZDO Message
        case AF_INCOMING_MSG_CMD:
//系统事件子类型是应用层输入消息命令数据包事件
            ZDP_IncomingData( (afIncomingMSGPacket_t *)msgPtr );
            break;
        case ZDO_CB_MSG:
            ZDApp_ProcessMsgCBs( (zdoIncomingMsg_t *)msgPtr );
            break;
```

由于发送至 ZDO 的 ZDO 消息数据包属于应用层的输入数据包，所以对其的处理应该在 AF_INCOMING_MSG_CMD 的系统事件类型中进行。我们看到在这个系统事件中调用了 ZDP_IncomingData((afIncomingMSGPacket_t *)msgPtr)，对 ZDO 消息数据包进行处理：

```c
void ZDP_IncomingData( afIncomingMSGPacket_t * pData )
{
    uint8 x = 0;
    uint8 handled;
    zdoIncomingMsg_t inMsg;
    inMsg.srcAddr.addrMode = Addr16Bit;
    inMsg.srcAddr.addr.shortAddr = pData->srcAddr.addr.shortAddr;
    //取出应用层输入数据包中的源地址信息
    inMsg.wasBroadcast = pData->wasBroadcast;
    inMsg.clusterID = pData->clusterId;
    //取出应用层输入数据包中的簇ID(ZDO消息类型)
    inMsg.SecurityUse = pData->SecurityUse;
    inMsg.asduLen = pData->cmd.DataLength-1;
    inMsg.asdu = pData->cmd.Data+1;
    //取出应用层输入数据包中的数据载荷
    inMsg.TransSeq = pData->cmd.Data[0];

    handled = ZDO_SendMsgCBs( &inMsg );
    //把ZDO信息发送到注册过ZDO信息的任务中去
    //同时向对应任务发送一个ZDO_CB_MSG系统事件
    #if defined( MT_ZDO_FUNC )
    MT_ZdoRsp( &inMsg );
    #endif
    while( zdpMsgProcs[x].clusterID != 0xFFFF )
    {
        if( zdpMsgProcs[x].clusterID == inMsg.clusterID )
        //取出输入ZDO消息对应的处理函数
        {
            zdpMsgProcs[x].pFn( &inMsg );
            return;
        }
        x++;
    }
    // Handle unhandled messages
    if( ! handled )
        ZDApp_InMsgCB( &inMsg );
}
```

在 ZDP_IncomingData()中有一个 zdpMsgProcs[x]的数据结构,这个结构的原始定义:
CONST zdpMsgProcItem_t zdpMsgProcs[] =
{
　　{ NWK_addr_req,　　　　　　zdpProcessAddrReq },
　　{ IEEE_addr_req,　　　　　　zdpProcessAddrReq },
　　{ Node_Desc_req,　　　　　　ZDO_ProcessNodeDescReq },
　　{ Power_Desc_req,　　　　　 ZDO_ProcessPowerDescReq },
　　{ Simple_Desc_req,　　　　　ZDO_ProcessSimpleDescReq },
　　{ Active_EP_req,　　　　　　ZDO_ProcessActiveEPReq },
　　{ Match_Desc_req,　　　　　 ZDO_ProcessMatchDescReq },
}

它实际上是一个 ZDO 消息处理函数的指针数组,每个数组元素有两个成员,即 ZDO 消息簇和对应的消息簇消息处理函数指针。在 ZDP_IncomingData()中,取出输入消息包的 ZDO 消息(inMsg.clusterID),接着在 zdpMsgProcs[x]数组中取出对应消息的处理函数进行消息处理。在这里,目的设备接收到的是 Match_Desc_req 这个 ZDO 消息,所以接下来要取出的处理函数是 ZDO_ProcessMatchDescReq()这个函数指针,取函数指针的操作是 zdpMsgProcs[x].pFn(&inMsg)。

7.2.3　目的设备对描述符匹配请求消息进行处理和响应

目的设备在接收到 Match_Desc_req 后,将调用 ZDO_ProcessMatchDescReq()进行处理,这个函数的主要作用是解析匹配描述符绑定请求消息,并根据解析结果向源设备做出响应,它的原始定义如下:
void ZDO_ProcessMatchDescReq(zdoIncomingMsg_t *inMsg)
{
　　uint8 epCnt = 0;
　　uint8 numInClusters;
　　uint16 *inClusters = NULL;
　　uint8 numOutClusters;
　　uint16 *outClusters = NULL;
　　epList_t *epDesc;
　　SimpleDescriptionFormat_t *sDesc = NULL;
　　uint8 allocated;
　　uint8 *msg;
　　uint16 aoi;
　　uint16 profileID;
// 取出应用层输入消息数据包中数据

```c
        msg = inMsg->asdu;    //将输入消息数据包数据载荷取出
        aoi = BUILD_UINT16( msg[0], msg[1] );        //取出地址模式
        profileID = BUILD_UINT16( msg[2], msg[3] );    //取出 profileID
        msg += 4;
        if ( ADDR_BCAST_NOT_ME == NLME_IsAddressBroadcast(aoi) )
        //判断广播模式(不是给当前设备的广播信息)
        {
            ZDP_MatchDescRsp( inMsg->TransSeq,
            &(inMsg->srcAddr),
            ZDP_INVALID_REQTYPE,    //向源发送无效响应类型 ZDO 消息
            ZDAppNwkAddr.addr.shortAddr, 0, NULL, inMsg->SecurityUse );
            return;
        }
        else if ( (ADDR_NOT_BCAST == NLME_IsAddressBroadcast(aoi)) && (aoi
!= ZDAppNwkAddr.addr.shortAddr) )
        {            //如果不是广播模式
        ZDP_MatchDescRsp( inMsg->TransSeq,
        &(inMsg->srcAddr), ZDP_INVALID_REQTYPE,
            ZDAppNwkAddr.addr.shortAddr, 0, NULL, inMsg->SecurityUse );
            return;
        }

        numInClusters = *msg++;
        if ( numInClusters )
        {
            inClusters = (uint16 *)osal_mem_alloc( numInClusters * sizeof( uint16 ) );
            msg = ZDO_ConvertOTAClusters( numInClusters, msg, inClusters );
        //取出输入簇并转换其格式
        }
        numOutClusters = *msg++;
        if ( numOutClusters )
        {
            outClusters = (uint16 *)osal_mem_alloc( numOutClusters * sizeof( uint16
));
            msg = ZDO_ConvertOTAClusters( numOutClusters, msg, outClusters );
            //取出输出簇并转换其格式
        }
```

```
//清点匹配的端口的数量
    epDesc = epList;
    while ( epDesc )
    {
      // Don't search endpoint 0 and check if response is allowed
      if ( epDesc->epDesc->endPoint ! = ZDO_EP && (epDesc->flags&eEP_AllowMatch) )
      {
        if ( epDesc->pfnDescCB )
        {
          sDesc = (SimpleDescriptionFormat_t *)epDesc->pfnDescCB( AF_DESCRIPTOR_SIMPLE, epDesc->epDesc->endPoint );
          allocated = TRUE;
        }
        else
        {
          sDesc = epDesc->epDesc->simpleDesc;
          allocated = FALSE;
        }

        if ( sDesc && sDesc->AppProfId == profileID )
        {
          uint8 * uint8Buf = (uint8 *)ZDOBuildBuf;
          // If there are no search input/ouput clusters - respond
          if ( (((numInClusters == 0) && (numOutClusters == 0))
//找到任一匹配的输入/输出簇,做出响应
              // Are there matching input clusters?
              || (ZDO_AnyClusterMatches( numInClusters, inClusters,
                sDesc->AppNumInClusters, sDesc->pAppInClusterList ))
              // Are there matching output clusters?
           || (ZDO_AnyClusterMatches( numOutClusters, outClusters,
                sDesc->AppNumOutClusters, sDesc->pAppOutClusterList
)) )
          {
            // Notify the endpoint of the match.
                uint8 bufLen = sizeof ( ZDO_MatchDescRspSent_t ) + (numOutClusters + numInClusters) * sizeof(uint16);
                ZDO_MatchDescRspSent_t *pRspSent = (ZDO_MatchDescRspSent_t
```

*) osal_msg_allocate(bufLen);
　　　//为响应消息分配好内存空间 pRspSent
　　　　if (pRspSent)
　　　　　{　　　　　　　　　　　　//如果分配好内存空间
　pRspSent->hdr.event = ZDO_MATCH_DESC_RSP_SENT;
//响应消息类型为 ZDO_MATCH_DESC_RSP_SENT
　　　　　pRspSent->nwkAddr = inMsg->srcAddr.addr.shortAddr;
//目的设备地址为源设备的地址
　　　　　pRspSent->numInClusters = numInClusters;
//输入簇的数量写入发送缓冲区
　　　　　pRspSent->numOutClusters = numOutClusters;
//输出簇的数量写入发送缓冲区

　　　　　if (numInClusters)　　　　//如果输入簇的数量不为0
　　　　　{
　　　　　　pRspSent->pInClusters = (uint16 *)(pRspSent + 1);
//所有输入簇写入发送缓冲区
　　　　　　osal_memcpy(pRspSent->pInClusters, inClusters, numInClusters * sizeof(uint16));
　　　　　}
　　　　　else
　　　　　{
　　　　　　pRspSent->pInClusters = NULL;
　　　　　}

　　　　　if (numOutClusters)
//如果输出簇的数量不为0,输出簇写入发送缓冲区
　　　　　{
　　　　　　pRspSent->pOutClusters = (uint16 *)(pRspSent + 1) + numInClusters;
　　　　　　osal_memcpy(pRspSent->pOutClusters, outClusters, numOutClusters * sizeof(uint16));
　　　　　}
　　　　　else
　　　　　{
　　　　　　pRspSent->pOutClusters = NULL;
　　　　　}

```
            osal_msg_send( * epDesc->epDesc->task_id,(uint8 *)pRspSent);
        }

                uint8Buf[epCnt++] = sDesc->EndPoint;  //将端口号存入缓冲区
            }
        }

        if ( allocated )
            osal_mem_free( sDesc );
    }
    epDesc = epDesc->nextDesc;
}


// Send the message only if at least one match found.
if ( epCnt )
//如果描述符相匹配的端口数不为0,则发送匹配描述符响应消息给源设备
{
    if ( ZSuccess == ZDP_MatchDescRsp( inMsg->TransSeq, &(inMsg->srcAddr), ZDP_SUCCESS,
                    ZDAppNwkAddr. addr. shortAddr, epCnt,( uint8 * )ZDOBuildBuf, inMsg->SecurityUse ))
    {
#if defined( LCD_SUPPORTED )
        //HalLcdWriteScreen( "Match Desc Req", "Rsp Sent" );
//如果匹配成功,在液晶屏上显示区配信息已发送
        // ClearScreen();
        Print8(HAL_LCD_LINE_2,10,"Match Desc Req",1);
        Print8(HAL_LCD_LINE_3,10,"Rsp Sent",1);
#endif
    }
}
Else
{
#if defined( LCD_SUPPORTED )
    // HalLcdWriteScreen( "Match Desc Req", "Non Matched" );
//如果匹配失败,在液晶屏 上显示未匹配
    //ClearScreen();
    Print8(HAL_LCD_LINE_2,10,"Match Desc Req",1);
```

```
        Print8(HAL_LCD_LINE_3,10,"Rsp Sent",1);
#endif
  }

  if ( inClusters )
    osal_mem_free( inClusters );
  if ( outClusters )
    osal_mem_free( outClusters );
}
```

上面的代码比较复杂，主要是将匹配描述符消息中的输入/输出簇与当前设备描述符中的比较，找出有相同的簇的端口，如果在当前设备中发现有一个或以上的描述符匹配的端口，则向源设备发送匹配响应消息 Match_Desc_rsp，并在液晶屏幕上显示匹配的结果。

7.2.4　源设备接收描述符匹配响应并建立绑定关系

源设备接收到的描述符匹配响应消息 Match_Desc_rsp 属于 ZDO 消息，理论上这个消息应该被发送至源设备 ZDO，在那里得到处理，如果这个消息数据包被发送至 ZDO，将会产生一个系统事件，这个系统事件的子类型是 AF_INCOMING_MSG_CMD，它首先会由 ZDApp_event_loop() 事件处理程序捕捉到，再调用 ZDApp_ProcessOSALMsg()，在 AF_INCOMING_MSG_CMD 的事件子类型下调用 ZDP_IncomingData() 进行处理。但是在 GenericApp 里，ZDO 消息处理函数的指针数组中，并没有关于 Match_Desc_rsp 消息的处理函数：

```
CONST zdpMsgProcItem_t zdpMsgProcs[] =
{
  { NWK_addr_req,          zdpProcessAddrReq },
  { IEEE_addr_req,         zdpProcessAddrReq },
  { Node_Desc_req,         ZDO_ProcessNodeDescReq },
  { Power_Desc_req,        ZDO_ProcessPowerDescReq },
  { Simple_Desc_req,       ZDO_ProcessSimpleDescReq },
  { Active_EP_req,         ZDhandled = ZDO_SendMsgCBs( &inMsg );
```

也就是说，在这种情况下，源设备应该无法对接收的绑定响应的消息(Match_Desc_rsp)进行处理。但是实际情况并非如此，我们看到在 ZDP_IncomingData() 函数中(ZDProile.C 的 1688 行)有这样一个代码：

handled= ZDO_SendMsgCBs(&inMsg);

上面这段代码的作用是将传入 ZDO 的 ZDO 消息再发送至当初注册过它的任务中去。也就是说，在初始化时，ZDO 消息被注册到哪个任务，那么它就将被送到哪个任务中去处理，如果其他任务没有注册过这个 ZDO 消息，那么此消息还将默认在 ZDO 中进行处理。并且当把这个 ZDO 消息发送至注册过它的任务时,会产生一个 ZDO_CB_MSG 类型的系统事件,通知此任务对其进行处理。

在 GenericApp 中,在应用层的初始化代码 GenericApp_Init()中注册了两个 ZDO 消息 End_Device_Bind_rsp 和 Match_Desc_rsp:

ZDO_RegisterForZDOMsg(GenericApp_TaskID, End_Device_Bind_rsp);
ZDO_RegisterForZDOMsg(GenericApp_TaskID, Match_Desc_rsp);

所以对于在应用层中注册过 Match_Desc_rsp 这个 ZDO 消息的源设备(发起描述符匹配请求的设备),它接收到的匹配响应-Match_Desc_rsp 消息就将会传入其应用层而不是设备的 ZDO 层中进行处理。由于系统在发送这个 ZDO 消息给应用层时会产生一个 ZDO_CB_MSG 类型的系统事件,所以消息处理代码要添加在应用层的事件处理程序 GenericApp_ProcessEvent()中,具体的事件类型是 ZDO_CB_MSG 事件:

```
UINT16 GenericApp_ProcessEvent( byte task_id, UINT16 events )
{
    afIncomingMSGPacket_t * MSGpkt;
    afDataConfirm_t * afDataConfirm;

    // Data Confirmation message fields
    byte sentEP;
    ZStatus_t sentStatus;
    byte sentTransID;      // This should match the value sent
    if ( events & SYS_EVENT_MSG )
    {
        MSGpkt = (afIncomingMSGPacket_t *)osal_msg_receive( GenericApp_TaskID );
        while ( MSGpkt )
        {
            switch ( MSGpkt->hdr.event )
            {
                case ZDO_CB_MSG:
                    GenericApp_ProcessZDOMsgs( (zdoIncomingMsg_t *)MSGpkt );
                    break;
```

我们看到在 GenericApp_ProcessEvent()中调用了 GenericApp_ProcessZDOMsgs()对 Match_Desc_rsp 消息进行处理。关于这个函数的细节如下:

```
void GenericApp_ProcessZDOMsgs( zdoIncomingMsg_t * inMsg )
{
    switch (inMsg->clusterID)
    {
        case End_Device_Bind_rsp:              //
```

```
        if ( ZDO_ParseBindRsp( inMsg ) == ZSuccess )
        {
            // Light LED
            HalLedSet( HAL_LED_4, HAL_LED_MODE_ON );
        }
#if defined(BLINK_LEDS)
        else
        {
            // Flash LED to show failure
            HalLedSet ( HAL_LED_4, HAL_LED_MODE_FLASH );
        }
#endif
        break;

    case Match_Desc_rsp:
//如果是描述符匹配响应消息(在应用层中注册)
        {
            ZDO_ActiveEndpointRsp_t *pRsp = ZDO_ParseEPListRsp( inMsg );
            if ( pRsp )
            {
                if ( pRsp->status == ZSuccess && pRsp->cnt )
                //如果匹配状态的为成功
                {
                    GenericApp_DstAddr.addrMode = (afAddrMode_t)Addr16Bit;
                //则目的寻址模式设置为单播
                    GenericApp_DstAddr.addr.shortAddr = pRsp->nwkAddr;
                //从将匹配设备的网络地址设置为单播目的地址
                    //Take the first endpoint, Can be changed to search through endpoints
                    GenericApp_DstAddr.endPoint = pRsp->epList[0];
                //将匹配设备的端口设置为单播的目的端口
                    // Light LED
                    HalLedSet( HAL_LED_4, HAL_LED_MODE_ON );
                }
                osal_mem_free( pRsp );
            }
        }
        break;
```

        }
    }

从上面代码可见,GenericApp 的描述符匹配绑定方式是直接把 Match_Desc_rsp 所携带的与源设备描述符相匹配的目的设备网络地址赋给 GenericApp_DstAddr,这样以后源设备的 GenericApp_SendTheMessage()函数就会把信息直接发送到目的设备,这并不是严格意义上的绑定,真正的绑定是需要在 APS(应用支持子层)建立绑定表的。

7.3 GenericApp 工程——ZDO 终端设备绑定方式

(使用 End Device Bind Request 建立绑定的方法)

ZDO 终端设备绑定请求:设备能告诉协调器它们想建立绑定表格条目。该协调器将协助在这两个设备上创建绑定表格条目。在这里以 GenericApp 工程为例,对整个绑定的流程进行代码分析:

```
void GenericApp_HandleKeys( byte shift, byte keys )
{
    zAddrType_t dstAddr;

    // Shift is used to make each button/switch dual purpose.
    if ( shift )
    {
        if ( keys & HAL_KEY_SW_1 )
        {
        }
        if ( keys & HAL_KEY_SW_2 )
        {
        }
        if ( keys & HAL_KEY_SW_3 )
        {
        }
        if ( keys & HAL_KEY_SW_4 )
        {
        }
    }
    else
    {
        if ( keys & HAL_KEY_SW_1 )
        {
```

```
        }
//
    if ( keys & HAL_KEY_SW_2 )
    {
        HalLedSet ( HAL_LED_4, HAL_LED_MODE_OFF );
        //终端设备绑定请求
        // Initiate an End Device Bind Request for the mandatory endpoint
        dstAddr.addrMode = Addr16Bit;
        dstAddr.addr.shortAddr = 0x0000; // 目的地址－Coordinator 协调器
        ZDP_EndDeviceBindReq( &dstAddr, NLME_GetShortAddr(),
                            GenericApp_epDesc.endPoint,
                            GENERICAPP_PROFID,
                            GENERICAPP_MAX_CLUSTERS,
  (cId_t *)GenericApp_ClusterList,
                            GENERICAPP_MAX_CLUSTERS,
  (cId_t *)GenericApp_ClusterList,
                            FALSE );
    }

    if ( keys & HAL_KEY_SW_3 )
    {
    }

    if ( keys & HAL_KEY_SW_4 )
    {
        HalLedSet ( HAL_LED_4, HAL_LED_MODE_OFF );
        //描述符匹配请求 这也是两不同匹配方式,使用的按键不同
        // Initiate a Match Description Request (Service Discovery)
        dstAddr.addrMode = AddrBroadcast; //匹配请求采用广播模式
        dstAddr.addr.shortAddr = NWK_BROADCAST_SHORTADDR;
        ZDP_MatchDescReq( &dstAddr, NWK_BROADCAST_SHORTADDR,
                        GENERICAPP_PROFID,
                        GENERICAPP_MAX_CLUSTERS,
  (cId_t *)GenericApp_ClusterList,
                        GENERICAPP_MAX_CLUSTERS,
  (cId_t *)GenericApp_ClusterList,
                            FALSE );
    }
```

}
}

说明：SW2 是发送终端设备绑定请求方式，SW4 是发送描述符匹配请求方式。如果按下 SW1 的话，使用终端设备绑定请求方式，通过终端告诉协调器它们想要建立绑定表格，协调器将协调这两个请求的设备，在两个设备上建立绑定表格条目。

7.3.1 终端设备向协调器发送终端设备绑定请求

调用 ZDP_EndDeviceBindReq()函数发送绑定请求。
```
ZDP_EndDeviceBindReq( &dstAddr, //目的地址设为 0x0000；
            NLME_GetShortAddr(),
            GenericApp_epDesc.endPoint, //EP 号
            GENERICAPP_PROFID, //Profile ID
            GENERICAPP_MAX_CLUSTERS,   //输入簇的数目
            (cId_t *) GenericApp_ClusterList, //输入簇列表
            GENERICAPP_MAX_CLUSTERS,   //输出簇数目
            (cId_t *) GenericApp_ClusterList,/输出簇列表
                FALSE );
```
该函数实际调用无线发送函数将绑定请求发送给协调器节点：默认 clusterID 为 End_Device_Bind_req，最后通过 AF_DataRequest()发送出去。

fillAndSend(&ZDP_TransID, dstAddr, End_Device_Bind_req, len);

最后通过 AF_DataRequest()发送出去。
```
AF_DataRequest( &afAddr, &ZDApp_epDesc, clusterID,
            (uint16)(len+1),
        (uint8 *)(ZDP_TmpBuf-1),
            transSeq, ZDP_TxOptions,
        AF_DEFAULT_RADIUS );
```

7.3.2 协调器收到终端设备绑定请求 End_Device_Bind_req(ZDO 消息)

这个信息会传送到 ZDO 层，在 ZDO 层的事件处理函数中，调用 ZDApp_ProcessOSALMsg((osal_event_hdr_t *)msg_ptr);
```
UINT16 ZDApp_event_loop( byte task_id, UINT16 events )
{
  uint8 * msg_ptr;
  if ( events & SYS_EVENT_MSG )
  {
    while ( (msg_ptr = osal_msg_receive( ZDAppTaskID )))
```

```c
      {
         ZDApp_ProcessOSALMsg( (osal_event_hdr_t *)msg_ptr );
         // Release the memory
         osal_msg_deallocate( msg_ptr );
      }
      // Return unprocessed events
  return (events ^ SYS_EVENT_MSG);
  ……………………
}
```

在 ZDP_IncomingData((afIncomingMSGPacket_t *)msgPtr);函数中

```c
void ZDP_IncomingData( afIncomingMSGPacket_t * pData )
{
  uint8 x = 0;
  uint8 handled;
  zdoIncomingMsg_t inMsg;
  inMsg.srcAddr.addrMode = Addr16Bit;
  inMsg.srcAddr.addr.shortAddr = pData->srcAddr.addr.shortAddr;
  inMsg.wasBroadcast = pData->wasBroadcast;
  inMsg.clusterID = pData->clusterId;
  inMsg.SecurityUse = pData->SecurityUse;

  inMsg.asduLen = pData->cmd.DataLength-1;
  inMsg.asdu = pData->cmd.Data+1;
  inMsg.TransSeq = pData->cmd.Data[0];
  handled = ZDO_SendMsgCBs( &inMsg );
#if defined( MT_ZDO_FUNC )
  MT_ZdoRsp( &inMsg );
#endif
//抽取出预定义的各个簇的事件处理函数进行处理
  while ( zdpMsgProcs[x].clusterID != 0xFFFF )
  {
    if ( zdpMsgProcs[x].clusterID == inMsg.clusterID )
    {
      zdpMsgProcs[x].pFn( &inMsg );
      return;
    }
    x++;
  }
```

```
    // Handle unhandled messages
    if(！handled)
ZDApp_InMsgCB(&inMsg);
}
```
因为 ZDO 信息处理表 zdpMsgProcs[ ]没有对应的 End_Device_Bind_req 簇,因此没有调用 ZDO 信息处理表中的处理函数,但是 ZDO_SendMsgCBs()会把这个终端设备绑定请求发送到登记过这个 ZDO 信息的任务中去。

对于协调器来说,由于在 void ZDApp_Init(byte task_id)函数中调用了 ZDApp_RegisterCBs();里面的函数,注册了终端绑定请求信息。

```
void ZDApp_RegisterCBs( void )
{
#if defined ( ZDO_IEEEADDR_REQUEST ) || defined ( REFLECTOR )
    ZDO_RegisterForZDOMsg( ZDAppTaskID, IEEE_addr_rsp );
#endif
#if defined ( ZDO_NWKADDR_REQUEST ) || defined ( REFLECTOR )
    ZDO_RegisterForZDOMsg( ZDAppTaskID, NWK_addr_rsp );
#endif
#if defined ( ZDO_COORDINATOR )
    ZDO_RegisterForZDOMsg( ZDAppTaskID, Bind_rsp );
    ZDO_RegisterForZDOMsg( ZDAppTaskID, Unbind_rsp );
    ZDO_RegisterForZDOMsg( ZDAppTaskID, End_Device_Bind_req );
#endif
#if defined ( REFLECTOR )
    ZDO_RegisterForZDOMsg( ZDAppTaskID, Bind_req );
    ZDO_RegisterForZDOMsg( ZDAppTaskID, Unbind_req );
#endif
}
```

因此,协调器节点的 ZDApp 接收到外界输入的数据后,由于注册了 ZDO 反馈消息,即 ZDO_CB_MSG(系统事件),ZDApp 层任务事件处理函数将进行处理,也就是调用下面的程序。

```
UINT16 ZDApp_event_loop( byte task_id, UINT16 events )
{
    uint8 *msg_ptr;
    if( events & SYS_EVENT_MSG )
    {
        while( (msg_ptr = osal_msg_receive( ZDAppTaskID )))
        {
```

```
      ZDApp_ProcessOSALMsg( (osal_event_hdr_t *)msg_ptr );
      // Release the memory
      osal_msg_deallocate( msg_ptr );
    }
    // Return unprocessed events
  return (events ^ SYS_EVENT_MSG);
  ……………
}
```
在这里调用函数 ZDApp_ProcessOSALMsg((osal_event_hdr_t *)msg_ptr);在这个函数中我们可以看到对 ZDO_CB_MSG 事件的处理：
```
void ZDApp_ProcessOSALMsg( osal_event_hdr_t * msgPtr )
{
  // Data Confirmation message fields
  byte sentEP;           // This should always be 0
  byte sentStatus;
  afDataConfirm_t * afDataConfirm;
  switch ( msgPtr->event )
  {
    // Incoming ZDO Message
    case AF_INCOMING_MSG_CMD:
      ZDP_IncomingData( (afIncomingMSGPacket_t *)msgPtr );
      break;
    case ZDO_CB_MSG:
      ZDApp_ProcessMsgCBs( (zdoIncomingMsg_t *)msgPtr );
      break;
    ……………………
  }
}
```
调用 ZDApp_ProcessMsgCBs()函数。在这个函数中，根据 ClusterID（这里是 End_Device_Bind_req）选择相对应的匹配描述符处理函数：
```
void ZDApp_ProcessMsgCBs( zdoIncomingMsg_t * inMsg )
{
  switch ( inMsg->clusterID )
  {
#if defined ( ZDO_NWKADDR_REQUEST ) || defined ( ZDO_IEEEADDR_REQUEST ) || defined ( REFLECTOR )
    case NWK_addr_rsp:
    case IEEE_addr_rsp:
    {
```

```
              ZDO_NwkIEEEAddrResp_t  * pAddrRsp;
              pAddrRsp = ZDO_ParseAddrRsp( inMsg );
              if ( pAddrRsp )
              {
                if ( pAddrRsp->status == ZSuccess )
                {
                    ZDO_UpdateAddrManager(pAddrRsp->nwkAddr, pAddrRsp->
extAddr);
                }
                osal_mem_free( pAddrRsp );
              }
            }
            break;
    #endif

    #if defined ( REFLECTOR )    //定义反射器
        case Bind_req:
        case Unbind_req:
          {
            ZDO_BindUnbindReq_t bindReq;
            ZDO_ParseBindUnbindReq( inMsg,&bindReq );
            ZDO_ProcessBindUnbindReq( inMsg, &bindReq );
          }
            break;
    #endif

    #if defined ( ZDO_COORDINATOR )   //如果定义协调器设备功能
        case Bind_rsp:
        case Unbind_rsp:
          if ( matchED )
          {
ZDMatchSendState( (uint8)((inMsg->clusterID == Bind_rsp) ?
ZDMATCH_REASON_BIND_RSP:ZDMATCH_REASON_UNBIND_RSP),
                ZDO_ParseBindRsp(inMsg), inMsg->TransSeq );
          }
            break;
        case End_Device_Bind_req:
          {
```

```c
            ZDEndDeviceBind_t bindReq;
            ZDO_ParseEndDeviceBindReq( inMsg, &bindReq );
            //解析绑定请求信息
            //然后向发送绑定请求的节点发送绑定响应消息:
            ZDO_MatchEndDeviceBind( &bindReq );
            // Freeing the cluster lists - if allocated.
            if ( bindReq.numInClusters )
               osal_mem_free( bindReq.inClusters );
            if ( bindReq.numOutClusters )
               osal_mem_free( bindReq.outClusters );
         }
         break;
#endif
      }
```

下面是 ZDO_MatchEndDeviceBind() 函数的源代码:

```c
void ZDO_MatchEndDeviceBind( ZDEndDeviceBind_t *bindReq )
{
   zAddrType_t dstAddr;
   uint8 sendRsp = FALSE;
   uint8 status;
   // Is this the first request? 接收到的是第一个绑定请求
   if ( matchED == NULL )
   {
      // Create match info structure 创建匹配信息结构体
      matchED = (ZDMatchEndDeviceBind_t *)osal_mem_alloc( sizeof( ZDMatchEndDeviceBind_t ) );  //分配空间
      if ( matchED )
      {
         // Clear the structure 先进行清除操作
         osal_memset( (uint8 *)matchED, 0, sizeof( ZDMatchEndDeviceBind_t ) );
         // Copy the first request's information 复制第一个请求信息
         if ( ! ZDO_CopyMatchInfo( &(matchED->ed1), bindReq ) )
            //复制不成功后
         {
            status = ZDP_NO_ENTRY;
```

```
        sendRsp = TRUE;
    }
}
else //分配空间不成功
{
    status = ZDP_NO_ENTRY;
    sendRsp = TRUE;
}

if（! sendRsp） //分配空间成功,复制数据结构成功
{
    // Set into the correct state 设置正确的设备状态
    matchED->state = ZDMATCH_WAIT_REQ;
    //设置计时时间
APS_SetEndDeviceBindTimeout(AIB_MaxBindingTime,
                ZDO_EndDeviceBindMatchTimeoutCB);
}
else //接收到的不是第一个绑定请求
{
        matchED->state = ZDMATCH_SENDING_BINDS; //状态为绑定中
// Copy the 2nd request's information 拷贝第2个请求信息结构
        if（! ZDO_CopyMatchInfo（&(matchED->ed2),bindReq））
//拷贝不成功
        {
            status = ZDP_NO_ENTRY;
            sendRsp = TRUE;
        }
        // Make a source match for ed1
    //对 ed1 的输出簇 ID 与 ed2 的输入簇 ID 进行比较,如果有符合的则
    //返回,相匹配的簇的数目
matchED->ed1numMatched=ZDO_CompareClusterLists
（    matchED->ed1.numOutClusters, matchED->ed1.outClusters,
        matchED->ed2.numInClusters,
                matchED->ed2.inClusters,  ZDOBuildBuf）;
        if（matchED->ed1numMatched） //如果有返回 ed1 相匹配的簇
        {
            // Save the match list 申请空间保存相匹配的簇列表
matchED-> ed1Matched = osal _ mem _ alloc（（short）（matchED->
```

```
ed1numMatched *
    sizeof( uint16 )));
            if( matchED->ed1Matched ) //分配成功
            {
//保存相匹配的簇列表
                osal_memcpy(matchED->ed1Matched,ZDOBuildBuf,
(matchED->ed1numMatched * sizeof( uint16 )));
            }
            else //内存空间分配不成功
            {
                // Allocation error, stop
                status = ZDP_NO_ENTRY;
                sendRsp = TRUE;
            }
        }
        // Make a source match for ed2 以 ed2 为源
//对 ed2 的终端匹配请求和 ed1 的簇列表相比较,返回相相匹配的簇的数目
        matchED->ed2numMatched =
ZDO_CompareClusterLists(          matchED->ed2.numOutClusters,
    matchED->ed2.outClusters,
    matchED->ed1.numInClusters,
    matchED->ed1.inClusters, ZDOBuildBuf );
        if( matchED->ed2numMatched ) //如果匹配成功
        {
        // Save the match list 保存匹配的簇列表
            matchED->ed2Matched =
osal_mem_alloc( (short)(matchED->ed2numMatched * sizeof( uint16 )));
            if( matchED->ed2Matched )
            {
                osal_memcpy( matchED->ed2Matched,
ZDOBuildBuf,
(matchED->ed2numMatched * sizeof( uint16 )));
            }
            else
            {
                // Allocation error, stop
                status = ZDP_NO_ENTRY;
                sendRsp = TRUE;
```

              }
         }
     //如果两个相请求的终端设备,有相匹配的簇,并且保存成功
         if ((sendRsp = = FALSE) && (matchED-> ed1numMatched ||
matchED->ed2numMatched))
         {
             // Do the first unbind/bind state 发送响应信息给两个设备
         ZDMatchSendState(ZDMATCH_REASON_START, ZDP_SUCCESS, 0);
         }
         else
         {
            status = ZDP_NO_MATCH;
            sendRsp = TRUE;
         }
     }
     if (sendRsp) //如果没有相匹配的或匹配不成功
     {
        // send response to this requester 发送匹配请求响应
        dstAddr.addrMode = Addr16Bit; //设置目的地址是 16 位的短地址
dstAddr.addr.shortAddr =bindReq->srcAddr;
//发送绑定终端响应函数 status = ZDP_NO_MATCH;
ZDP_EndDeviceBindRsp(bindReq->TransSeq,
                    &dstAddr,
                       status,
            bindReq->SecurityUse);
        if (matchED->state = = ZDMATCH_SENDING_BINDS)
        {
           // send response to first requester
           dstAddr.addrMode = Addr16Bit;
           dstAddr.addr.shortAddr = matchED->ed1.srcAddr;
           ZDP_EndDeviceBindRsp(matchED->ed1.TransSeq,
                        &dstAddr,
                   status, matchED->ed1.SecurityUse);
        }
        // Process ended - release memory used
        ZDO_RemoveMatchMemory();
     }
 }

ZDO_MatchEndDeviceBind()函数,如果协调器接收到接收到第一个绑定请求,则分配内存空间进行保存并计时;如果不是第一个绑定请求,则分别以第一个和第二个绑定请求为源绑定,进行比较匹配,如果比较匹配成功,则发送匹配成功的信息 End_Device_Bind_rsp 给两个请求终端。因为在 ZDMatchSendState()函数中也是调用了 ZDP_EndDeviceBindRsp()函数对匹配请求响应进行了发送。如果匹配不成功,则发送匹配失败的信息给两个终端。

```
uint8 ZDMatchSendState( uint8 reason, uint8 status, uint8 TransSeq )
{
......................
  else
    {
      // Send the response messages to requesting devices
      // send response to first requester 发送响应信息给第一个请求终端,
      dstAddr.addr.shortAddr = matchED->ed1.srcAddr;
      ZDP_EndDeviceBindRsp( matchED->ed1.TransSeq, &dstAddr, rspStatus, matchED->ed1.SecurityUse );
      // send response to second requester 发送响应信息给第二个请求终端,
      if ( matchED->state == ZDMATCH_SENDING_BINDS )
        {
          dstAddr.addr.shortAddr = matchED->ed2.srcAddr;
          ZDP_EndDeviceBindRsp( matchED->ed2.TransSeq, &dstAddr, rspStatus, matchED->ed2.SecurityUse );
        }
      // Process ended - release memory used
      ZDO_RemoveMatchMemory();
    }
  return( TRUE );
}
```

7.3.3 终端节点的响应

由于终端节点在 GenericApp.c 中应用层注册过 End_Device_Bind_rsp 消息,因此当接收到协调器节点发来的绑定响应消息,将交由 GenericApp 应用层任务事件处理函数处理:

```
UINT16 GenericApp_ProcessEvent( uint8 task_id, UINT16 events )
{
  if ( events & SYS_EVENT_MSG )
    {
```

```
    afIncomingMSGPacket_t * MSGpkt;
    while ( (MSGpkt = (afIncomingMSGPacket_t *)osal_msg_receive(
                                    SerialApp_TaskID )) )
    {
      switch ( MSGpkt->hdr.event )
      {
        case ZDO_CB_MSG:
          GenericApp_ProcessZDOMsgs( (zdoIncomingMsg_t *)MSGpkt );
          break;
..................................
}
```
然后,调用 GenericApp_ProcessZDOMsgs()函数进行事件处理:
```
void GenericApp_ProcessZDOMsgs( zdoIncomingMsg_t *inMsg )
{
  switch ( inMsg->clusterID )
  {
    case End_Device_Bind_rsp:
      if ( ZDO_ParseBindRsp( inMsg ) == ZSuccess )
      {
  // Light LED
        HalLedSet( HAL_LED_4, HAL_LED_MODE_ON );
      }
#if defined(BLINK_LEDS)
      else
      {
        // Flash LED to show failure
        HalLedSet ( HAL_LED_4, HAL_LED_MODE_FLASH );
      }
#endif
      break;

    case Match_Desc_rsp:
      {
        ZDO_ActiveEndpointRsp_t *pRsp = ZDO_ParseEPListRsp( inMsg );
        if ( pRsp )
        {
          if ( pRsp->status == ZSuccess && pRsp->cnt )
          {
```

```
                GenericApp_DstAddr.addrMode = (afAddrMode_t)Addr16Bit;
    GenericApp_DstAddr.addr.shortAddr = pRsp->nwkAddr;
                // Take the first endpoint, Can be changed to search
through endpoints
                GenericApp_DstAddr.endPoint = pRsp->epList[0];

                // Light LED
                HalLedSet( HAL_LED_4, HAL_LED_MODE_ON );
            }
            osal_mem_free( pRsp );
        }
    }
    break;
  }
}
```

至此,整个终端绑定就完成了。它和描述符匹配请求的绑定方式有很大的不同,在描述符匹配请求中,两个设备之间的绑定是不需要经过协调器的,而 ZDO 终端设备绑定则是要和协调器发生联系后,才能在两个终端设备中建立绑定关系,但是绑定表是存储在协调器中的。

7.4 在 GenericApp 中通过匹配描述符绑定方式传输温度传感数据

7.4.1 绑定键功能失常的解决方法

使用匹配描述绑定的方式需要有键盘的参与。但在 6.3 节的实验是在 HAL 中的 HalAdcRead 函数中定义了条件编译宏 TEMP_ADC,并将其加入 ADCCON3 的配置程序的编译条件中,配置了额外转换的温度通道模式后,温度的采集功能具备了,但是键盘功能却不能用。

因为 Z-Stack 中使用的四个方向键即 SW1、SW2、SW3、SW4 接在一个电阻分压网络中,当不同按键按下时,此网络的输出端口上的电平值将会不同(见图 7.5)。

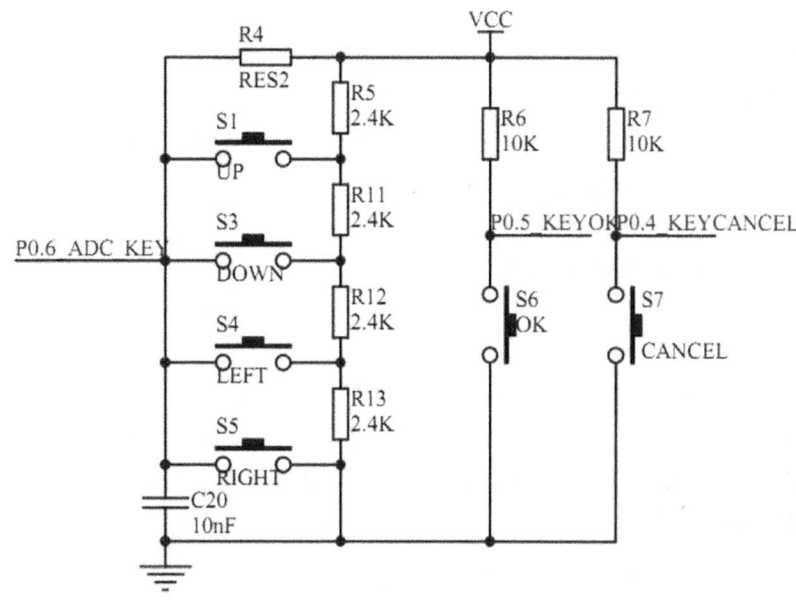

图 7.5 方向键的电阻分压网络

EB 板使用了一个 I/O 口即 P0.5 采集这个输出端口上的电平值,进行 ADC 转换后,再根据 ADC 值判断其对应的具体按键。在协议栈的 OS 中键盘识别程序是通过调用 HalAdcRead 函数进行 AD 转换进而得到按键的 ADC 值的。键盘识别程序给 HalAdcRead 函数传递的参数是 AIN5 的通道号即 HAL_ADC_CHANNEL_5。

如果在前面我们对 HalAdcRead 函数中的修改中使用"TEMP_ADC"这个宏并将其加入 Project/Option/C/C++Compiler/Preprocessor 编译选项中,那么在调用此函数的过程中,会把 ADCCON3 这个寄存器强制配置为"0x3E",我们在 6.3 节的修改如下:

\#if defined(TEMP_ADC) //如果定义了 TEMP_ADC 宏
    ADCCON3 = 0x3E; //REF_1_25_V | ADC_14_BIT | ADC_TEMP_SENS
//配置 ADC 为 1.25V 参考电压、14 位分辨率、温度采集模式
ADCCON1 |= 0x30;
ADCCON1 |= 0x40;//启动 ADC
\#elif ! defined(TEMP_ADC)
    ADCCON3 = adctemp; //如果没有定义 TEMP_ADC 宏
\#endif

那么,OS 中的键盘识别程序在调用 HalAdcRead 时,将无法将其通道号(AIN5)和参考电压选择配置到此寄存器中,而是将温度通道和参考电压 1.25V 等信息配置到 ADCCON3 中去,导致无法读取键盘对应的电压 ADC 值,致使键盘无法识别,自然也不会进入用户任务事件处理中的"KEY_CHANGE"事件中。

为了解决这个问题,必须对前面的程序进行修改,原则是既不破坏原有的方向键盘 ADC 检测功能,又加入温度 ADC 采集的功能。

(1) 将强制编译条件的 TEMP_ADC 宏去掉
//#if defined (TEMP_ADC)
//ADCCON3 =0x3E;   //REF_1_25_V | ADC_14_BIT | ADC_TEMP_SENS
  // ADCCON1 |=0x30;
  // ADCCON1 |=0x40;
//#elif ! defined (TEMP_ADC)
   ADCCON3 = adctemp;
//#endif

(2) 两种修改的方法

① 在 HalAdcRead() 函数中,在它对 ADC 工作通道和参考电压源进行配置的语句(即对 ADCCON3 的赋值语句)中加入条件判断,根据程序中传入的通道号参数进行不同的 ADCCON3 值的设置:

```
/* writing to this register starts the extra conversion */
if (channel==14)
ADCCON3 =0x3E;
//REF_1_25_V | ADC_14_BIT | ADC_TEMP_SENS
  else
ADCCON3 = adctemp;
```

为了不破坏原始的 HAL 层结构,最好还是加上条件编译宏 TEMP_ADC

```
#if defined (TEMP_ADC)
  if (channel==14)
ADCCON3 =0x3E;
//REF_1_25_V | ADC_14_BIT | ADC_TEMP_SENS
  else
#endif
ADCCON3 = adctemp;
```

② 在 HAL 层的 hal_adc.c 中再添加一个自定义的温度 ADC 读取函数 HalTmpAdcRead(),在此函数中实现温度 ADC 的通道选择、参考电压选择及温度电压值的读取等功能,在应用层需要采集温度时调用此函数。原来的 HalAdcRead 函数不动,协议栈 OS 需要 ADC 转换时就调用它,功能还是原来的功能,操作系统读取 ADC 转换值与我们读取温度值的是两个函数,在两个不同的内存空间,互不影响。这种方法解决问题直接简单,可靠性高,但是它破坏了原始的 HAL 层,一定程度上影响了协议栈的规范性。

```
uint16 HalTmpAdcRead (uint8 channel, uint8 resolution)
{
  int16  reading = 0;

#if defined (TMP_ADC)
```

```c
    //最好还是加上 TMP_ADC 宏,方便对编译进行控制
#if (TMP_ADC==TRUE)

    volatile  uint8 tmp;

    /* read ADCL,ADCH to clear EOC */
    tmp = ADCL;
    tmp = ADCH;

    ADCCON3 =0x3E;
//REF_1_25_V | ADC_14_BIT | ADC_TEMP_SENS

    /* Wait for the conversion to be done */
    while (! (ADCCON1 & HAL_ADC_EOC));

    /* Read the result */
    reading = (int16) (ADCL>>2);
    reading |= (int16) (ADCH << 6);
    /* Treat small negative as 0 */
    if (reading < 0)
        reading = 0;

    switch (resolution)
    {
      case HAL_ADC_RESOLUTION_8:
        reading >>= 8;
        break;
      case HAL_ADC_RESOLUTION_10:
        reading >>= 6;
        break;
      case HAL_ADC_RESOLUTION_12:
        reading >>= 4;
        break;
      case HAL_ADC_RESOLUTION_14:
      default:
        break;
    }
#endif
```

```
#endif
  return ((uint16)reading);
}
```

接下来还需要在 hal_adc.h 中添加对此函数的外部引用声明：

`extern uint16 HalTmpAdcRead (uint8 channel, uint8 resolution);`

如果采用这种方法修改，我们在应用层的温度 ADC 的读取函数中就要相应地调用 HalTmpAdcRead()函数。

7.4.2 使用 Match 方法对两个节点进行绑定，并进行温度数据的传输

我们解决了键盘功能和温度检测功能冲突的问题，接下来就可以使用匹配描述符请求(Match_Desc)的方法绑定任意两个节点了。在两个节点完成绑定后，可自动地定期发送温度字符串。

(1) 首先在 GenericApp.c 的 GenericApp_ProcessEvent()中的 ZDO_CB_MSG 事件中添加匹配响应消息的处理程序

当一个节点的匹配请求发送到网络中后，被匹配的节点收到后，将返回一个匹配响应消息并在发送匹配请求的源节点中产生一个 ZDO_CB_MSG 事件，调用 GenericApp_ProcessZDOMsgs()进行处理。这个匹配的消息为 Match_Desc_rsp，所以我们应该在这个消息的处理事件里去处理它。我们需要添加如下代码：

```
case Match_Desc_rsp:
  {
    ZDO_ActiveEndpointRsp_t *pRsp = ZDO_ParseEPListRsp( inMsg );
    if ( pRsp )
    {
      if ( pRsp->status == ZSuccess && pRsp->cnt )
      {
        GenericApp_DstAddr.addrMode = (afAddrMode_t)Addr16Bit;
        GenericApp_DstAddr.addr.shortAddr = pRsp->nwkAddr;

        GenericApp_DstAddr.endPoint = pRsp->epList[0];

        // Light LED
        HalLedSet( HAL_LED_4, HAL_LED_MODE_ON );
        // Start sending "the" message in a regular interval.
        osal_start_timerEx( GenericApp_TaskID,
                            GENERICAPP_VOLT_COLLECT_EVT,
                            GENERICAPP_VOLT_COLLECT_TIMEOUT );
      }
```

```
      osal_mem_free( pRsp );
   }
}
```

在这里，我们发出了一个用户自定义事件：GENERICAPP_VOLT_COLLECT_EVT。这个事件仍然是在用户事件 GenericApp_ProcessZDOMsgs()程序里去处理的。

(2) 添加用户自定义事件的处理程序

我们可添加如下代码：

```
if ( events & GENERICAPP_VOLT_COLLECT_EVT )
{
   // Send "the" message
   GenericApp_SendTheVoltage();

   // Setup to send message again
   osal_start_timerEx( GenericApp_TaskID,
                       GENERICAPP_VOLT_COLLECT_EVT,
                       GENERICAPP_VOLT_COLLECT_TIMEOUT );
   return (events ^ GENERICAPP_VOLT_COLLECT_EVT);
}
```

在上面的事件处理中，我们调用了一个自定义的数据发送函数，将温度值发送到匹配的设备上去。

```
void GenericApp_SendTheVoltage( void )
{
   uint16 AdcVal;
   unsigned char theMessageData[5]={0,0,0,0,0};
   AdcVal=HalTmpAdcRead(14,HAL_ADC_RESOLUTION_14);   AdcVal=(uint8)((AdcVal>>4)-315);
   _itoa(AdcVal,theMessageData,10);
   Print8(HAL_LCD_LINE_2,10,"            ", 1);
   Print8(HAL_LCD_LINE_3,10,"            ", 1);
   Print8(HAL_LCD_LINE_2,16, "Local Temp:", 1);
   Print8(HAL_LCD_LINE_3,10,theMessageData, 1);

   if ( AF_DataRequest( &GenericApp_DstAddr, &GenericApp_epDesc,
             GENERICAPP_VOLT_CLUSTERID,
             (byte)osal_strlen( theMessageData ) + 1,
             (byte *)&theMessageData,
             &GenericApp_TransID,
             AF_DISCV_ROUTE, AF_DEFAULT_RADIUS ) == afStatus
```

_SUCCESS)
      {
        // Successfully requested to be sent.
      }
      else
      {
        // Error occurred in request to send.
      }
    }

(3)添加接收事件处理程序

匹配节点收到温度数据后,将会在系统里产生一个 AF_INCOMING_MSG_CMD 的系统事件,我们接着还需要在匹配节点 AF_INCOMING_MSG_CMD 事件处理中添加显示相关数据的功能程序代码。

7.5 在 GenericApp 工程中添加串口功能

我们需要在 GenericApp 工程中添加串口功能,将从其他节点获取的温度数据发送到上位机供我们进行分析和处理。

HAL 层的 void HalDriverInit(void)函数中对于硬件驱动的初始化:
  /* UART */
#if (defined HAL_UART) && (HAL_UART == TRUE)
  HalUARTInit();
#endif

串口的初始化与否取决于 HAL_UART 是否定义,且定义值为 TRUE。
#ifndef HAL_UART   //如果没有定义 HAL_UART 宏的话
#if (defined ZAPP_P1) || (defined ZAPP_P2) || (defined ZTOOL_P1) || (defined ZTOOL_P2)
  #defineHAL_UART TRUE
#else
#define HAL_UART FALSE
#endif /* ZAPP, ZTOOL */
#endif /* HAL_UART */

接下来的宏定义:
#if HAL_UART
  #define HAL_UART_0_ENABLE   TRUE
  #define HAL_UART_1_ENABLE   FALSE

上面的定义显示,如果没有定义(ifndef)HAL_UART,如果定义了 ZAPP_P1 或

ZAPP_P2 或 ZTOOL_P1 或 defined ZTOOL_P2 中的任一个,则定义 HAL_UART 且其值为 TRUE。我们在 GenericApp 的 Coordinator 工程的编译选项中看到工程定义了 ZTOOL_P1,没有定义 HAL_UART,满足上述宏编译条件,所以 HAL_UART 被定义为 TURE,Zmain 中的串口初始化程序将被执行。

在 Coordinator 工程的编译选项中还有一个"MT_TASK"的宏定义。MT_TASK 是监控测试层的任务,作用在于从各层读取任务数据到上位机,它使用的也是串口,所以为了避免其与我们添加的串口功能相冲突,我们应该把它从工程的编译选项中去掉。只需要在其前加上"x"即可。

前面的初始化只是定义了串口使用的引脚的参数,我们需要在用户任务的初始化中添加关于串口的参数配置程序。在(在 SPIMgr.c 中)中有一个能够实现这些功能的函数 SPIMgr_Init();看其定义:

```
void SPIMgr_Init ()
{
    halUARTCfg_t uartConfig;

    /* Initialize APP ID */
    App_TaskID = 0;

    /* UART Configuration */
    uartConfig. configured           = TRUE;
    uartConfig. baudRate             = SPI_MGR_DEFAULT_BAUDRATE;
    uartConfig. flowControl          = 0;//SPI_MGR_DEFAULT_OVERFLOW;
    uartConfig. flowControlThreshold = SPI_MGR_DEFAULT_THRESHOLD;
    uartConfig. rx. maxBufSize       = SPI_MGR_DEFAULT_MAX_RX_BUFF;
    uartConfig. tx. maxBufSize       = SPI_MGR_DEFAULT_MAX_TX_BUFF;
    uartConfig. idleTimeout          = SPI_MGR_DEFAULT_IDLE_TIMEOUT;
    uartConfig. intEnable            = TRUE;
    #if defined (ZTOOL_P1) || defined (ZTOOL_P2)
    uartConfig. callBackFunc         = SPIMgr_ProcessZToolData;
    #elif defined (ZAPP_P1) || defined (ZAPP_P2)
    uartConfig. callBackFunc         = SPIMgr_ProcessZAppData;
    #else
    uartConfig. callBackFunc         = NULL;
    #endif

    /* Start UART */
    #if defined (SPI_MGR_DEFAULT_PORT)
    HalUARTOpen (SPI_MGR_DEFAULT_PORT, &uartConfig);
```

```
  #else
    /* Silence IAR compiler warning */
    (void)uartConfig;
  #endif

    /* Initialize for ZApp */
  #if defined (ZAPP_P1) || defined (ZAPP_P2)
    /* Default max bytes that ZAPP can take */
    SPIMgr_MaxZAppBufLen    = 1;
    SPIMgr_ZAppRxStatus     = SPI_MGR_ZAPP_RX_READY;
  #endif
}
```

我们可以将这个函数添加到应用层任务的初始化函数 GenericApp_Init(taskID);中去完成当前串口参数的配置。但是,在这个函数中有一个回调函数 SPIMgr_ProcessZToolData;系统默认会调用它,我们在此工程中并不需要这个回调功能,所以可以考虑重写一个串口的配置函数,专门写了一个为节点进行初始化的函数 BlindUart_Init:(在 SPIMgr.c 中)

同时还要在 SPIMgr.h 中添加一个外部函数调用的声明 extern void BlindUart_Init (void);

```
voidBlindUart_Init ()
{
    halUARTCfg_t uartConfig;

    /* UART Configuration */
    uartConfig.configured           = TRUE;
    uartConfig.baudRate             = SPI_MGR_DEFAULT_BAUDRATE;
    uartConfig.flowControl          = 0;//SPI_MGR_DEFAULT_OVERFLOW; no flow control
    uartConfig.flowControlThreshold = SPI_MGR_DEFAULT_THRESHOLD;
    uartConfig.rx.maxBufSize        = SPI_MGR_DEFAULT_MAX_RX_BUFF;
    uartConfig.tx.maxBufSize        = SPI_MGR_DEFAULT_MAX_TX_BUFF;
    uartConfig.idleTimeout          = SPI_MGR_DEFAULT_IDLE_TIMEOUT;
    uartConfig.intEnable            = TRUE;
  #if defined (ZTOOL_P1) || defined (ZTOOL_P2)
    uartConfig.callBackFunc         = SPIMgr_ProcessZToolData;
  #elif defined (ZAPP_P1) || defined (ZAPP_P2)
    uartConfig.callBackFunc         = SPIMgr_ProcessZAppData;
  #else
```

```
    uartConfig.callBackFunc        = NULL;
#endif

    /* Start UART */
#if defined (SPI_MGR_DEFAULT_PORT)
    HalUARTOpen (SPI_MGR_DEFAULT_PORT，&uartConfig);
#else
    /* Silence IAR compiler warning */
    (void)uartConfig;
#endif
}
```

在 Z-Stack 中提供了两种串口的工作模式,一种是中断查询,通过软件查询串口特殊功能寄存的发送中断位和接收中断位,进行单字节的发送和接收;另一种方式是 DMA,通过设定发送或的首地址和发送字节数进行无 CPU 干预的内存到串口的数据批量发送,或通过设定接收缓冲区的地址进行无 CPU 干预的串口到内存的数据的批量接收。

后一种方式性能更加优秀,对系统资源的占用达到最低,所以在这里我们使用 DMA 的串口传输模式。那么关于 DMA 的串口模式是在哪儿定义的呢？

我们看 hal_board_config.h 文件里的宏定义:

```
/* Set to TRUE enable DMA usage, FALSE disable it */
#ifndef HAL_DMA
#define HAL_DMA TRUE
#endif
```

如果没有定义 HAL_DMA,则定义 HAL_DMA 宏,且值为 TRUE。所以,系统是默认使用 DMA 方式的。那么串口 DMA 模式怎么定义呢？首先系统必须定义串口,然后才能定义串口的 DMA 模式。

我们在前面的宏定义中看到如果定义 ZTOOL_P1,则会定义 HAL_UART,接下来：

```
#if HAL_UART       定义它的前提
    #define HAL_UART_0_ENABLE   TRUE
    #define HAL_UART_1_ENABLE   FALSE
```

如果定义了串口,则会定义 HAL_UART_0_ENABLE 为 TRUE,也则使用串口 0

接着：
```
#if HAL_DMA
#if ! defined( HAL_UART_DMA )
    /* Can only run DMA on one USART or the other, not both at the same time.
     * So define to 1 for USART0, 2 for USART1, or 0 for neither.
     */
#define HAL_UART_DMA   1
```

```
# endif
# else
    # undef   HAL_UART_DMA
    # define HAL_UART_DMA 0
# endif
```

上面的意思是,如果定义的 HAL_DMA,则如果没有定义串口的 DMA 方式,将会强制定义串口的 DMA 方式为真。如果定义了 HAL_UART_DMA 为真,则在 hal_uart.c 中 HalUARTInit 串口初始化代码也将受到影响(将按照 DMA 的模式进行条件编译),当然还有 hal_uart.c 中的 HalUARTWrite()等其他功能代码。

如果完成了上面的宏定义,那么我们就可以调用相关的串口读写函数并按照 DMA 的方式进行传输了。

我们可以调用 uint16 HalUARTWrite(uint8 port, uint8 * buf, uint16 len)(在 hal_uart.c 中)进行数据的串行发送:

```
Print8(HAL_LCD_LINE_2,10,"                ",1);
    Print8(HAL_LCD_LINE_3,10,"                ",1);
    Print8(HAL_LCD_LINE_2,16,"Temp receive:",1);
    Print8(HAL_LCD_LINE_3,10,(INT8U *)pkt->cmd.Data,1);
     HalUARTWrite( SPI_MGR_DEFAULT_PORT,(INT8U *)(&pkt->srcAddr.addr),2);
    HalUARTWrite( SPI_MGR_DEFAULT_PORT,":",2);
```

波特率的设置最终是在 BAUD_M 和 BAUD_E 两个寄存里进行,是在 uint8 HalUARTOpen(uint8 port, halUARTCfg_t * config)函数中(hal_uart.C 中)。

下面是两个寄存器的设置代码:

```
U0BAUD = (config->baudRate == HAL_UART_BR_38400) ? 59 : 216;
U0GCR = (config->baudRate == HAL_UART_BR_38400) ? 10 : 11;
```

当波特率宏为 38400 时,对应的两个寄存器的参数组合为 59:10。

波特率 (bps)	UxBAUD.BAUD_M	UxGCR.BAUD_E	Error (%)
2400	59	6	0.14
4800	59	7	0.14
9600	59	8	0.14
14400	216	8	0.03
19200	59	9	0.14
28800	216	9	0.03
38400	59	10	0.14
57600	216	10	0.03
76800	59	11	0.14
115200	216	11	0.03
230400	216	12	0.03

图 7.6　波特率设置

当波特率为 38400 时,则其组合为 216:11,对应波特率为 115200,即协议栈默认的串口波特率为 115200。

7.6 在 GenericApp 基础上实现一个简单的温度无线传感网络

在一个无线传感器网络(WSN)中,协调器通常作为一个汇聚(Sink)节点,采集网络中的其他节点(终端节点或路由节点)的传感数据,将其发送到上位机(PC)或直接发送到以太网(EtherNet)、工业现场总线(Field Bus)、光纤干线等网络中,以实现信息的融合,在这些情况下协调器将构成一个网关(GateWay)。如果我们需要将协调器构造成一个 Sink 节点,从而形成一个无线传感器网络,最简单的方案无疑是将协调器通过串口连接到 PC 机,将接收到的网络中其他节点的传感数据发给 PC 机,由 PC 机进行分析和处理。

为了实现上述功能,我们需要在 GenericApp 工程基础上添加串口发送功能,将从其他节点获取的温度数据发送到上位机,从而形成一个简单的分布式采集的无线传感器网络。

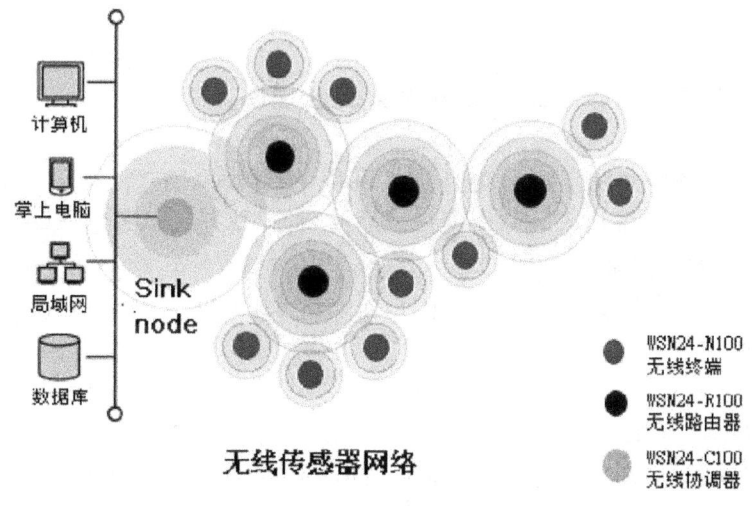

图 7.7 无线传感网络示意

7.6.1 串口功能在 GenericApp 工程中的调用

如果完成了串口功能的配置,那么我们就可以调用相关的串口读写函数并按照 DMA 的方式进行传输了。我们可调用 uint16 HalUARTWrite(uint8 port, uint8 * buf, uint16 len)(在 hal_uart.c 中)进行数据的串行 DMA 方式发送,波特率为 38400bps。

接着需要在 GenericApp 的 Coordinator 的用户任务层事件处理函数里添加串口发送代码,将从终端节点采集的温度数据发送到上位机。在 ProcessEvent 中 AF_

INCOMING_MSG_CMD 事件处理 GenericApp_MessageMSGCB(MSGpkt)程序中添加串口发送代码：

```
Print8(HAL_LCD_LINE_2,10," ", 1);
Print8(HAL_LCD_LINE_3,10," ", 1);
Print8(HAL_LCD_LINE_2,16, "Temp receive:", 1);
Print8(HAL_LCD_LINE_3,10,(INT8U *)pkt->cmd.Data, 1);
HalUARTWrite( SPI_MGR_DEFAULT_PORT, (INT8U *)(&pkt->srcAddr.addr), 2);
//发送节点网络地址
HalUARTWrite( SPI_MGR_DEFAULT_PORT, ":->", 3);//发送地址与温度之间的分隔符
HalUARTWrite( SPI_MGR_DEFAULT_PORT, (INT8U *)pkt->cmd.Data, 3);
//发送温度数据
HalUARTWrite( SPI_MGR_DEFAULT_PORT, "||", 2);//发送两个节点数据之间的分隔符
```

7.6.2 在终端设备中添加温度采集发送程序

① 在终端设备中添加温度采集自定义事件 GENERICAPP_VOLT_COLLECT_MSG_EVT，在终端设备加入到一个网络成功时（即 ZDO_STATE_CHANGE 系统事件），发送此用户自定义事件。代码如下：

```
UINT16 GenericApp_ProcessEvent( byte task_id, UINT16 events )
{
..........................
case ZDO_STATE_CHANGE:
GenericApp_NwkState = (devStates_t)(MSGpkt->hdr.status);
if ((GenericApp_NwkState == DEV_ZB_COORD)
|| (GenericApp_NwkState == DEV_ROUTER)
|| (GenericApp_NwkState == DEV_END_DEVICE) )
{
// Start sending "the" message in a regular interval.
osal_start_timerEx( GenericApp_TaskID,
GENERICAPP_SEND_MSG_EVT,
GENERICAPP_SEND_MSG_TIMEOUT );
if (GenericApp_NwkState == DEV_END_DEVICE)
//判断是否是终端,是终端才采集温度
osal_start_timerEx( GenericApp_TaskID,
```

```
        GENERICAPP_VOLT_COLLECT_EVT,
        GENERICAPP_VOLT_COLLECT_TIMEOUT );
    }
    break;
    ………………………………………………..
}
```

② 添加对此用户自定义事件 GENERICAPP_SEND_MSG_EVT 的处理程序。

```
UINT16 GenericApp_ProcessEvent( byte task_id, UINT16 events )
{
    …………………………………………
    if ( events & GENERICAPP_VOLT_COLLECT_EVT )
    {
        // Send "the" message
        GenericApp_SendTheVoltage();//采集并发送采集的节点温度到协调器(网关)
        // Setup to send message again
        osal_start_timerEx( GenericApp_TaskID,
        GENERICAPP_VOLT_COLLECT_EVT,
        GENERICAPP_VOLT_COLLECT_TIMEOUT );
        // return unprocessed events
        return (events ^ GENERICAPP_VOLT_COLLECT_EVT);
    }
    ……………………………………….
}
```

其中 GenericApp_SendTheVoltage();的代码如下:

```
void GenericApp_SendTheVoltage( void )
{
    uint16 AdcVal;
    unsigned char theMessageData[5]={0,0,0,0,0};
    AdcVal=HalTmpAdcRead(14,HAL_ADC_RESOLUTION_14);
    //Temperature Channel, 14BITS RES
    AdcVal=(uint8)((AdcVal>>4)-315);
    _itoa(AdcVal,theMessageData,10);
    Print8(HAL_LCD_LINE_2,10," ", 1);
    Print8(HAL_LCD_LINE_3,10," ", 1);
    Print8(HAL_LCD_LINE_2,16, "Local Temp:", 1);
    Print8(HAL_LCD_LINE_3,10,theMessageData, 1);
    GenericApp_DstAddr.addrMode = Addr16Bit;//寻址模式为16位网络地址寻址
    GenericApp_DstAddr.addr.shortAddr = 0x0000;//设置目的地址为协调器
```

```
            GenericApp_DstAddr.endPoint = GENERICAPP_ENDPOINT；
        if（AF_DataRequest（&GenericApp_DstAddr，&GenericApp_epDesc，//调用数据
//发送
    AF_DataRequest
    GENERICAPP_VOLT_CLUSTERID,
    (byte)osal_strlen( theMessageData ) + 1,
    (byte * )&theMessageData,
    &GenericApp_TransID,
    AF_DISCV_ROUTE, AF_DEFAULT_RADIUS ) ==
    afStatus_SUCCESS )
    {
    // Successfully requested to be sent.
    }
    else
    {
    // Error occurred in request to send.
    }
}
```

7.7 灯开关实验(SimpleApp 工程)

在这工程中有两种节点,灯开关设备和灯管理器设备。当灯开关设备上的开关状态切换时,灯管理器设备上的灯的亮灭也会随之发生变化。一个开关可能控制一个灯,也可能控制多个灯,但是一个灯只能从属于一个开关。由于这种控制方式需要灯开关和灯管理器有一个确定的对应关系,一旦这种控制关系建立起来,一般不需要再做变动,除非用户需求或应用场景发生了变化。

在灯开关和灯管理器设备的生产阶段,设备开发者是不必知道也不必建立它们之间的控制关系的,但是用户在购买到设备之后需要自行建立或更改设备之间的控制关系。所以开发者需要在这些设备中置入一种"用户可编程机制",不是通过修改代码并注入的方式,因为这种方式对绝大部分用户而言是不现实的。对于 ZigBee 设备而言,这种"用户可编程机制"就是 ZigBee2007 协议栈中的绑定机制。绑定可以允许用户通过按键等操作灵活地更改设备之间的控制关系,从而可以很好地适应不同用户或应用场景的需求。

7.7.1 关键概念

(1) 设备(Devices)

该示范例子有两种应用设备类型——灯开关和灯管理器。应用例子工程有作为终端

设备(end-device)的简单灯开关和作为协调器或路由器设备的简单灯管理器。当这个设备第一次开启的时候,它进入一个"保持状态",LEDx 闪烁。对于灯管理器设备,在该状态下,按下 UP,它将使该设备作为协调器启动;按下 RIGHT,它将使该设备作为路由器启动。对于开关设备而言,在该状态下,无论是按下 UP 还是 RIGHT,都将作为终端设备启动。

(2) 命令

有一个单一的应用命令——"切换"(TOGGLE)命令。对于开关,该命令作为输出簇 ID,对于管理器却作为输入簇 ID。该命令信息除了命令簇 ID 之外没有其他簇数据。

(3) 绑定:"按钮"绑定被使用

在一个开关和一个管理器间要创建一个绑定,首先是这个管理器要进入允许绑定模式,接着是开关(在一定时间内)发出一个绑定请求,这就将从开关到管理器之间创建一个绑定。

重复上面的过程,一个开关可以与多个管理器绑定。为某个开关重新分配绑定,这个绑定请求与同一个删除参数被发出,这就将该开关的所有绑定移除。现在就可以用上面的绑定方法重新与其他的管理器进行绑定操作。确保只能有一个管理器作为协调器,其他都作为路由器。

设备自动加入网络之后(红灯闪亮——开关设备,协调器建立网络红灯点亮,路由器加入网络红灯闪烁),采用下面的控制方式来创建绑定:

① 通过按某个管理器的 UP 使它进入允许绑定模式。
② 在某个灯开关上按下 UP(10 秒之内)发出绑定请求。
③ 这就将使该开关设备绑定到该(处于绑定模式下的)管理器设备上。
④ 当开关绑定成功时,(开关设备上的)绿灯闪亮。
⑤ 之后,开关设备上的 RIGHT 键按下,将发送"切换"命令,它将使对应的管理器设备上的绿灯的状态切换。如果开关设备上的 DOWN 按下,它将移除该设备上所有的绑定。

7.7.2 灯开关实验中的绑定机制

在灯开关实验中,使用了"匹配描述符绑定请求"和"设备应用层绑定管理器"这两种绑定相结合的方式实现灯开关和灯管理器设备之间的"用户可编程机制"。这两种绑定方法都是通过用户按键操作对配对控制的设备进行绑定来建立起它们之间的控制关系。

为了区分这两种设备特殊功能函数,在 APP 层分别定义了 SimpleSwitch. C 和 SimpleController. C 两个文件。这两个文件中主要存放的是灯开关和灯管理器各自的设备特殊性代码如按键处理等,在 sapi. C 中存放两者共同的功能函数如系统事件处理函数等,工程文件组织见图 7.8:

这个工程中的绑定分为两种情况:

灯开关设备事先不知道要绑定灯管理器设备的地址;
灯开关设备事先知道要绑定灯管理器设备的地址(IEEE 地址)。

在这两种情况下,绑定机制有所不同,下面分两种情况分别进行讨论。

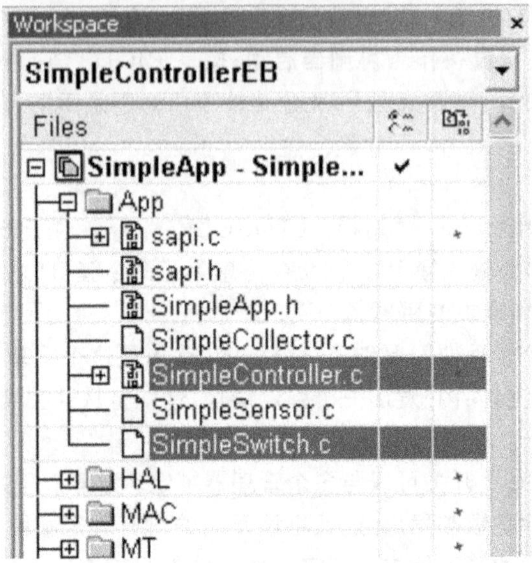

图 7.8 SimpleApp 中文件组织

1. 灯开关设备事先不知道要绑定设备的地址

如果灯开关设备事先不知道要绑定设备的地址,则需要向网络中广播一个匹配描述符绑定请求来搜索可以匹配的灯管理器。如果灯管理器发现自己有端口可以匹配,则会向灯开关设备发送匹配成功响应消息,灯开关设备在收到这个消息后,将会根据响应消息中的匹配设备地址和端口信息,在自己的 APS 层中建立一个绑定表项目,从而在两者之间建立起绑定关系。在这种情况下,灯开关节点是匹配描述符绑定请求的发起者,灯管理器节点是匹配绑定请求的接收者。在匹配描述符绑定请求发出之前,灯管理器必须首先使自己处于可绑定状态,这个状态是由灯管理器上手动按键事件开启的。

这两个设备的任务事件处理程序都写在 sapi.c 的 UINT16 SAPI_ProcessEvent(byte task_id, UINT16 events)中。

① 首先是灯管理器设备的允许绑定流程。

首先在 SAPI_ProcessEvent 的按键事件中查询按键值并启动允许绑定状态。

```
    case KEY_CHANGE:
        zb_HandleKeys(((keyChange_t *)pMsg)->state,((keyChange_t *)pMsg)->keys);
        break;
```

按键处理函数(SimpleController.C 中):

```
void zb_HandleKeys( uint8 shift, uint8 keys )
{
    uint8 startOptions;
    uint8 logicalType;
```

```c
// Shift is used to make each button/switch dual purpose.
if ( shift )
{
  if ( keys & HAL_KEY_SW_1 )
  {
  }
  if ( keys & HAL_KEY_SW_2 )
  {
  }
  if ( keys & HAL_KEY_SW_3 )
  {
  }
  if ( keys & HAL_KEY_SW_4 )
  {
  }
}
else
{
  if ( keys & HAL_KEY_SW_1 )
  {
    if ( myAppState == APP_INIT )
    {
      // In the init state, keys are used to indicate the logical mode.
      // Key 1 starts deviceas a coordinator

        zb_ReadConfiguration( ZCD_NV_LOGICAL_TYPE, sizeof(uint8), &logicalType );
        if ( logicalType != ZG_DEVICETYPE_ENDDEVICE )
        {
          logicalType = ZG_DEVICETYPE_COORDINATOR;
          zb_WriteConfiguration(ZCD_NV_LOGICAL_TYPE, sizeof(uint8), &logicalType);
        }
        // Do more configuration if necessary and then restart device with auto-start bit set
        // write endpoint to simple desc...dont pass it in start req.. then reset

        zb_ReadConfiguration( ZCD_NV_STARTUP_OPTION,
```

```
                    sizeof(uint8), &startOptions);
            startOptions = ZCD_STARTOPT_AUTO_START;
            zb_WriteConfiguration( ZCD_NV_STARTUP_OPTION,
    sizeof(uint8), &startOptions);
            zb_SystemReset();

        }
        else
        {
    // Initiate a binding
    zb_AllowBind( myAllowBindTimeout );
        }
    }
```

....

如果按键为允许绑定键(SW1),且应用层初始化完成,则调用 zb_AllowBind()开启允许绑定状态:

```
void zb_AllowBind ( uint8 timeout )
{

    osal_stop_timerEx(sapi_TaskID, ZB_ALLOW_BIND_TIMER);

    if ( timeout == 0 )
    {
      afSetMatch(sapi_epDesc.simpleDesc->EndPoint, FALSE);
    }
    else
    {
      afSetMatch(sapi_epDesc.simpleDesc->EndPoint, TRUE);
      if ( timeout != 0xFF )
      {
        if ( timeout > 64 )
        {
          timeout = 64;
        }
        osal_start_timerEx(sapi_TaskID, ZB_ALLOW_BIND_TIMER, timeout * 1000);
      }
    }
```

    return;
}

在 zb_AllowBind()中开启一个绑定允许定时器,定时时间 myAllowBindTimeout=10s,采用倒计时方式。在定时时间内(timeout!=0)调用 afSetMatch(sapi_epDesc.simpleDesc->EndPoint,TRUE),设置允许绑定状态为 TRUE,即允许绑定。当定时时间到后(timeout==0),则调用 afSetMatch(sapi_epDesc.simpleDesc->EndPoint,FALSE),设置允许绑定状态为 FALSE,即停止允许绑定状态。但是,停止绑定状态代码是不会被真正执行的,真正执行的停止绑定状态代码是放在 sapi 的事件处理函数(sapi.c 中)对自定义事件 ZB_ALLOW_BIND_TIMER 的处理代码中。

```
if( events & ZB_ALLOW_BIND_TIMER )
{
    afSetMatch(sapi_epDesc.simpleDesc->EndPoint, FALSE);
    return (events ^ ZB_ALLOW_BIND_TIMER);
}
```

② 灯开关设备发起绑定流程。

灯开关设备也是在应用层的事件处理函数 SAPI_ProcessEven()中的按键事件处理函数 zb_HandleKeys()中调用 zb_BindDevice(TRUE,TOGGLE_LIGHT_CMD_ID,NULL);来发起绑定的,要绑定的簇是 TOGGLE_LIGHT_CMD_ID。zb_BindDevice(),函数的第三个参数是绑定目的设备的地址,NULL 表示事先未知目的设备地址。

zb_BindDevice()函数:

```
void zb_BindDevice ( uint8 create, uint16 commandId, uint8 * pDestination )
{
    zAddrType_t destination;
    uint8 ret = ZB_ALREADY_IN_PROGRESS;

    if( create )
    {
        if(sapi_bindInProgress == 0xffff)
        {
            if( pDestination )    //已知绑定设备地址
            {
                destination.addrMode = Addr64Bit;
                osal_cpyExtAddr( destination.addr.extAddr, pDestination );

                ret = APSME_BindRequest( sapi_epDesc.endPoint, commandId,
                                &destination, sapi_epDesc.endPoint );
                if( ret == ZSuccess )
                {
```

```c
            // Find nwk addr
            ZDP_NwkAddrReq(pDestination, ZDP_ADDR_REQTYPE_SINGLE, 0, 0);
            osal_start_timerEx( ZDAppTaskID, ZDO_NWK_UPDATE_NV, 250);
        }
    }
    Else                    //未知绑定设备地址
    {
        ret = ZB_INVALID_PARAMETER;
        destination.addrMode = Addr16Bit;   //16位寻址方式
        destination.addr.shortAddr = NWK_BROADCAST_SHORTADDR;
        if ( ZDO_AnyClusterMatches( 1,
                &commandId,
            sapi_epDesc.simpleDesc->AppNumOutClusters,
            sapi_epDesc.simpleDesc->pAppOutClusterList ) )
        {
            // Try to match with a device in the allow bind mode
            ret = ZDP_MatchDescReq( &destination,
                NWK_BROADCAST_SHORTADDR,
                sapi_epDesc.simpleDesc->AppProfId, 1,
                    &commandId, 0, (cId_t *)NULL, 0 );
        }
        else if ( ZDO_AnyClusterMatches( 1,
                        &commandId,
                    sapi_epDesc.simpleDesc->AppNumInClusters,
                    sapi_epDesc.simpleDesc->pAppInClusterList ) )
        {
            ret = ZDP_MatchDescReq( &destination, NWK_BROADCAST_\
SHORTADDR,
                sapi_epDesc.simpleDesc->AppProfId, 0,
                    (cId_t *)NULL, 1, &commandId, 0 );
        }
        if ( ret == ZB_SUCCESS )
        {
            // Set a timer to make sure bind completes
            osal_start_timerEx( sapi_TaskID, ZB_BIND_TIMER, AIB_\
MaxBindingTime);
```

```
              sapi_bindInProgress = commandId;
        return; // dont send cback event
          }
        }
      }

      SAPI_SendCback( SAPICB_BIND_CNF, ret, commandId );
    }
    else
    {
      // Remove local bindings for the commandId
      BindingEntry_t * pBind;

      // Loop through bindings an remove any that match the cluster
      while ( pBind = bindFind( sapi_epDesc.simpleDesc->EndPoint, commandId, 0 ))
      {
        bindRemoveEntry(pBind);
      }
      osal_start_timerEx( ZDAppTaskID, ZDO_NWK_UPDATE_NV, 250 );
    }
    return;
  }
```

在未知目的设备地址的情况下,采用"匹配描述符绑定"的方式寻找网络中端口描述相匹配的设备。首先,设置开关设备的寻址方式为 16 位广播寻址;接着调用 ZDO_AnyClusterMatches()对要绑定的簇进行合法性判断,即判断当前设备的输入输出簇列表中是否有此簇,如果有此簇,则会调用 ZDP_MatchDescReq()向网络中发出绑定请求。

ZDP_MatchDescReq():

```
afStatus_t ZDP_MatchDescReq( zAddrType_t * dstAddr, uint16 nwkAddr,
          uint16 ProfileID,
                                    byte NumInClusters, cId_t * InClusterList,
                                      byte NumOutClusters, cId_t * OutClusterList,
                                    byte SecurityEnable )
  {
    byte * pBuf = ZDP_TmpBuf;
    // nwkAddr+ProfileID+NumInClusters+NumOutClusters.
    byte i, len = 2 + 2 + 1 + 1;    // nwkAddr+ProfileID+NumInClusters+NumOutClusters.
```

```
        len += (NumInClusters + NumOutClusters) * sizeof(uint16);
        if ( len >= ZDP_BUF_SZ-1 )
        {
          return afStatus_MEM_FAIL;
        }
        *pBuf++ = LO_UINT16( nwkAddr );    // NWKAddrOfInterest
        *pBuf++ = HI_UINT16( nwkAddr );
        *pBuf++ = LO_UINT16( ProfileID );   // Profile ID
        *pBuf++ = HI_UINT16( ProfileID );
        *pBuf++ = NumInClusters; // Input cluster list
        if ( NumInClusters )
        {
          for (i=0; i<NumInClusters; ++i) {
            *pBuf++ = LO_UINT16( InClusterList[i] );
            *pBuf++ = HI_UINT16( InClusterList[i] );
          }
        }
        *pBuf++ = NumOutClusters; // Output cluster list
        if ( NumOutClusters )
        {
          for (i=0; i<NumOutClusters; ++i) {
            *pBuf++ = LO_UINT16( OutClusterList[i] );
            *pBuf++ = HI_UINT16( OutClusterList[i] );
          }
        }
        return fillAndSend( &ZDP_TransID, dstAddr, Match_Desc_req, len );
      }
```

在上述代码中,最后调用了 fillAndSend(&ZDP_TransID, dstAddr, Match_Desc_req, len)进行匹配请求的发送。fillAndSend()中其实还是调用了系统协议栈的数据发送函数 AF_DataRequest()进行数据的 OTA 发送。请求簇 ID 是 Match_Desc_req。在绑定请求成功发送之后,将会启动一个定时事件 ZB_BIND_TIMER,对绑定过程进行时间控制。

```
            if ( ret == ZB_SUCCESS )
            {
              // Set a timer to make sure bind completes
                osal_start_timerEx (sapi_TaskID, ZB_BIND_TIMER, AIB_MaxBindingTime);
                sapi_bindInProgress = commandId;
```

③ 灯管理器设备响应绑定请求。

在灯管理器设备开启允许绑定状态后,灯管理器设备就处于等待灯开关设备的匹配描述符绑定请求(Match_Desc_req)状态。在允许绑定时间内,如果有灯开关广播 Match_Desc_req 请求,则灯管理器就会接收并进行处理。Match_Desc_req 请求是在接收设备的 ZDO 层中被处理的,其对应的消息处理函数是 ZDO_ProcessMatchDescReq(),这个函数的定义为:

```
void ZDO_ProcessMatchDescReq( zdoIncomingMsg_t * inMsg )
{
    uint8 epCnt = 0;
    uint8 numInClusters;
    uint16 * inClusters = NULL;
    uint8 numOutClusters;
    uint16 * outClusters = NULL;
    epList_t * epDesc;
    SimpleDescriptionFormat_t * sDesc = NULL;
    uint8 allocated;
    uint8 * msg;
    uint16 aoi;
    uint16 profileID;

    // Parse the incoming message
    msg = inMsg->asdu;
    aoi = BUILD_UINT16( msg[0], msg[1] );
    profileID= BUILD_UINT16( msg[2], msg[3] );
    msg += 4;

    if ( ADDR_BCAST_NOT_ME == NLME_IsAddressBroadcast(aoi) )
    {
        ZDP_MatchDescRsp( inMsg->TransSeq,
                    &(inMsg->srcAddr), ZDP_INVALID_REQTYPE,
                        ZDAppNwkAddr.addr.shortAddr,
                        0, NULL, inMsg->SecurityUse );
        return;
    }
    else if ( (ADDR_NOT_BCAST == NLME_IsAddressBroadcast(aoi)) && (aoi != ZDAppNwkAddr.addr.shortAddr) )
    {
        ZDP_MatchDescRsp(             inMsg->TransSeq,
```

```
                    &(inMsg->srcAddr), ZDP_INVALID_REQTYPE,
                    ZDAppNwkAddr.addr.shortAddr,
                       0, NULL, inMsg->SecurityUse );
    return;
}

numInClusters = *msg++;    //从输入消息包中取出输入簇数量
if( numInClusters )
{
    inClusters = (uint16 *)osal_mem_alloc( numInClusters * sizeof( uint16 ) );
    msg = ZDO_ConvertOTAClusters( numInClusters, msg, inClusters );
}
numOutClusters = *msg++;      //取出输出簇数量
if( numOutClusters )          //转换簇的格式
{
    outClusters = (uint16 *)osal_mem_alloc( numOutClusters * sizeof( uint16
) );
    msg = ZDO_ConvertOTAClusters( numOutClusters, msg, outClusters );
}

// First count the number of endpoints that match.
epDesc = epList;
while( epDesc ) //如果本地端口存在
{
    // Don't search endpoint 0 and check if response is allowed
    if( epDesc->epDesc->endPoint != ZDO_EP && (epDesc->flags&eEP_\
AllowMatch) )
    {
        if( epDesc->pfnDescCB )
        {
            sDesc = (SimpleDescriptionFormat_t *)epDesc->pfnDescCB( AF_
DESCRIPTOR_SIMPLE, epDesc->epDesc->endPoint );
            allocated = TRUE;
        }
        else
        {
            sDesc = epDesc->epDesc->simpleDesc;
            allocated = FALSE;
```

```
    }
      //判断输入消息的profileID是否与当前端口的相同
      if ( sDesc && sDesc->AppProfId == profileID )
      {
        uint8 * uint8Buf = (uint8 *)ZDOBuildBuf;

        //如果请求消息中输入和输出簇数量为0,或有匹配的输入簇,或有匹配的
//输出簇
        //在上述三种情况下,都会执行下面的匹配响应代码
        if ( ((numInClusters == 0) && (numOutClusters == 0))
            // Are there matching input clusters?
            || (ZDO_AnyClusterMatches( numInClusters, inClusters,
                sDesc->AppNumInClusters, sDesc->pAppInClusterList ))
            // Are there matching output clusters?
            || (ZDO_AnyClusterMatches( numOutClusters, outClusters,
                sDesc->AppNumOutClusters, sDesc->pAppOutClusterList
)) )
        {
          //计算响应消息的字节数
          uint8 bufLen = sizeof( ZDO_MatchDescRspSent_t ) + (numOutClusters
+ numInClusters) * sizeof(uint16);
          //分配内存空间,并构造匹配响应消息结构
          ZDO_MatchDescRspSent_t * pRspSent = (ZDO_MatchDescRspSent_t
*) osal_msg_allocate( bufLen );
          //如果匹配响应消息非空
          if (pRspSent)
          {
            //填充匹配响应消息结构成员
            pRspSent->hdr.event = ZDO_MATCH_DESC_RSP_SENT;
            pRspSent->nwkAddr = inMsg->srcAddr.addr.shortAddr;
            pRspSent->numInClusters = numInClusters;
            pRspSent->numOutClusters = numOutClusters;
            //如果输入簇数量大于0
            if (numInClusters)
            {
//匹配请求消息中的输入簇拷贝到响应消息包(发送到本地设备应用层)中
              pRspSent->pInClusters = (uint16 *)(pRspSent + 1);
              osal_memcpy(pRspSent->pInClusters, inClusters, numInClusters
```

```
                    * sizeof(uint16));
                }
                else
                {
                    pRspSent->pInClusters = NULL;
                }

                if (numOutClusters)
                {
                    pRspSent->pOutClusters = (uint16 *)(pRspSent + 1) + numInClusters;
                    osal_memcpy(pRspSent->pOutClusters,
                        outClusters, numOutClusters * sizeof(uint16));
                }
                else
                {
                    pRspSent->pOutClusters = NULL;
                }
                //将匹配响应消息包发送到应用层任务中去
                //发送到应用层中的消息簇 ID 是 ZDO_MATCH_DESC_RSP_SENT
                //这个消息簇是在 sapi 的 SAPI_ProcessEvent()函数中处理的
                osal_msg_send(*epDesc->epDesc->task_id, (uint8 *)pRspSent);
            }
            //如果有匹配的端口则将 epCnt 加 1
            uint8Buf[epCnt++] = sDesc->EndPoint;
        }
    }

    if (allocated)
        osal_mem_free(sDesc);
    }
    epDesc = epDesc->nextDesc;
}

//如果本地设备上至少有一个端口匹配则 OTA 发送匹配响应.给请求的灯开关
//设备
    if (epCnt)
```

```
        {
    if ( ZSuccess == ZDP_MatchDescRsp( inMsg->TransSeq,
                    &(inMsg->srcAddr), ZDP_SUCCESS,
                    ZDAppNwkAddr.addr.shortAddr, epCnt,
                    (uint8 *)ZDOBuildBuf, inMsg->SecurityUse ) )
        {
#if defined( LCD_SUPPORTED )
    //如果有匹配端口,且 OTA 发送匹配响应成功,则在 LCD 上显示 Rsp Sent
//字样
        HalLcdWriteScreen( "Match Desc Req", "Rsp Sent" );
#endif
        }
    }
    else
    {
#if defined( LCD_SUPPORTED )
    //如果匹配不成功则在 LCD 上显示 Non Matched 字样
        HalLcdWriteScreen( "Match Desc Req", "Non Matched" );
#endif
    }

    if ( inClusters )
      osal_mem_free( inClusters );
    if (outClusters )
      osal_mem_free( outClusters );
}
```

上述代码先把请求消息中的输入和输出簇的格式进行转换,然后搜索本地簇列表,查看本地簇列表中是否有匹配上述请求的簇。

我们在上述代码中看到这样一行代码:

if (epDesc-> epDesc-> endPoint ！= ZDO_EP && (epDesc-> flags&eEP_AllowMatch))

这一句是判断节点端口号是否合法(不能是 ZDO 端口)以及是否处于允许绑定状态,如果端口号不合法或不允许绑定,则不会进行如下的匹配描述符绑定请求响应流程。如果当前端口合法且允许绑定,则会继续下面的匹配描述符绑定响应流程。

接下来是判断输入消息中的 profileID 是否与本地设备当前端口描述符中的相同,如果相同则执行下面的代码,搜索本地端口描述符列表看是否有与绑定请求相匹配的端口,如果有匹配端口则会调用 ZDP_MatchDescRsp() 函数 OTA 发送响应消息给请求设备。如果匹配响应消息发送成功,则会在本地 LCD 上显示 "Match Desc Req" "Rsp Sent" 字样。接下来分析 ZDP_MatchDescRsp() 函数的原型 ZDP_EPRsp() 函数,这两个函数是等效的,我们看这样一个宏定义(ZDProfile.c 中):

```
#define ZDP_ActiveEPRsp( TransSeq, dstAddr, Status, nwkAddr, Count, \
            pEPList, SecurityEnable ) \
                ZDP_EPRsp( Active_EP_rsp, TransSeq, dstAddr, Status, \
                    nwkAddr, Count, pEPList, SecurityEnable )
```

ZDP_EPRsp()函数:

```
afStatus_t ZDP_EPRsp( uint16 MsgType, byte TransSeq, zAddrType_t * dstAddr,
                    byte Status, uint16 nwkAddr, byte Count,
                    byte * pEPList,
                    byte SecurityEnable )
{
  byte * pBuf = ZDP_TmpBuf;
  byte len = 1 + 2 + 1;   // Status + nwkAddr + endpoint/interface count.
  byte txOptions;

  if ( MsgType == Match_Desc_rsp )
    txOptions = AF_MSG_ACK_REQUEST;
  else
    txOptions = 0;

    *pBuf++ = Status;
  *pBuf++ = LO_UINT16( nwkAddr );
  *pBuf++ = HI_UINT16( nwkAddr );

  *pBuf++ = Count;    // Endpoint/Interface count

  if ( Count )
  {
    len += Count;
    osal_memcpy( pBuf, pEPList, Count );
  }

  FillAndSendTxOptions( &TransSeq, dstAddr, MsgType, len, txOptions );
}
```

灯管理器 OTA 发送的绑定匹配响应消息的簇 ID 是 Match_Desc_rsp,最终调用 fillAndSend()函数进行发送。响应消息的接收者是请求的发起者——灯开关设备,此时的寻址方式是单点寻址(Unicast)。

④ 灯开关设备接收匹配描述符绑定响应并建立绑定。

匹配的灯管理器向灯开关设备反馈的消息是 Match_Desc_rsp,这是一个 ZDO 消息簇 ID,理应在接收者的 ZDO 层中进行处理。但是,由于在灯开关设备的任务层初始化函数 SAPI_Init(byte task_id)中注册了两个 ZDO 消息簇,其中之一就是 Match_Desc_rsp:

ZDO_RegisterForZDOMsg(sapi_TaskID, NWK_addr_rsp);
ZDO_RegisterForZDOMsg(sapi_TaskID, Match_Desc_rsp);

所以,一旦灯开关设备接收到此消息,此消息将会由 ZDO 层转发到应用层,并同时产生一个叫作 ZDO_CB_MSG 的系统事件通知应用层的消息处理函数 SAPI_ProcessEvent (byte task_id, UINT16 events)进行处理。

```
if( events & SYS_EVENT_MSG )
{
    pMsg = (osal_event_hdr_t * ) osal_msg_receive( task_id );
    while( pMsg )
    {
        switch( pMsg->event )
        {
            case ZDO_CB_MSG:
                SAPI_ProcessZDOMsgs( (zdoIncomingMsg_t * )pMsg );
                break;
```

在 SAPI_ProcessZDOMsgs 中:

```
void SAPI_ProcessZDOMsgs( zdoIncomingMsg_t * inMsg )
{
    switch( inMsg->clusterID )
    {
        case NWK_addr_rsp:
            {
                // Send find device callback to application
                ZDO_NwkIEEEAddrResp_t * pNwkAddrRsp = ZDO_ParseAddrRsp( inMsg );
                SAPI_FindDeviceConfirm( ZB_IEEE_SEARCH,
                    (uint8 * )&pNwkAddrRsp->nwkAddr,
                    pNwkAddrRsp->extAddr );
            }
            break;

        case Match_Desc_rsp:
            {
```

```
                    zAddrType_t dstAddr;
                    ZDO_ActiveEndpointRsp_t * pRsp = ZDO_ParseEPListRsp( inMsg );
                    if ( sapi_bindInProgress ! = 0xffff )
                    {
                      // Create a binding table entry
                      dstAddr.addrMode= Addr16Bit;
                      dstAddr. addr. shortAddr = pRsp->nwkAddr;

                      if ( APSME_BindRequest( sapi_epDesc. simpleDesc->EndPoint,
                              sapi_bindInProgress, &dstAddr, pRsp->epList[0] ) ==
ZSuccess )
                      {
                        osal_stop_timerEx(sapi_TaskID, ZB_BIND_TIMER);
                         osal_start_timerEx( ZDAppTaskID, ZDO_NWK_UPDATE_NV,
250 );
                        sapi_bindInProgress = 0xffff;

                        // Find IEEE addr
                        ZDP_IEEEAddrReq( pRsp->nwkAddr,
                        ZDP_ADDR_REQTYPE_SINGLE, 0, 0 );

                        // Send bind confirm callback to application
                         zb_BindConfirm( sapi_bindInProgress, ZB_SUCCESS );
                      }
                    }
                  break;
              }
          }
```

在上述代码中，首先调用 APSME_BindRequest()（APS 层设备绑定管理器函数）根据匹配响应消息中的匹配设备地址和端口信息以及本地设备的端口信息等在 APS 层建立绑定表项目。如果建立绑定表成功，则停止绑定定时器，然后调用 ZDP_IEEEAddrReq()；根据匹配设备的网络地址获取匹配设备的 IEEE 地址，发送的请求簇是 IEEE_addr_req，这是一个 OTA 的消息发送。匹配灯管理器在接收到此请求后将会向请求设备发送其 IEEE 地址及网络地址响应，响应簇 ID 是 IEEE_addr_rsp。请求设备接收到这个响应簇后，在 ZDO 层中对其进行处理，具体是在 ZDApp_ProcessMsgCBs() 消息处理函数中进行。

ZDApp_ProcessMsgCBs()（在 ZDAPP.C 文件中）

```
void ZDApp_ProcessMsgCBs( zdoIncomingMsg_t *inMsg )
{
  switch( inMsg->clusterID )
  {
#if defined( ZDO_NWKADDR_REQUEST ) || defined( ZDO_IEEEADDR_REQUEST ) || defined( REFLECTOR )
    case NWK_addr_rsp:
    case IEEE_addr_rsp:
      {
        ZDO_NwkIEEEAddrResp_t *pAddrRsp;
        pAddrRsp = ZDO_ParseAddrRsp( inMsg );
        if( pAddrRsp )
        {
          if( pAddrRsp->status == ZSuccess )
          {
            ZDO_UpdateAddrManager( pAddrRsp->nwkAddr, pAddrRsp->extAddr );
          }
          osal_mem_free( pAddrRsp );
        }
      }
      break;
..........................
```

IEEE 地址请求设备在收到 IEEE_addr_rsp 后,将会调用 ZDO_UpdateAddrManager()函数,使用接收到的远端设备的 IEEE 地址和网络地址更新其绑定表中绑定的远端设备的网络地址和 IEEE 地址。

```
void ZDO_UpdateAddrManager( uint16 nwkAddr, uint8 *extAddr )
{
AddrMgrEntry_t addrEntry;
  // Update the address manager
  addrEntry.user = ADDRMGR_USER_DEFAULT;
  addrEntry.nwkAddr = nwkAddr;
  AddrMgrExtAddrSet( addrEntry.extAddr, extAddr );
  AddrMgrEntryUpdate( &addrEntry );
}
```

至此,在匹配的灯开关和灯管理器之间建立了一个完整的绑定表项目,绑定过程完成。

(2) 灯开关设备事先知道要绑定的设备 IEEE 地址

在这种情况下绑定流程就简单得多,首先应使某个希望绑定的灯管理器设备进入允许绑定状态,接着在在灯开关设备上调用 APSME_BindRequest()在本地的 APS 层建立绑定表条目,直接建立起两者之间的绑定关系。在绑定条目建立成功后,根据要绑定的灯管理器设备的 IEEE 地址,获取其网络地址,然后更新绑定表中的地址项,从而建立起完整的绑定关系。

① 灯管理器设备的允许绑定。

关于灯管理器设备的允许绑定流程已经有了详细叙述,在此不再赘述。

② 灯开关的启动及建立绑定。

在开关工程 SimpleSwitch.c 中,在按键事件处理函数中启动一个绑定流程。

```c
void zb_HandleKeys( uint8 shift, uint8 keys )
{
  uint8 startOptions;
  uint8 logicalType;

  // Shift is used to make each button/switch dual purpose.
  if ( shift )
  {
    if ( keys & HAL_KEY_SW_1 )
    {
    }
    if ( keys & HAL_KEY_SW_2 )
    {
    }
    if ( keys & HAL_KEY_SW_3 )
    {
    }
    if ( keys & HAL_KEY_SW_4 )
    {
    }
  }
  else
  {
    if ( keys & HAL_KEY_SW_1 )
    {
      if ( myAppState == APP_INIT )
      {
        // In the init state, keys are used to indicate the logical mode.
```

```
                // The Switch device is always an end-device
                logicalType = ZG_DEVICETYPE_ENDDEVICE;
                zb_WriteConfiguration(ZCD_NV_LOGICAL_TYPE, sizeof(uint8),
&logicalType);
                zb_ReadConfiguration( ZCD_NV_STARTUP_OPTION,
    sizeof(uint8), &startOptions );
                startOptions = ZCD_STARTOPT_AUTO_START;
                zb_WriteConfiguration( ZCD_NV_STARTUP_OPTION,
    sizeof(uint8), &startOptions );
                zb_SystemReset();
            }
        else
            {
            // Initiate a binding with null destination
zb_BindDevice(TRUE, TOGGLE_LIGHT_CMD_ID, NULL);
            }
        }
        if ( keys & HAL_KEY_SW_2 )
{
```

上述代码中,在 SW1 的按键事件中调用了 zb_BindDevice()函数,启动绑定过程。
zb_BindDevice()函数

```
void zb_BindDevice ( uint8 create, uint16 commandId, uint8 * pDestination )
{
    zAddrType_t destination;
    uint8 ret = ZB_ALREADY_IN_PROGRESS;

    if ( create )
    {
      if (sapi_bindInProgress == 0xffff)
      {
if ( pDestination )           //已知绑定设备地址
        {
            destination.addrMode = Addr64Bit;
            osal_cpyExtAddr( destination.addr.extAddr, pDestination );

            ret = APSME_BindRequest( sapi_epDesc.endPoint, commandId,
                             &destination, sapi_epDesc.endPoint );
```

```
        if ( ret == ZSuccess )
        {
            // Find nwk addr
            ZDP_NwkAddrReq(pDestination, ZDP_ADDR_REQTYPE_SINGLE, 0, 0);
            osal_start_timerEx( ZDAppTaskID, ZDO_NWK_UPDATE_NV, 250);
        }
    }
```

在这个函数中,首先判断目的地址是否已知:

```
        if ( pDestination )
```

如果已知目的设备地址,则调用 APSME_BindRequest()创建绑定表。APSME_BindRequest()是调用 APS 层管理服务创建绑定表项目函数,在本地设备端口和远程设备端口之间建立绑定关系。这个请求中带的参数有:本地设备的端口号;绑定的命令簇 ID;远程设备的地址(IEEE 或网络地址)。

如果在 APS 层中建立绑定项目成功,将会向上层(应用层-NHLE)反馈 APSME-BIND.confirm 成功状态。APSME_BindRequest()请求及状态反馈都只在设备本地的应用层中进行,并不涉及 OTA 操作。

如果建立绑定表成功则停止绑定计时器,接着调用 ZDP_NwkAddrReq()函数请求远程设备的网络地址(16bit),这是一个 OTA 请求。

ZDP_NwkAddrReq()函数

```
    afStatus_t ZDP_NwkAddrReq( byte * IEEEAddress, byte ReqType,
                                byte StartIndex, byte SecurityEnable )
    {
        byte * pBuf = ZDP_TmpBuf;
        byte len = Z_EXTADDR_LEN + 1 + 1;   // IEEEAddress + ReqType + StartIndex.
        zAddrType_t dstAddr;

        if ( osal_ExtAddrEqual( saveExtAddr, IEEEAddress ) == FALSE )
        {
            dstAddr.addrMode = AddrBroadcast;
            dstAddr.addr.shortAddr = NWK_BROADCAST_SHORTADDR;
        }
        else
        {
            dstAddr.addrMode = Addr16Bit;
            dstAddr.addr.shortAddr = ZDAppNwkAddr.addr.shortAddr;
        }
```

pBuf = osal_cpyExtAddr(pBuf, IEEEAddress);

＊pBuf++ = ReqType;
＊pBuf++ = StartIndex;

return fillAndSend(&ZDP_TransID, &dstAddr, NWK_addr_req, len);
}

在上述函数中,根据远程设备的 IEEE 地址(64bit),发送了一个网络地址请求簇 NWK_addr_req,最终通过 fillAndSend()函数发送出去。NWK_addr_req 是一个 ZDO 消息簇,远程设备在接收到后会在其 ZDO 层中进行处理。匹配的灯管理器设备在处理完后将会向请求设备发送其 IEEE 地址及网络地址响应,响应簇 ID 是 NWK_addr_rsp。灯开关设备接收到响应消息后,由于此前已将此消息注册到了应用层,所以会在应用层中的 ZDO_CB_MSG 事件处理函数 SAPI_ProcessZDOMsgs()中对其进行处理。

void SAPI_ProcessZDOMsgs(zdoIncomingMsg_t ＊inMsg)
{
　switch (inMsg->clusterID)
　{
　　caseNWK_addr_rsp:
　　　{
　　　　// Send find device callback to application
ZDO_NwkIEEEAddrResp_t ＊pNwkAddrRsp = ZDO_ParseAddrRsp(inMsg);
　　　　SAPI_FindDeviceConfirm(ZB_IEEE_SEARCH, (uint8 ＊)
&pNwkAddrRsp->nwkAddr, pNwkAddrRsp->extAddr);
　　　}
　　　break;

至此,一个完整的绑定表建立成功,绑定流程完成。

7.7.3 灯开关实验中的灯开关控制过程

在绑定完成后,特定的灯开关和灯管理器实现了绑定之后,两者之间就可以进行"直接"命令数据的传输了。所谓"直接"的意思是两者之间进行 OTA 的命令和数据传输时在应用层程序(AF_DataRequest ()函数)中不必指定对方的地址,而是在目的地址处直接以一个 0xfffe 填充就可以了。至于具体的目的地址查找,是由发送和接收设备协议栈 APS 层自动查找绑定表项目来完成。这样,对于开发者和使用者来说,都不必知道或指定两个绑定设备的具体地址,从而大大增强了设备开发及使用时的便利性和灵活性。

(1) 灯开关设备发送控制命令给灯管理器
控制命令的发送通过按键 2 进行:

```
        if ( keys & HAL_KEY_SW_2 )
        {
          if ( myAppState == APP_INIT )
          {
            // In the init state, keys are used to indicate the logical mode.
            // The Switch device is always an end-device
            logicalType = ZG_DEVICETYPE_ENDDEVICE;
            zb_WriteConfiguration(ZCD_NV_LOGICAL_TYPE, sizeof(uint8),
&logicalType);

            zb_ReadConfiguration( ZCD_NV_STARTUP_OPTION,
                       sizeof(uint8), &startOptions );
            startOptions = ZCD_STARTOPT_AUTO_START;
            zb_WriteConfiguration( ZCD_NV_STARTUP_OPTION,
     sizeof(uint8), &startOptions );
            zb_SystemReset();
          }
          else
          {
            // Send the command to toggle light
            zb_SendDataRequest( 0xFFFE, TOGGLE_LIGHT_CMD_ID, 0,
                     (uint8 *)NULL, myAppSeqNumber, 0, 0 );
          }
```

在上面代码中,发送命令调用了 zb_SendDataRequest()函数。

zb_SendDataRequest()函数,此函数的主要参数如下:

- ◆ destination   目的地址
- ◆ commandId   灯状态切换命令簇 ID
- ◆ len   簇数据长度
- ◆ *pData   簇数据内存地址
- ◆ txOptions   发送选项
- ◆ radius   发送选项

目的地址用 0xFFFE 填充。发送的控制命令簇 ID 是 TOGGLE_LIGHT_CMD_ID,表示灯状态切换。

```
    void zb_SendDataRequest ( uint16 destination, uint16 commandId, uint8 len,
                 uint8 *pData, uint8 handle, uint8 txOptions, uint8
radius )
    {
      afStatus_t status;
```

```
    afAddrType_t dstAddr;

    txOptions |= AF_DISCV_ROUTE;

    // Set the destination address
    if (destination == ZB_BINDING_ADDR)
    {
      // Binding
      dstAddr.addrMode = afAddrNotPresent;
    }
    else
    {
      // Use short address
      dstAddr.addr.shortAddr = destination;
      dstAddr.addrMode = afAddr16Bit;

      if ( ADDR_NOT_BCAST != NLME_IsAddressBroadcast( destination ) )
      {
        txOptions &= ~AF_ACK_REQUEST;
      }
    }

    // Set the endpoint
    dstAddr.endPoint = sapi_epDesc.simpleDesc->EndPoint;

    // Send the message
    status = AF_DataRequest(&dstAddr, &sapi_epDesc, commandId, len,
                            pData, &handle, txOptions, radius);

    if (status != afStatus_SUCCESS)
    {
      SAPI_SendCback( SAPICB_DATA_CNF, status, handle );
    }
}
```

控制命令最终通过 AF_DataRequest() 函数 OTA 发送出去。

(2) 灯管理器接收控制命令并切换 LED 灯状态

灯管理器在接收到灯开关设备的控制命令后,将会产生一个 AF_INCOMING_MSG_CMD 的系统事件通知应用层进行处理。应用层调用 SAPI_ProcessEvent() 事件处理函数进行处理。
```
    case AF_INCOMING_MSG_CMD:
        pMSGpkt = (afIncomingMSGPacket_t *) pMsg;
            SAPI_ReceiveDataIndication ( pMSGpkt-> srcAddr. addr. shortAddr,
pMSGpkt->clusterId,
            pMSGpkt->cmd. DataLength, pMSGpkt->cmd. Data);
        break;
```
SAPI_ReceiveDataIndication 函数:
```
void SAPI_ReceiveDataIndication( uint16 source, uint16 command, uint16 len, uint8 * pData )
{
#if defined ( MT_SAPI_CB_FUNC )
    /* First check if MT has subscribed for this callback. If so, pass it as
    a event to MonitorTest and return control to calling function after that */
    if ( SAPICB_CHECK( SPI_CB_SAPI_RCV_DATA_IND ))
    {
        zb_MTCallbackReceiveDataIndication( source, command, len, pData );
    }
    else
#endif //MT_SAPI_CB_FUNC
    {
        zb_ReceiveDataIndication( source, command, len, pData );
    }
}
```
再调用 zb_ReceiveDataIndication() 进行处理:
```
void zb_ReceiveDataIndication( uint16 source, uint16 command, uint16 len, uint8 * pData )
{
    if (command == TOGGLE_LIGHT_CMD_ID)
    {
        // Received application command to toggle the LED
        HalLedSet(HAL_LED_1, HAL_LED_MODE_TOGGLE);
    }
}
```
最终的接收命令处理代码很简单,首先判断命令是否正确,接着再调用驱动层函数改变 LED 的状态。

7.7.4 实验要求

设备(Devices)：该示例有两种应用设备类型——开关和灯。示例工程中，有作为终端设备的简单开关配置和作为协调器或路由器设备的简单管理器配置。

对于灯管理器设备，在该状态下，若按下该设备液晶扩展板上的"UP"键，它将使该设备作为协调器启动；若按下该设备液晶扩展板上"RIGHT"键，它将使该设备作为路由器启动。而对于开关设备，无论是按下 UP 还是 RIGHT 都将作为终端设备启动。

命令：有一个单一的应用命令——"拨动"(TOGGLE)命令。对于开关，该命令作为输出被定义，对于管理器却作为输入被定义。该命令信息除了命令标志符之外没有其他参数。

绑定："按钮"绑定被使用。在一个开关和一个管理器间绑定被创建，首先是这个管理器要进入允许绑定模式，接着是开关(在一定时间内)发出一个绑定请求，这就将从开关到管理器之间创建一个绑定。

重复上面的过程，一个开关可以与多个管理器绑定。

为某个开关重新分配绑定，这个绑定请求与同一个删除参数被发出，这就将该开关的所有绑定移除。现在就可以用上面的绑定方法重新与其他的管理器进行绑定操作。

针对简单管理器和简单开关的配置编程有详细的描述，确保只能有一个管理器作为协调器，其他都作为路由器。

设备自动加入网络之后(R 闪亮——开关设备，协调器建立网络 R 点亮，路由器加入网络 R 闪烁)。

采用下面的控制方式来创建绑定：
◆ 通过按某个管理器的 UP 使它进入允许绑定模式。
◆ 在某个灯开关上按下 UP(10 秒之内)发出绑定请求。
◆ 这就将使该开关设备绑定到该(处于绑定模式下的)管理器设备上。
◆ 当开关绑定成功时，(开关设备上的)绿灯闪亮。
◆ 之后，开关设备上的 RIGHT 被按下就将发送"切换"命令，它将使对应的管理器设备上的绿灯状态切换。
◆ 如果开关设备上的 DOWN 按下，它将移除该设备上所有的绑定。

7.7.5 实验步骤

(1) 必要软件安装
安装 IAR7.30B；
安装 USB 转串口驱动 ft232usbdriver2.0；
安装串口调试助手；
安装物理地址烧写软件。
(2) 程序理解
使用 IAR7.30B 打开"\BASICRF2 驱动包与演示程序\高级实验\ZigBee2006 高级

实验\Texas Instruments\ZStack-1.4.3-1.2.1\Projects\zstack\Samples\SimpleApp\CC2430DB"内工程文件。理解、熟悉工程内程序及函数。

（3）硬件连接

将 2.4G 天线分别与两个 CC2430 模块相连接；

将所有的 CC2430 模块分别与两块液晶扩展板正确相连；

将 C51RF-3 仿真器与其中一个液晶扩展板正确相连；

将 C51RF-3 仿真器与 PC 机用 USB 连接线相连。

（4）程序编译、下载、仿真调试

使用 IAR7.30B 打开工程文件，如下图所示。

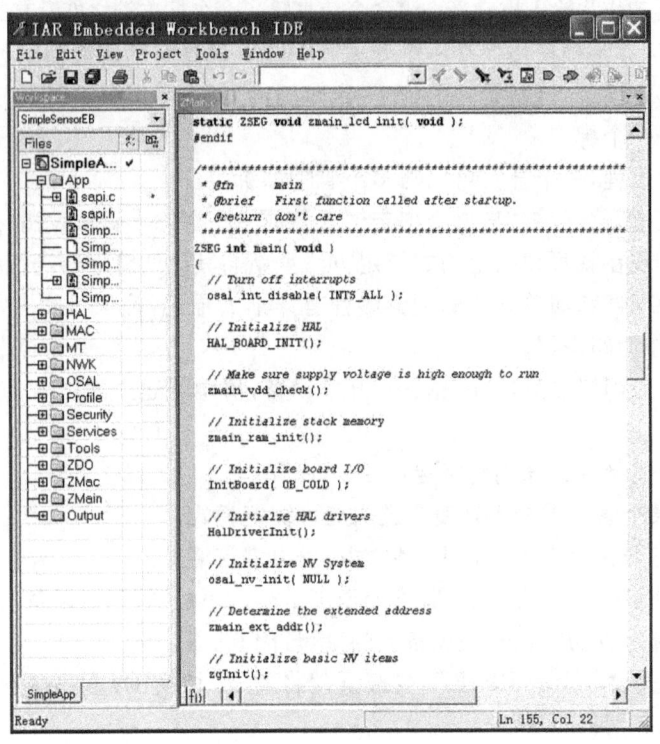

图 7.9 工程窗口

（5）工程类型

打开 IAR 工程，可以看到这个工程中共有 SimpleControllerEB（控制器设备）、SimpleSwitchEB（开关设备）、simpleCollectorEB（收集设备）和 SimpleSensorEB（温度采集设备）四个模块程序，如下图所示。

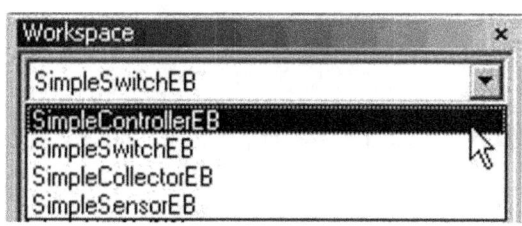

图 7.10 工程类型

(6) 开关实验

步骤：

在 IAR 窗口的"Workspace"中，选择 SimpleControllerEB(管理器)模块程序进行编译，当编译通过时，下载到其中一个 CC2430 模块中进行调试。此模块就作为管理器模块。

在 IAR 窗口的"Workspace"中，选择 SimpleSwitchEB(开关)模块程序进行编译，当编译通过时，下载到另外一个 CC2430 模块中进行调试。此模块就作为开关模块。

取下仿真器 USB 连接线，用两条 USB 连接线分别与两液晶扩展板相连(为整个模块供电)。

将两液晶扩展板上的开关"S2"拨到"ON"端，根据下一节开关实验操作顺序，查看对应的实验效果。

本章思考题

1. 绑定的作用是什么？
2. 请描述绑定表的结构？
3. 在 ZigBee 设备上创建绑定表有哪些方法？
4. 请简述 ZDO 终端设备绑定方法的流程。
5. 请问"援助绑定"是什么？流程是什么？
6. 在被绑定的目的设备的扩展地址未知的情况下，源设备怎么去申请绑定？
7. ZDP_MatchDescReq()请求是否可采用单播的形式发送至网络？
8. APSME_BindRequest()是什么函数？请简述其流程。
9. 请解释如下名词：① 簇 ② Profile ③ 命令

第八章　ZigBee 工程案例——无线液位监控系统

8.1　系统简介

在居民用水、工业生产等大量重要应用中,需要对液位进行监测和控制。在现在的液位监控系统中大多有以下问题:多使用压电、光电、超声波等传感器进行液位的检测,价格昂贵,结构也比较复杂。液位监控数据的远程监测和控制方式要么没有,要么较为单一。常见的远程监测系统多采用 RS485 等工业现场总线传输,布线麻烦,数据传输方式落后。

针对以上问题,本系统采用了低成本的液位检测方法和基于 ZigBee 的数据传输方式:无需布线,数据融合能力强。

采用电容式液位检测原理:在容器中的不同深度插入多对电极,在阳极中通入高频交流信号,液体浸没电极时,与此阴阳极连接的电路电导增大,电路导通增大,对导通信号进行处理后转化为开关信号,指示相应的液面位置。

通过液位检测器上连接的 ZigBee 模块将液位监测数据发送至 WSN;通过远程监控器上的 ZigBee 模块发送控制数据至 WSN。数据传输和整合能力强。

8.2　系统整体设计

整个系统由前端的液位检测电极、液位检测模块、单片机控制板、近端的 ZigBee 模块和远端的 ZigBee 模块构成,见系统整体架构图(图 8.1)。

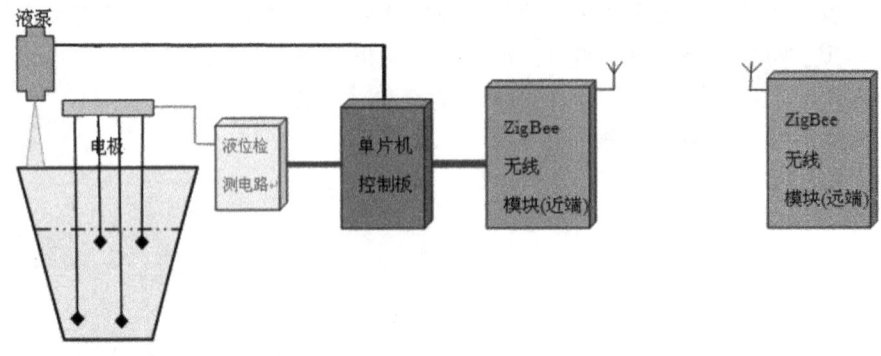

图 8.1　系统整体构成

其中,液位检测电路检测液面位置,将其转化为开关信号,传送给单片机。液位检测模块检测到的开关信号输入到单片机 I/O 引脚。液位检测电路能够检测到的液面位置数 N_L 与需要分配的单片机 I/O 引脚数 N_P 存在如下关系：

$$N_L = 2^{N_P}$$

单片机在接收到上述引脚状态后，判断出当前液面位置后，将位置数据通过串口发送给近端 ZigBee 模块，接着近端 ZigBee 模块再将液面数据发送给远端 ZigBee 模块。单片机控制模块可以在本地自主控制液面位置，也可以接收远端 ZigBee 模块命令，实现远程控制。远端 ZigBee 模块在接收到液面数据后，可显示在自己的液晶屏上，也可以通过串口再传送给电脑进行显示和存储。远端 ZigBee 模块上面设置有控制按键，可以通过手动的方式发送控制指令给近端的单片机控制模块。一个指令由三个字节组成，分别是指令头、指令值、和帧校验。指令头用于指示指令的开始。为了保证指令传输的可靠性，加入了一个校验字节，其生成方法是对前两个字节做异或运算。

表 8.1　远端 ZigBee 模块的控制指令

控制指令名称	指令头	指令值	指令校验
寻求液位数据	0xaf	0x09	0Xa6
强制关闭电磁阀	0xaf	0x04	0Xab
强制打开电磁阀	0xaf	0x06	0Xa9
跳出强制状态（进入自动控制模式）	0xaf	0x05	0Xaa

8.3　液位检测原理

本系统采用了电容式传感器原理，在待检容器中 N 个液面置入 N 对电极。
检测电路原理如下。

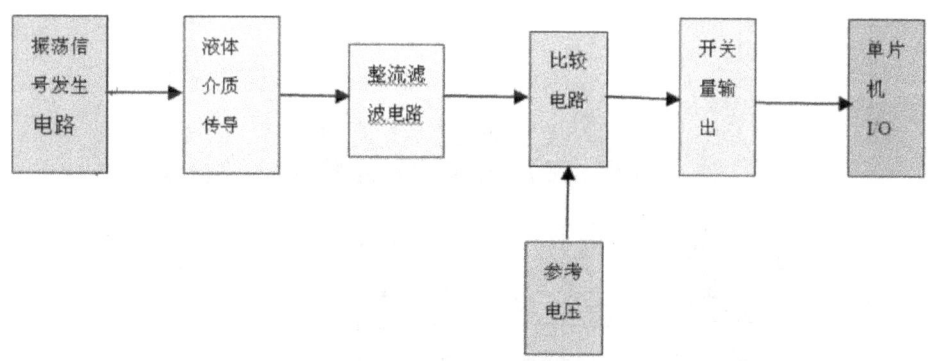

图 8.2　检测电路整体原理

检测电路中首先由振荡性生电路产生频率信号施加在液位检测电极上。液位上升浸没电极后，频率信号由液体介质传导，经整流滤波电路处理后，变成直流电压信号输入到电压比较电路与参考电压比较。此参考电压由电阻分压电路得到，其电压值设置为大于空液时整流滤波电路的输出电压值,小于浸液时整流滤波电路的输出电压值。电压比较电路是由电压比较器构成的,整流滤波电路的输出电压接到电压比较器的反相端,参考电压接在同相端。这样,在电极浸入液体前后,比较电路的输出电压将会发生翻转,指示浸入液面。此输出电压输入到单片机作为其液位控制的输入量。

8.4 单片机控制模块

8.4.1 单片机检测及控制液位流程图

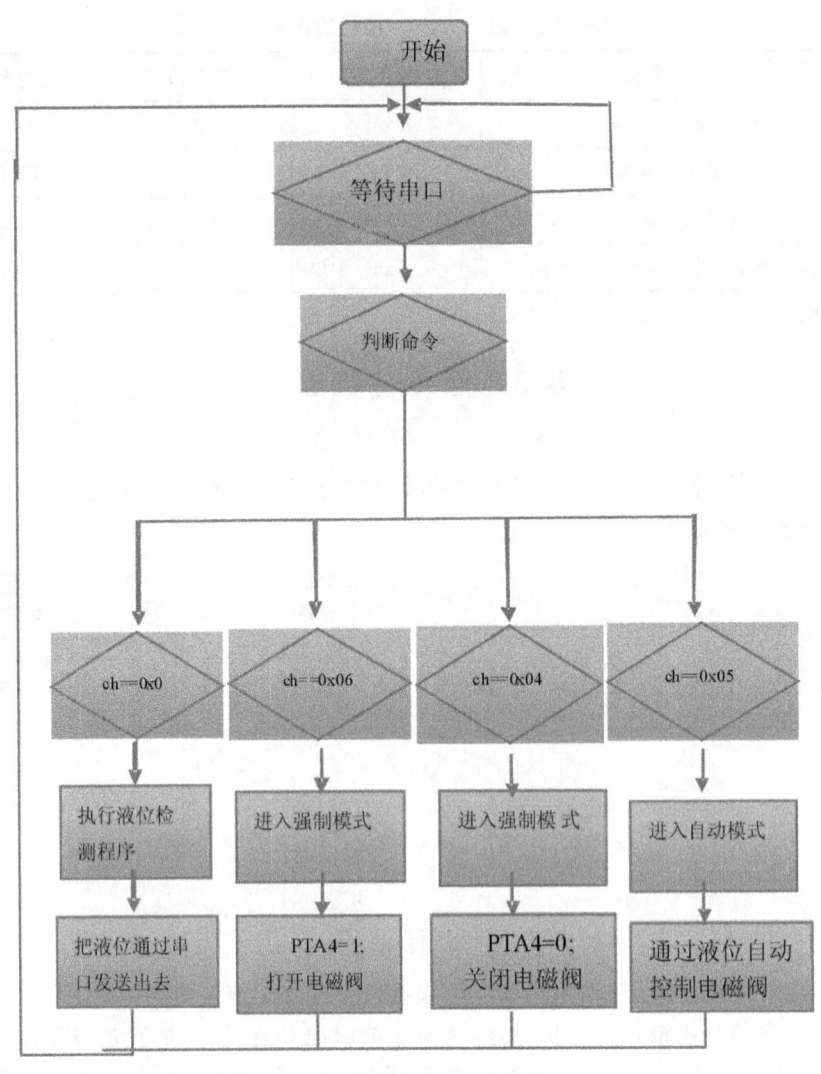

图 8.3 单片机控制流程

8.4.2 单片机通信及控制流程

(1) 串行通信

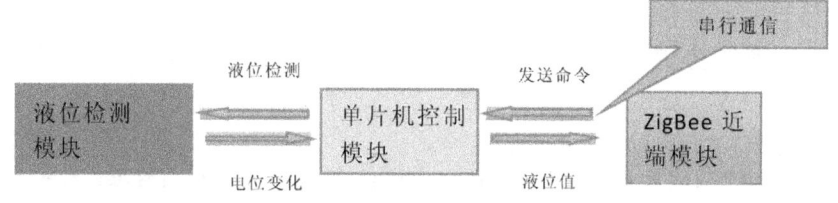

图 8.4 单片机通信-控制流

(2) 单片机接收数据协议

表 2 单片机接收数据协议

ZigBee 串口发送数据	单片机发出响应
0x09	单片机检测液位,并向 ZigBee 模块发送
0x06	进入强开模式,把对电磁阀的输出强置为 1
0x04	进入强闭模式,把对电磁阀的输出强置为 0
0x05	跳出强制模式,进入自控控制程序

当单片机没有接收到强制命令或接收到 05 恢复自动命令后,液位监控系统处于自动控制过程。在自动控制的过程中,通过单片机检测到液位,判断液位的低、中、高直接给电磁阀一个电平,从而实现自动控制。当液位为低液位时,单片机会自动从对电磁阀输出 1,从而打开电磁阀;当液位为中或高液位时,单片机会自动从对电磁阀输出 0,从而关闭电磁阀。

在强制的控制的过程中,当单片机收到 ZigBee 模块通过串口发送过来强制命令后,对液位进行强制控制。该项目中设置 06 为强开、04 为强闭。当单片机收到 ZigBee 模块发来的数据为 06 时,单片机对电磁阀输出为 1,强制使继电器吸合,从而使电磁阀打开。

当单片机收到 ZigBee 模块发来的数据为 04,单片机对电磁阀输出为 0,强制使继电器断开,从而使电磁阀关闭;只有当单片机接收到 ZigBee 模块发送的 05 数据时,恢复自动控制状态。

单片机收到 ZigBee 模块发送的数据为 09 时,则单片机把检测的液位反馈给 ZigBee 模块。本设计中的 ZigBee 模块是每间隔一定的时间段就向单片机发送 09 数据,单片机在接收到 09 数据后,将液位反馈给 ZigBee 模块。

8.5 ZigBee 通信模块

8.5.1 通信协议

(1) 无线协议

远端模块创建网络成功后,近端模块加入网络便可向远端发送数据。

将远端和近端绑定(按下远端模块"LEFT"键触动绑定,绿灯亮),绑定模式为自动绑定。

(2) 液位状态协议

近端模块通过串口向单片机周期性发送采集液位状态请求,单片机接收请求后采集液位状态并回发数据,近端模块接收分析数据并显示相应液位状态,并直接发送给远端模块。协议如下:

单片机回发数据		近端 ZigBee 模块
确认数据	液位数据	分析数据并显示
0x39	0x00	显示为"Low_LEVEL",表示低液位
0x39	0x01	显示为"Middle_LEVEL",表示中液位
0x39	0x02	显示为"High_LEVEL",表示高液位

远端模块接收到数据并显示相应的液位状态。协议如下:

近端 ZigBee 模块发数据	远端 ZigBee 模块
0x00	显示为"Low_LEVEL",表示低液位
0x01	显示为"Middle_LEVEL",表示中液位
0x02	显示为"High_LEVEL",表示高液位

(3) 工作模式协议

系统最初状态是自动模式。

远端模块可通过按键来控制工作模式,并在远端模块和近端模块显示工作模式。协议如下:

远端 ZigBee 模块	系　　统
按下"UP"键	触动强制关闭模式
按下"RIGHT"键	触动自动模式(退出强制模式)
按下"DOWN"键	触动强制打开模式

5.5.2 近端 ZigBee 的任务流程设计

(1) 流程图

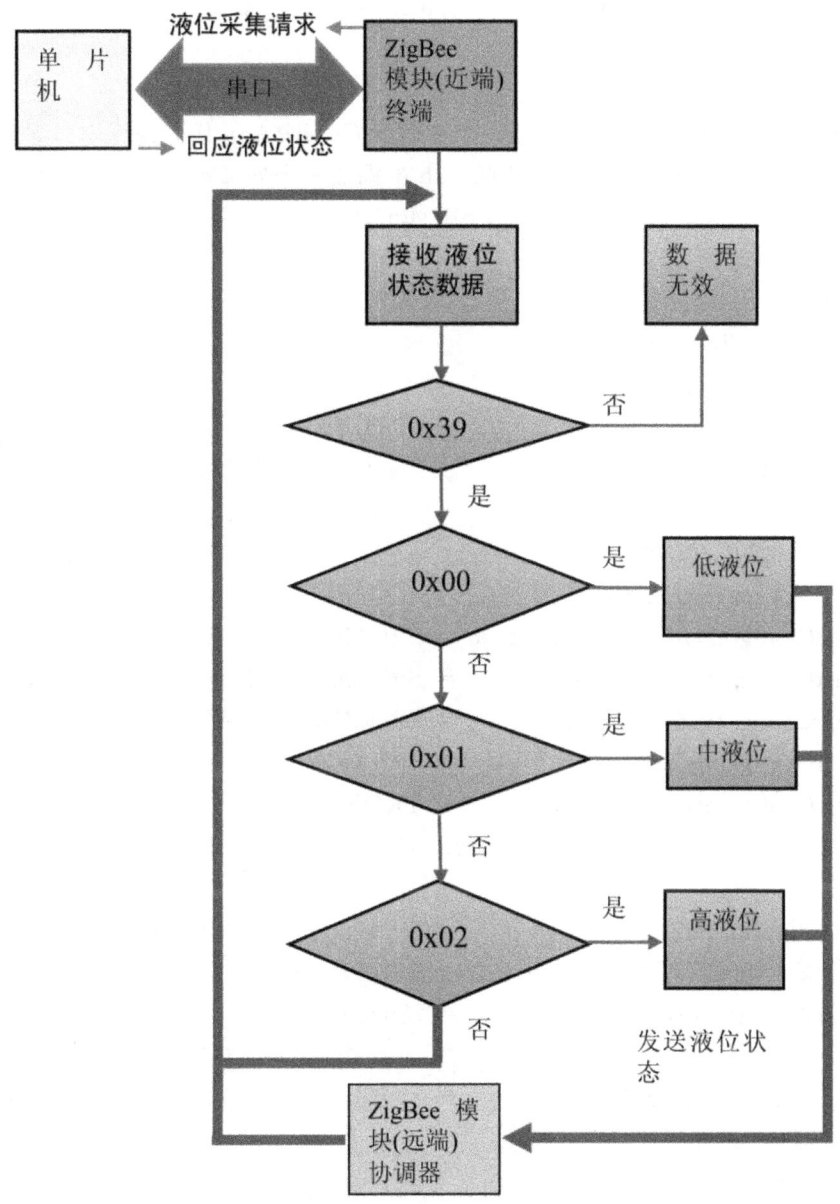

图 8.5 ZigBee 模块液位处理流程图

(2) 首先设置串口,通过串口每隔 2 秒周期性发送采集液位请求给单片机,等待并接受单片机回应数据,分析数据,显示相应液位,再发送给远端 ZigBee 模块

在 GenericApp 的 EndDeviceEB 工程的编译选项中定义 ZTOOL_P（即 HAL_UART 被定义为 TURE），Zmain 中的串口初始化程序将被执行。

在工程的编译选项中去掉"MT_TASK"的宏定义和"MT_ZDO_FUNC"宏的定义，在其前加上"x"即可。

另外还要对 OnBoard.c 中的第 147 行进行修改，改为：
#if defined (ZTOOL_PORT) && ! defined(HAL_ADC)
    MT_IndReset();
#endif

在 MT 层的 SPIMgr.c 中自定义一个专门为 GenericApp 任务进行串口参数配置的函数 Uart_DMA_Init，同时还要在 SPIMgr.h 中添加一个外部函数调用的声明 extern void Uart_DMA_Init (void);以便为 SPIMgr.c 范围之外的其他函数所调用。

```
void Uart_DMA_Init ()
{
    halUARTCfg_t uartConfig;
    /* UART Configuration */
    uartConfig.configured            = TRUE;
    uartConfig.baudRate              = SPI_MGR_DEFAULT_BAUDRATE;
//波特率 38400bps
    uartConfig.flowControl           = 0;//SPI_MGR_DEFAULT_OVERFLOW; no flow control
    uartConfig.flowControlThreshold  = SPI_MGR_DEFAULT_THRESHOLD;
    uartConfig.rx.maxBufSize         = SPI_MGR_DEFAULT_MAX_RX_BUFF;
    uartConfig.tx.maxBufSize         = SPI_MGR_DEFAULT_MAX_TX_BUFF;
    uartConfig.idleTimeout           = SPI_MGR_DEFAULT_IDLE_TIMEOUT;
    uartConfig.intEnable             = TRUE;
//#if defined (ZTOOL_P1) || defined (ZTOOL_P2)//不需要的回调函数功能,删去
//  uartConfig.callBackFunc          = SPIMgr_ProcessZToolData;
//#elif defined (ZAPP_P1) || defined (ZAPP_P2)
//  uartConfig.callBackFunc          = SPIMgr_ProcessZAppData;
//#else
    uartConfig.callBackFunc          = NULL;
//#endif
    /* Start UART */
#if defined (SPI_MGR_DEFAULT_PORT)
    HalUARTOpen (SPI_MGR_DEFAULT_PORT, &uartConfig);
#else
    /* Silence IAR compiler warning */
```

（void）uartConfig；
#endif
}

将 Uart_DMA_Init()这个函数添加到应用层任务的初始化函数 GenericApp_Init(taskID);中，以便在操作系统初始化时完成当前串口参数的配置。

```
void GenericApp_Init( byte task_id )
{
    ……………………
#if defined ( LCD_SUPPORTED )
    Print8(HAL_LCD_LINE_2,20, "GenericApp", 1);
#endif
#if defined(ZTOOL_P1)
    Uart_DMA_Init();
#endif
    ZDO_RegisterForZDOMsg( GenericApp_TaskID, End_Device_Bind_rsp );
    ZDO_RegisterForZDOMsg( GenericApp_TaskID, Match_Desc_rsp );
}
```

修改波特率

```
uint8 HalUARTOpen( uint8 port, halUARTCfg_t * config )
{
    ……………………
#if HAL_UART_0_ENABLE
    if ( port == HAL_UART_PORT_0 )
    {
        // Only supporting 38400 or 115200 for code size - other is possible.
        U0BAUD = (config->baudRate == HAL_UART_BR_38400) ? 59 : 216;
        U0GCR = (config->baudRate == HAL_UART_BR_38400) ? 10 : 11;
        U0BAUD = (config->baudRate == HAL_UART_BR_9600) ? 59 : 216;//
```
判断 9600bps
```
        U0GCR = (config->baudRate == HAL_UART_BR_9600) ? 8 : 11;
        U0CSR |= CSR_RE;
#if HAL_UART_DMA == 1
        cfg->flag = UART_CFG_DMA;
        HAL_UART_ASSERT( (config->rx.maxBufSize <= 128) );
        HAL_UART_ASSERT( (config->rx.maxBufSize > SAFE_RX_MIN) );
        cfg->rxBuf = osal_mem_alloc( cfg->rxMax * 2 );
        osal_memset( cfg->rxBuf, ~DMA_PAD, cfg->rxMax * 2 );
        DMA_RX( cfg );
```

```
#else
    cfg->flag = 0;
    HAL_UART_ASSERT( (config->rx.maxBufSize < 256) );
    cfg->rxBuf = osal_mem_alloc( cfg->rxMax+1 );
    URX0IE = 1;
    IEN2 |= UTX0IE;
#endif
……………………
}
```

做完以上操作便可调用 uint16 HalUARTWrite(uint8 port, uint8 * buf, uint16 len)(在 hal_uart.c 中)进行数据的串行 DMA 方式发送。

(3) 采集并显示液位状态，再发送液位状态到远端 ZigBee 模块

在终端设备中添加液位采集自定义事件 GENERICAPP_SEND_MSG_EVT，在终端设备加入一个网络成功时(即 ZDO_STATE_CHANGE 系统事件)，发送此用户自定义事件。代码如下：

```
UINT16 GenericApp_ProcessEvent( byte task_id, UINT16 events )
{
……………………
        case ZDO_STATE_CHANGE:
            GenericApp_NwkState = (devStates_t)(MSGpkt->hdr.status);
            if ( ((GenericApp_NwkState == DEV_ZB_COORD)
                || (GenericApp_NwkState == DEV_ROUTER)
                || (GenericApp_NwkState == DEV_END_DEVICE) )
            {
                // Start sending "the" message in a regular interval.
                osal_start_timerEx( GenericApp_TaskID,
                            GENERICAPP_SEND_MSG_EVT,
                            GENERICAPP_SEND_MSG_TIMEOUT );
                if (GenericApp_NwkState == DEV_END_DEVICE)
                //判断是否是终端，是终端才采集液位
            osal_start_timerEx( GenericApp_TaskID,
                            GENERICAPP_VOLT_COLLECT_EVT,
                            GENERICAPP_VOLT_COLLECT_TIMEOUT );
            }
            break;
……………………..
}
```

添加对此用户自定义事件 GENERICAPP_SEND_MSG_EVT 的处理程序。

```
UINT16 GenericApp_ProcessEvent( byte task_id, UINT16 events )
{
..............................................
    if ( events & GENERICAPP_SEND_MSG_EVT )
    {
        // Send "the" message
                    GenericApp_SendTheLevel();//采集并发送采集的节点液位到协调器
                    // Setup to send message again
                    osal_start_timerEx( GenericApp_TaskID,
                        GENERICAPP_VOLT_COLLECT_EVT,
                        GENERICAPP_VOLT_COLLECT_TIMEOUT );
        // return unprocessed events
return (events ^ GENERICAPP_SEND_MSG_EVT);
    }
    return 0;
}
```

其中 GenericApp_SendTheLevel();的代码如下：

```
void GenericApp_SendTheLevel( void )
{
    char theMessageData[1];
    unsigned char Uart[5]={0,0,0,0,0};
    HalUARTWrite( SPI_MGR_DEFAULT_PORT,"9", 1);
    switch(AutoFlag)
    {
    case 1:
        Print8(HAL_LCD_LINE_2,10,"                ", 1);
        Print8(HAL_LCD_LINE_3,10,"                ", 1);
        Print8(HAL_LCD_LINE_2,16,"QZCLOSE_MODE    ", 1);
    break;
    case 2:
        Print8(HAL_LCD_LINE_2,10,"                ", 1);
        Print8(HAL_LCD_LINE_3,10,"                ", 1);
        Print8(HAL_LCD_LINE_2,16,"AUTO_MODE       ", 1);
    break;
    case 3:
        Print8(HAL_LCD_LINE_2,10,"                ", 1);
        Print8(HAL_LCD_LINE_3,10,"                ", 1);
```

```
            Print8(HAL_LCD_LINE_2,16,"QZOPEN_MODE       ",1);
        break;
    }
    HalUARTRead( SPI_MGR_DEFAULT_PORT,Uart,2 );
    if(Uart[0]==0x39)
     theMessageData[0]=Uart[1]&0x0f;
    else
       theMessageData[0]=0;
    AF_DataRequest( &GenericApp_DstAddr, &GenericApp_epDesc,
                    Level_CLUSTERID,
                    (byte)osal_strlen( theMessageData ) + 1,
                    (byte *)&theMessageData,
                    &GenericApp_TransID,
                    AF_DISCV_ROUTE,AF_DEFAULT_RADIUS);
    switch( theMessageData[0])
    {
        case 0x00:
        LevelFlag=0;
        Print8(HAL_LCD_LINE_3,10,"               ",1);
        Print8(HAL_LCD_LINE_3,16,"Low_LEVEL       ",1);
        break;
        case 0x01:
        LevelFlag=1;
        Print8(HAL_LCD_LINE_3,10,"               ",1);
        Print8(HAL_LCD_LINE_3,16,"Middle_LEVEL    ",1);
        break;
        case 0x02:
        LevelFlag=2;
        Print8(HAL_LCD_LINE_3,10,"               ",1);
        Print8(HAL_LCD_LINE_3,16,"High_LEVEL      ",1);
        break;
        default:
        break;
    }
}
```

在 Z-Stack 中调用 AF_DataRequest 函数实现基础的数据发送功能。

AF_DataRequest 函数中目的地址参数的填充

GenericApp_DstAddr.addrMode = Addr16Bit; //单播方式

GenericApp_DstAddr. addr. shortAddr = 0x0000; //发送给协调器
GenericApp_DstAddr. endPoint = GENERICAPP_ENDPOINT;
//使用当前端口发送

8.5.3 远端 ZigBee 的任务流程设计

(1) 流程图

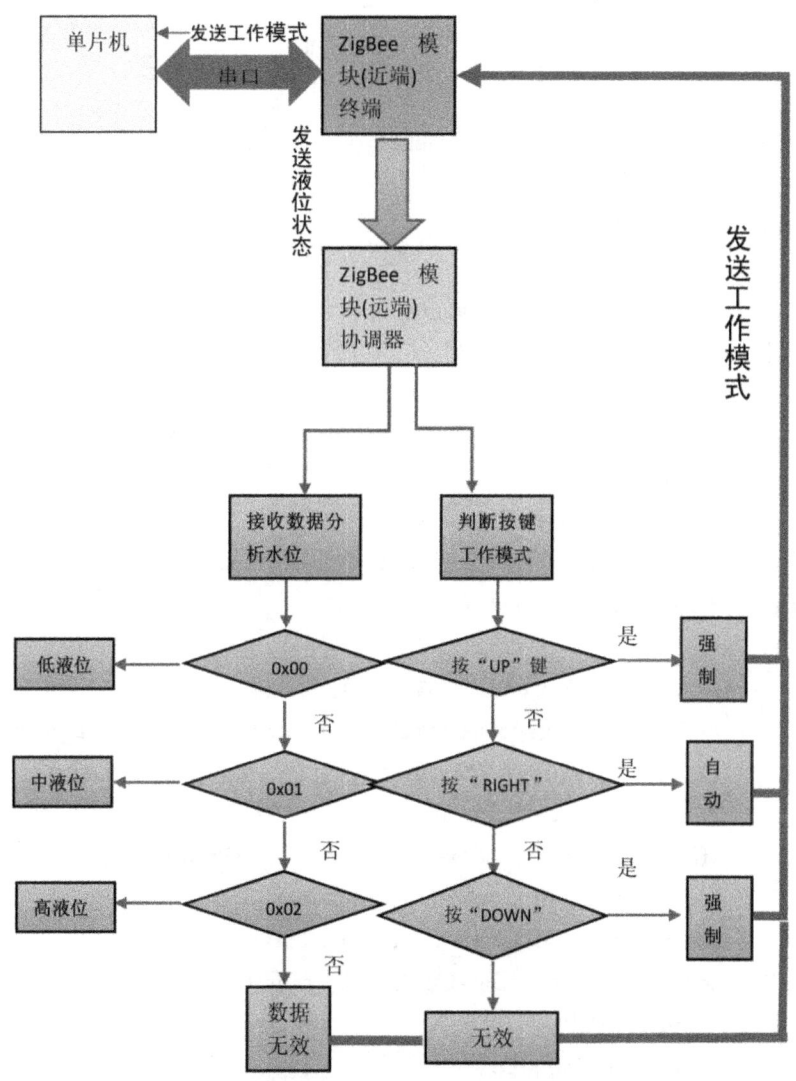

图 8.6 远端 ZigBee 流程

(2) 远端 ZigBee 接收数据,并分析数据,显示相应液位

系统事件循环在查询到有外部节点的数据输入事件后,将会通知应用层任务的事件处理函数进行处理。因为所有的发送到应用层任务的系统事件、消息以及数据都封装在

afIncomingMSGPacket_t 这个数据结构中,所以应用层任务的事件处理函数要做的第一件工作就是把这个数据结构拆开,首先提取出存储系统事件的 osal_event_hdr_t 类型的 hdr 成员,判断其值,确定具体的事件类型。对于应用层接收外部数据这个事件,其值应是 AF_INCOMING_MSG_CMD。如果是这个事件,将会进入这个事件的处理函数中去,进行具体的处理。提取输入的数据,可通过指针操作选择 afIncomingMSGPacket_t 包中的 cmd 的 data 成员来获取输入数据的指针。

在 GenericApp 的 CoordinatorEB 工程中的接收应用层数据并处理的代码(GenericApp.C 227 行):

```
if( events & SYS_EVENT_MSG )
{
    MSGpkt = (afIncomingMSGPacket_t *)osal_msg_receive( GenericApp_TaskID );
    while( MSGpkt )
    {
        switch( MSGpkt->hdr.event )
        {
          case ZDO_CB_MSG:
            GenericApp_ProcessZDOMsgs( (zdoIncomingMsg_t *)MSGpkt );
            break;
          case KEY_CHANGE:
              GenericApp_HandleKeys( ((keyChange_t *)MSGpkt)->state, ((keyChange_t *)MSGpkt)->keys );
            break;
          case AF_DATA_CONFIRM_CMD:
            // This message is received as a confirmation of a data packet sent.
            // The status is of ZStatus_t type[defined in ZComDef.h]
            // The message fields are defined in AF.h
            afDataConfirm = (afDataConfirm_t *)MSGpkt;
            sentEP = afDataConfirm->endpoint;
            sentStatus = afDataConfirm->hdr.status;
            sentTransID = afDataConfirm->transID;
            (void)sentEP;
            (void)sentTransID;
            // Action taken when confirmation is received.
            if( sentStatus != ZSuccess )
            {
                // The data wasn't delivered -- Do something
            }
```

```
            break；
        case AF_INCOMING_MSG_CMD：
            GenericApp_MessageMSGCB( MSGpkt )；
            break；
……………………………………
```

上面代码首先通过 osal_msg_receive( ) 系统函数接收发送到应用层的 afIncomingMSGPacket_t(应用层输入消息包)，存储到 MSGpkt 中，然后通过指针操作选择包中的系统事件类型：MSGpkt->hdr.event

接着判断事件类型(应用层输入数据事件)，转入应用层输入数据事件的处理代码中：
case AF_INCOMING_MSG_CMD：
        GenericApp_MessageMSGCB(MSGpkt)；

接着看事件处理函数 GenericApp_MessageMSGCB(MSGpkt)
```
void GenericApp_MessageMSGCB( afIncomingMSGPacket_t * pkt )
{
byte * temp；
    byte level；
    temp=pkt->cmd.Data；
    level=*temp；
#if defined ( HAL_COOR )
if(KG==1)
{
    switch (LevelFlag)
    {
    case 1：
        HalUARTWrite( SPI_MGR_DEFAULT_PORT,"QZCLOSE_MODE**", 14)；
        break；
case 2：
    HalUARTWrite( SPI_MGR_DEFAULT_PORT,"AUTO_MODE**", 11)；
    break；
case 3：
    HalUARTWrite( SPI_MGR_DEFAULT_PORT,"QZOPEN_MODE**", 13)；
    break；
}
switch ( pkt->clusterId )
{
    case Level_CLUSTERID：
        switch(level)
        {
```

```
            case 0x00：
            Print8(HAL_LCD_LINE_3,10,"                ", 1);
            Print8(HAL_LCD_LINE_3,16,"Low_LEVEL       ", 1);
            HalUARTWrite( SPI_MGR_DEFAULT_PORT,"Low_LEVEL\n", 11);
            break；
            case 0x01：
            Print8(HAL_LCD_LINE_3,10,"                ", 1);
            Print8(HAL_LCD_LINE_3,16,"Middle_LEVEL    ", 1);
             HalUARTWrite( SPI_MGR_DEFAULT_PORT,"Middle_LEVEL\n", 14);
            break；
            case 0x02：
            Print8(HAL_LCD_LINE_3,10,"                ", 1);
            Print8(HAL_LCD_LINE_3,16,"High_LEVEL      ", 1);
            HalUARTWrite( SPI_MGR_DEFAULT_PORT,"High_LEVEL\n", 12);
            break；
            }
        break；
      }
    }
    #endif
```
....

（3）远端模块通过按键控制单片机执行"强制关闭""强制打开"模式，首先通过自动绑定给近端模块发送数据，近端模块接收到数据后再通过串口控制单片机来控制系统的工作模式。

在 GenericApp 中，设置了 PK 液晶板上的 LEFT（左）键作为发送匹配描述符请求的触发按键。当按下 LEFT（左）键，将会触发一个系统的按键事件类型（KEY_CHANGE），相关的匹配描述符请求将在此按键事件的处理代码中添加。

```
UINT16 GenericApp_ProcessEvent( byte task_id, UINT16 events )
{
  ................
  if ( events & SYS_EVENT_MSG )
  {
    MSGpkt = (afIncomingMSGPacket_t *) osal_msg_receive( GenericApp_TaskID );
    while ( MSGpkt )
    {
      switch ( MSGpkt->hdr.event )
```

```
{
    case ZDO_CB_MSG:
    GenericApp_ProcessZDOMsgs( (zdoIncomingMsg_t *)MSGpkt );
    break;
    case KEY_CHANGE:
    GenericApp_HandleKeys( ((keyChange_t *)MSGpkt)->state, ((keyChange_t *)MSGpkt)->keys );
    break;
    ..........
}
```

在 KEY_CHANGE 事件中调用了 GenericApp_HandleKeys 来进行键值的处理。在按键键值为 HAL_KEY_SW_4(左键)时,调用 ZDP_MatchDescReq() 函数来发出匹配描述符绑定请求。

```
void GenericApp_HandleKeys( byte shift, byte keys )
{
    zAddrType_t dstAddr;
    ...................

    if ( keys & HAL_KEY_SW_4 )
        {
          KG=1;
          HalLedSet ( HAL_LED_4, HAL_LED_MODE_OFF );
          // Initiate a Match Description Request (Service Discovery)
          dstAddr.addrMode = AddrBroadcast;
          dstAddr.addr.shortAddr = NWK_BROADCAST_SHORTADDR;
          ZDP_MatchDescReq( &dstAddr, NWK_BROADCAST_SHORTADDR,
                    GENERICAPP_PROFID,
                    GENERICAPP_MAX_CLUSTERS,
                    (cId_t *)GenericApp_ClusterList,
          GENERICAPP_MAX_CLUSTERS,
                    (cId_t *)GenericApp_ClusterList,
                    FALSE );
        }
    }
}
```

系统最初工作模式是自动模式,远端模块可通过按键来控制工作模式,并在远端模块和近端模块显示工作模式。若按下远端模块"UP"键,则触动强制关闭模式;

```
if ( keys & HAL_KEY_SW_1 )
```

```
        {
            LevelFlag=1;
            MessageData[0] =1;
            Print8(HAL_LCD_LINE_2,10,"              ", 1);
            Print8(HAL_LCD_LINE_2,16,"QZCLOSE_MODE    ", 1);
            AF_DataRequest( &GenericApp_DstAddr, &GenericApp_epDesc,
                        Mode_CLUSTERID,
                        (byte)osal_strlen( MessageData ) + 1,
                        (byte * )&MessageData,
                        &GenericApp_TransID,
                        AF_DISCV_ROUTE, AF_DEFAULT_RADIUS );
        }
//若按下远端模块"RIGHT"键,则触发自动模式;
    if( keys & HAL_KEY_SW_2 )
    {
        //HalLedSet ( HAL_LED_4, HAL_LED_MODE_OFF );
        // Initiate an End Device Bind Request for the mandatory endpoint
        //dstAddr. addrMode = Addr16Bit;
        //dstAddr. addr. shortAddr = 0x0000; // Coordinator
        //ZDP_EndDeviceBindReq( &dstAddr, NLME_GetShortAddr(),
            //GenericApp_epDesc. endPoint,
            //GENERICAPP_PROFID,
            //GENERICAPP_MAX_CLUSTERS, (cId_t * )GenericApp_ClusterList,
            // GENERICAPP_MAX_CLUSTERS, (cId_t * )GenericApp_ClusterList,
            // FALSE );
        LevelFlag=2;
        MessageData[0] =2;
        Print8(HAL_LCD_LINE_2,10,"              ", 1);
        Print8(HAL_LCD_LINE_2,16,"AUTO_MODE       ", 1);
        AF_DataRequest( &GenericApp_DstAddr, &GenericApp_epDesc,
                    Mode_CLUSTERID,
                    (byte)osal_strlen( MessageData ) + 1,
                    (byte * )&MessageData,
                    &GenericApp_TransID,
                    AF_DISCV_ROUTE, AF_DEFAULT_RADIUS );
        }
//若按下远端模块"DOWN"键,则触动强制打开模式;
    if( keys & HAL_KEY_SW_3 )
```

```
    {
      LevelFlag=3;
      MessageData[0]=3;
      Print8(HAL_LCD_LINE_2,10,"           ",1);
      Print8(HAL_LCD_LINE_2,16,"QZOPEN_MODE   ",1);
      AF_DataRequest( &GenericApp_DstAddr, &GenericApp_epDesc,
                 Mode_CLUSTERID,
                 (byte)osal_strlen( MessageData ) + 1,
                 (byte *)&MessageData,
                 &GenericApp_TransID,
                 AF_DISCV_ROUTE, AF_DEFAULT_RADIUS );
    }
```

在GenericApp的EndDeviceEB工程中的接收应用层数据并处理的代码(GenericApp.C 227行):

```
if ( events & SYS_EVENT_MSG )
  {
    ....................
      case AF_INCOMING_MSG_CMD:
        GenericApp_MessageMSGCB( MSGpkt );
        break;
    ....................
```

其中GenericApp_MessageMSGCB(MSGpkt);的代码如下:

```
void GenericApp_MessageMSGCB( afIncomingMSGPacket_t * pkt )
{
  byte * temp;
byte level;
temp=pkt->cmd.Data;
level= * temp;
  switch ( pkt->clusterId )
{
  case Mode_CLUSTERID:
    switch(level)
    {
    case 1:
      AutoFlag=1;
      HalUARTWrite( SPI_MGR_DEFAULT_PORT,"4",1);
      Delay(60000);     //延时,再次发送命令
      HalUARTWrite( SPI_MGR_DEFAULT_PORT,"4",1);
```

```
              break;
            case 2:
              AutoFlag=2;
              HalUARTWrite( SPI_MGR_DEFAULT_PORT,"5", 1);
              Delay(60000);
              HalUARTWrite( SPI_MGR_DEFAULT_PORT,"5", 1);
              break;
            case 3:
              AutoFlag=3;
              HalUARTWrite( SPI_MGR_DEFAULT_PORT,"6", 1);
              Delay(60000);
              HalUARTWrite( SPI_MGR_DEFAULT_PORT,"6", 1);
              break;
            }
       break;
      }
    }
```

(4) 远端 ZigBee 模块根据接收到的液位信息,再通过串口发送给 PC 机,在 PC 机上显示、处理和存储信息

附录 A ZigBee 协议栈中常用的 API380

1. ZDO API

ZDO API 主要完成如下功能，具体见表 A.1。
① 设备网络启动
② 发现设备或服务
③ 设备绑定与解除绑定
④ 网络管理

表 A.1 ZDO API 功能介绍

名　　称	功　　能
启 动 设 备	
ZDOInitDevice()	启动设备，建立/加入网络
发现设备或服务	
ZDP_NwkAddrReq()	已知另外一个设备的 64 位 IEEE 地址，请求得到该设备的 16 位网络地址。该信息以广播方式发送给网络中的所有设备
ZDP_NWkAddrRsp()	响应网络地址请求
ZDP_IEEEAddr Req()	已知另外一个地址的 16 位网络地址，请求得到该设备的 64 位 IEEE 地址
ZDP_IEEEAddr Rsp()	响应 IEEE 地址请求
ZDP_NodeDescReq()	建立并发送一个节点描述符请求到指定设备
ZDP_NodeDescRsp()	响应节点描述符请求
ZDP_SimpleDescReq()	建立并发送一个简单描述符请求
ZDP_SimpleDescRsp()	响应简单描述符请求
ZDP_MatchDescReq()	建立并发送一个匹配描述符请求，寻找一个输入/输出簇列表与本节点的输入/输出簇列表相匹配的设备
ZDP_MatchDescRsp()	响应匹配描述符请求

续表

名　称	功　能
启 动 设 备	
设备绑定与解除绑定	
ZDP_EndDeviceBindReq()	建立并发送一个终端设备绑定请求
ZDP_EndDeviceBindRsp()	响应终端设备绑定请求
ZDP_BindReq()	建立并发送一个绑定请求,请求协调器完成基于簇 ID 的绑定应用
ZDP_BindRsp()	响应绑定请求
ZDP_UnbindReq()	建立并发送一个解除绑定请求,请求协调器解除一个绑定
ZDP_UnbindRsp()	响应解除绑定请求
网 络 管 理	
ZDP_MgmtLeaveReq()	请求目的设备离开网络。设置 ZDO_MGMT_LEAVE_REQUEST 时,该函数可被调用
ZDP_MgmtLeaveRsp()	收到"请求离开网络"信息时,自动产生响应信息。设置 ZDO_MGMT_LEAVE_RESPONSE 时,该函数可被调用
ZDP_MgmtDirectJoinReq()	请求目的设备直接将加入其他设备。设置 ZDO_MGMT_JOINDIRECT_REQUEST 时,该函数可被调用
ZDP_MgmtDirectJoinRsp()	收到"请求加入网络"信息时,自动产生响应信息。设置 ZDO_MGMT_JOINDIRECT_RESPONSE 时,该函数可被调用

2. AF API

AF API 完成如下功能,具体见表 A.2。
① 端口管理
② 发送和接收数据。

表 A.2　AF API 功能介绍

名　称	功　能
端 口 管 理	
afRegister()	为设备注册一个新的端口
发送和接收数据	
AF_DataRequest()	发送数据

3. APS API

APS API 完成如下功能,具体见表 A.3。
① 绑定表格管理;
② 组表格管理;
③ 快速地址查找。

表 A.3　APS API 功能介绍

名　称	功　能
绑定表格管理	
bindAddEntry()	在绑定表格中增加一个绑定条目
bindRemoveEntry()	从绑定表格中移除一个绑定条目
BindWriteNV()	写绑定表格到非易失性存储器
组表格管理	
Aps_AddGroup()	在组表格中添加一个组。如果设置了 NV_RESTORE,则保存更新到非易失性存储器
Aps_RemoveGroup()	从组表格中移除一个组。如果设置了 NV_RESTORE,则保存更新到非易失性存储器
Aps_RemoveAllGroup()	从组表格中移除给定端口号的所有组。如果设置了 NV_RESTORE,则保存更新到非易失性存储器
Aps_FindGroup()	在组表格中查找已知端口和组 ID 的组
Aps_GroupsWriteNV()	写组表格到非易失性存储器

4. NWK API

NWK API 完成如下功能,具体见表 A.4。
① 网络管理;
② 地址管理;
③ 网络变量和应用函数。

表 A.4　NWK API 功能介绍

名　称	功　能
网　络　管　理	
NLME_NetworkDiscoveryRequest()	请求网络层寻找相邻的路由器
NLME_NetworkFormationRequest()	使更高一层的设备请求自己建立一个新的网络,并作为该网络的协调器
NLME_StartRouterRequest()	请求设备作为路由器
NLME_JoinRequest()	加入网络请求
NLME_ReJoinRequest()	使节点重新加入原来加入的网络
NLME_DirectJoinRequest()	使更高一层的协调器或路由器增加别的节点作为自己的子节点
NLME_LeaveReq()	使更高一层的设备请求自己或其他设备离开网络
NLME_RemoveChild()	移除子节点
地　址　管　理	
NLME_GetExtAddr()	获得设备的 64 位 IEEE 地址
NLME_GetShortAddr()	获得设备的 16 位网络地址
NLME_GetCoordShortAddr()	获得设备父节点的网络地址
NLME_GetCoordExtAddr()	获得设备父节点的 IEEE 地址
网络非易失存储	
NLME_UpdateNV()	写 NIB 到非易失性存储器。如果用户改变了 NIB,则需要调用此函数;如果正常加入网络,则 NIB 会自动更新

附录 B 网络层信息库属性

网络层信息库(NIB)由管理设备网络层所需要的属性组成,详细内容见表 B.1。

表 B.1 网络层信息库属性

属 性	代码	类型	有效值范围	描述	缺省值
nwkSequenceNumber	0x81	整形	0x00~0xFF	加到输出帧上的序列号	随机值
nwkMaxBroadcastRetries	0x83	整形	0x00~0x05	广播帧传送失败后最大重传次数	0x03
nwkMaxChildren	0x84	整形	0x00~0xFF	最大子设备数	0x07
nwkMaxDepth	0x85	整形	0x01~nwkMaxDepth	网络深度	0x05
nwkMaxRouters	0x86	整形	0x01~0xFF	设备能接入的路由器数	0x05
nwkNeighborTable	0x87	设置	可变	邻居表	未设置
nwkRouterTable	0x8B	设置	可变	路由表	未设置
nwkShortAddress	0x96	整形	0x0000~0xFFF7	设备使用的PANID16位地址	0xFFFF
nwkStackProfile	0x97	整形	0x00~0x0F	设备使用的ZigBee 协议栈的 Profile	0
nwkGroupIDTable	0x99	设置	可变	网络组的成员	未设置
nwkExtendedPANID	0x9A	64位扩展地址	0x0000000000000000~0xFFFFFFFFFFFFFFFF	PANID 的 64 位扩展地址	0x0000000000000000
NwkRouterRecordTable	0x9C	设置	可变	路由记录表	未设置

参考文献

[1] 杨文铂,邢鹏康,刘彦华. 一种基于自适应 RSSI 测距模型的无线传感器网络定位方法[J]. 传感技术学报,2015,28(1).

[2] 焦尚彬,宋丹,张青,唐金伟. 基于 ZigBee 无线传感器网络的煤矿监测系统[J]. 电子测量与仪器学报,2013,5.

[3] 章伟聪,俞新武,李忠成. 基于 CC2530 及 ZigBee 协议栈设计无线网络传感器节点[J]. 计算机系统应用,2011,7.

[4] 杨文铂,尤一鸣. 基于 MC13192 的 Zigbee 无线数传模块设计[J]. 单片机与嵌入式系统应用,2008,1.

[5] ZigBee Alliance. *Low-power, low-cost, low-complexity networking for the Internet of Things*[OL]. http://www.zigbee.org/zigbee-for-developers/network-specifications,2016.

[6] *IEEE Std 802.15.4—2015: IEEE Standard for Low-Rate Wireless Networks*[OL],2015. http://standards.ieee.org/about/get/802/802.15.html.

[7] *CC2430 Data Sheet*[OL]. http://www.ti.com/cc2430.

[8] *CC2431 Data Sheet*[OL]. http://www.ti.com/cc2431.

[9] QST 青软实训. ZigBee 技术开发:Z-Stack 协议栈原理及应用[M]. 北京:清华大学出版社,2016.1.

[10] 杜军朝,刘惠,刘传益,马海潮. ZigBee 技术原理与实战[M]. 北京:机械工业出版社,2015.3.

[11] 高守玮,吴灿阳. ZigBee 技术实践教程[M]. 北京:北京航空航天大学出版社,2011.7.